Oskar Schultz-Gora

Zwei altfranzösische Dichtungen

La Chastelaine de Saint Gille. Du Chevalier au Barisel.

Oskar Schultz-Gora

Zwei altfranzösische Dichtungen
La Chastelaine de Saint Gille. Du Chevalier au Barisel.

ISBN/EAN: 9783743488281

Hergestellt in Europa, USA, Kanada, Australien, Japan

Cover: Foto ©Thomas Meinert / pixelio.de

Manufactured and distributed by brebook publishing software (www.brebook.com)

Oskar Schultz-Gora

Zwei altfranzösische Dichtungen

ZWEI ALTFRANZÖSISCHE DICHTUNGEN.

LA CHASTELAINE DE SAINT GILLE
DU CHEVALIER AU BARISEL

NEU HERAUSGEGEBEN

MIT EINLEITUNGEN, ANMERKUNGEN UND GLOSSAR

VON

O. SCHULTZ-GORA.

HALLE A. S.

MAX NIEMEYER.

1899.

Vorwort.

Bei vorliegender Neuausgabe zweier Dichtungen, welche den besten Erzeugnissen altfranzösischer Litteratur zugezählt werden dürfen, habe ich in erster Linie die Bedürfnisse von Studierenden im Auge gehabt. Daher das Glossar und vieles Elementare in den Anmerkungen sowie auch in den Einleitungen, das für den Anfänger oder wenig Vorgeschrittenen berechnet ist. Desgleichen erklärt sich aus jenem Zwecke die Thatsache, dass ich von dem ‚Ritter mit dem Fässlein‘ nicht eine kritische Ausgabe nach allen vier Handschriften biete — eine solche behalte ich mir vor —, indem der Variantenapparat, der übrigens erfahrungsmässig doch nicht benutzt wird, zu viel Raum beansprucht haben würde; vielmehr beruht dieser Text nur auf zwei Handschriften, von denen Hs. 837 zu Grunde gelegt und Hs. 1553 da, wo es durchaus nötig schien (unter Beseitigung der Picardismen), zu Hilfe genommen worden ist, nicht ohne dass es sich jedesmal in einer Anmerkung angezeigt und begründet findet.

Was die äussere Behandlung der Texte betrifft, so habe ich, wie üblich, die handschriftlichen Abkürzungen aufgelöst, Eigennamen gross geschrieben und *v* für *u, j* für *i* in den Fällen gesetzt, wo gewiss kein vokalischer Laut vorgelegen hat; selbst Tremata und den Wortton bezeichnende Accente sind zur Erleichterung für den weniger

Geübten angebracht worden. Dagegen habe ich mich zu einer Uniformierung der Orthographie nicht verstehen können. Wie ein nicht zurechtgemachter Text aussieht, kann der Studierende an der diplomatischen Wiedergabe der m. W. noch nicht abgedruckten Version der *Vie des Pères* (S. 113 ff.) erkennen; dieselbe mag ihm zugleich späterhin als Vorübung zum Handschriftenlesen dienen. — Bei der ersten Dichtung schien es mir angemessen, die von der Handschrift abweichenden Lesarten oder Schreibungen im *Recueil* von Montaiglon und Raynaud unter dem Texte anzugeben, während bei der zweiten ein gleiches Verfahren gegenüber Méon, der aus verschiedenen Handschriften nach Belieben kombiniert hat, entbehrlich war. Der Titel *La chastelaine de Saint Gille* ist dem *Explicit* entnommen, indem die Ueberschrift *de la chastelaine de saint Gile* von späterer Hand herrührt. Die zehn Initialen, welche Hs. 837 im Innern der zweiten Dichtung bietet, habe ich nicht berücksichtigt, da sie mehrfach äusserst unglücklich angebracht sind, z. B. bei V. 923, wo garnicht einmal ein neuer Satz beginnt. Der Titel *Du chevalier au barisel,* den ich nach Méon und Hertz beibehalten wollte, stammt nicht aus Hs. 837, woselbst eine Ueberschrift fehlt und das *Explicit* abweichend lautet, sondern aus den anderen Handschriften.

Ich darf diese Vorbemerkung nicht schliessen, ohne den Herrn Thomas und Coulet für Vergleichung von ein paar Stellen in den Handschriften, sowie meinem verehrten Lehrer Adolf Tobler für einige Fingerzeige sehr verbindlichen Dank auszusprechen.

Berlin, im Dezember 1898.

O. S-G.

Inhalt.

Verzeichnis der Abkürzungen
von häufig angeführten Schriften und Texten.

Arch. = Archiv für das Studium der neueren Sprachen und Litteraturen, begr. von L. Herrig, herausg. von A. Brandl und A. Tobler. Bd. 1—100. 1846—98.

Auber. = Auberee, altfranz. Fablel, mit Einleitung und Anmerkungen herausg. von G. Ebeling. 1895.

Diez, EW.[4] = Fr. Diez, Etymologisches Wörterbuch der romanischen Sprachen. 4. Ausgabe. 1878.

Diez, Gr.[4] = Fr. Diez, Grammatik der romanischen Sprachen. 3 Bde. 4. Auflage. 1876.

Godefroy = F. Godefroy, Dictionnaire de l'ancienne langue française .. 8 Bde. 1880—95. Dazu ein noch nicht abgeschlossenes Complément.

Gröber, Gr. = Grundriss der romanischen Philologie, herausg. von G. Gröber. Bd. I—II. 1888—98.

Jeanroy, Org. = Les origines de la poésie lyrique en France au moyen âge par A. Jeanroy. 1889.

M.-R., Fabl. = Recueil général et complet des fabliaux des 13e et 14e siècles p. p. A. de Montaiglon et G. Raynaud. 6 Bde. 1872—90.

RuP. = Altfranz. Romanzen und Pastourellen, herausg. von K. Bartsch. 1870.

Romania = Romania, recueil trimestriel consacré à l'étude des langues et des littératures romanes p. p. P. Meyer et G. Paris Bd. I—XXVII. 1872—98.

Schulze, Frgs. = A. Schulze, Der altfranz. direkte Fragesatz, ein Beitrag zur Syntax des Französischen. 1888.

Tobler, Vb.[3] = A. Tobler, Vom franz. Versbau alter und neuer Zeit. 3. Auflage. 1894.

Tobler, VB. = Vermischte Beiträge zur franz. Grammatik, gesammelt, durchgesehen und vermehrt von A. Tobler. 1886. Zweite Reihe 1894.

Ztschr. = Zeitschrift für romanische Philologie, herausg. von G. Gröber. Bd. I—XXII. 1877—98.

Mit I und II wird in den Einleitungen und Anmerkungen auf die erste und zweite der herausgegebenen Dichtungen verwiesen.

———

Einleitung zur Chastelaine de Saint Gille.

1. Drucke und handschriftliche Ueberlieferung.

Die Dichtung von dem Schlossfräulein von Saint Gille ist zuerst i. J. 1756 von Barbazan, *Fabliaux et contes* III, 21—38 bekannt gegeben worden. Gleichfalls einen vollständigen Abdruck boten dann Barbazan-Méon, *Fabliaux et contes* III, 369 – 379 (1808) und Montaiglon et Raynaud, *Recueil général et complet des fabliaux des XIII* et XIV* siècles* I, 135—146 (1872), wozu noch II, 293—4 und VI, 272 zu vergleichen ist.[1] Eine Prosaauflösung hatte schon 1779 Le Grand d'Aussy gegeben in *Fabliaux ou contes* III, 177—182, 2. Ausg. IV, 38—44 (1781), 3. Ausg. IV, 89—93 (1829). Zu einer Nachdichtung fühlte sich B. Imbert angeregt in seinem *Choix d'anciens fabliaux, mis en vers*, 1795 II, 33 (1. Ausg. 1788). Schliesslich nahm Paulin Paris in der *Histoire littéraire de la France* XXIII, 540—4 (1856) eine Analyse unserer Dichtung vor, indem er zugleich sieben Strophen daraus vollständig und verschiedene andere bruchstückweise mitteilte.

Die *Chastelaine* ist uns ohne Verfassernamen auf fol. 114 v⁰—116 r⁰ der grossen Sammelhandschrift der Pariser *Bibliothèque nationale, fonds français* n⁰ 837 überliefert, deren Abfassung man in das Ende des 13. Jahrhunderts setzt. Die letzte Strophe enthält leider eine kleine Lücke, in dem der Schreiber eine Zeile übersprungen hat, ohne seines Versehens gewahr zu werden. Am Schlusse heisst es: *Explicit la chastelaine de S. gille*, während die Ueberschrift *De la chastelaine de saint Gile* nicht ursprünglich ist, sondern erst von späterer Hand herrührt. Abwechselnd

---

[1] Sainte-Palaye's *Amours du bon vieux temps*, worauf bei Montaiglon-Raynaud, Rec. gén. II, 293 verwiesen wird, war mir nicht zugänglich.

blau und rot ausgemalte Initialen eröffnen die einzelnen
Strophen. Der Beginn des jedesmaligen Refrains ist durch
ein besonderes Zeichen am Rande kenntlich gemacht. Es
kann auffallen, dass eine Dichtung von der Lieblichkeit
der unsrigen, welche begründeten Anspruch auf Beifall er-
heben durfte, nur von einer Handschrift dargeboten wird,
indessen fehlt es in der altfranzösischen Litteratur — es
sei nur an „Aucassin und Nicolete“ erinnert — nicht an
Parallelen hierzu.

2. Inhalt, Charakter und litterarischer Wert der Dichtung.

Ein verarmter Schlossherr will durchaus seine Tochter
einem reichen Bauern zur Frau geben. Sie sträubt sich
um so energischer gegen eine solche Verbindung als sie
einen jungen Grafensohn zum *ami* hat; allein der Vater
hält an seinem Plane fest, indem er von dem Bauern schon
im Voraus Geld empfangen hat, und dieser erscheint als-
bald, voll froher Siegesgewissheit und nicht wenig stolz
darauf, ein Schlossfräulein errungen zu haben. In der
That unterwirft sich das Mädchen dem Willen des Vaters,
wiewohl mit Groll und ohne gute Absichten im Herzen.
Sie werden von einem Priester getraut. Da kommt plötz-
lich ihr sehnsüchtig erwarteter Geliebter herangesprengt,
hebt sie auf sein Ross und entführt sie in seine Heimat.
Unterwegs jedoch wird das Paar von dem Schlossherrn
und den Bauern eingeholt, und letzterer begehrt von dem
Entführer in leidenschaftlicher Klage seine junge Frau
zurück. Er wird aber von dieser selbst mit bitterem Hohne
abgewiesen, und als zugleich die Freunde des Grafensohnes
hilfsbereit nahen, flieht er angsterfüllt nach Hause, wo er
von seinen Verwandten gute Lehren anhören muss, und
auch einsieht, wie thöricht sein Unternehmen gewesen ist.
Inzwischen wird das Schlossfräulein in der Heimat ihres
Geliebten bewillkommnet, und eine Vermählung (s. V. 295)
steht wohl zu erwarten.

Dieser Inhalt wird uns hauptsächlich in der Form
von Dialogen vorgeführt, an denen der Vater, die Tochter

und der Bauer am stärksten beteiligt sind; ausserdem stellen die Verse 71—111 einen Monolog des Bauern dar. Kaum fünfzig Zeilen, die bald hier, bald da zwischen den Gesprächen liegen, hat der Dichter sich für die Erzählung vorbehalten, und nur einmal redet er in der ersten Person (V. 285, 286). Wohl eine Folge der dialogischen Einkleidung ist es, dass Zwischenglieder der Handlung übersprungen werden, und dass Manches nur eine leise Andeutung empfängt, ein Verfahren, das zwar durchaus nicht des Reizes entbehrt, indem die Phantasie des Lesers stark angeregt wird, das aber doch, wie wir nachher sehen werden, zu ein paar Unklarheiten und Unwahrscheinlichkeiten im Einzelnen geführt hat.

Eine Aehnlichkeit unserer Dichtung mit „Aucassin und Nicolete", wie sie Paulin Paris hat finden wollen, ist kaum vorhanden und höchstens sehr allgemeiner Art, indem z. B. der glückliche Liebhaber bei uns nur mit flüchtigen Strichen gezeichnet ist und keinerlei besonderes Interesse einflösst. Ganz abzusehen ist von der Vermutung, welche derselbe Gelehrte, durch den Ortsnamen *Saint Gille* veranlasst, mit Vorbehalt geäussert hat, dass eine Nachahmung irgend einer provenzalischen Dichtung vorliegen könnte: die *Chastelaine* trägt nicht nur in ihren Refrains einen durchaus nordfranzösischen Typus, sondern auch ihr ganzer Charakter kennzeichnet sie als ein echtes Produkt nordfranzösischen Bodens. Das hier behandelte Thema ist, im Grunde genommen, identisch mit dem Motiv der *mal mariée* dem wir in den Romanzen und besonders oft in den *sons d'amors* begegnen, und zwar ist auch hier der verabscheute Gemahl gerade ziemlich häufig ein *vilain*. An der Aehnlichkeit ändert nichts der Umstand, dass der Bauer in unserer Dichtung als von ganz einnehmendem Aeusseren erscheint, und dass nur sein Geiz hervorgehoben und die Standesungleichheit betont wird.[1]) Es kann auch keinen rechten Unterschied begründen, wenn bei uns das Mädchen thatsächlich noch nicht des Bauern Frau geworden ist; in

---

[1]) Auf die beiden letzten Züge treffen wir auch RuP. I, 64. V. 15—16 und I, 4 V. 13.

einer Romanze von Audefroi le Bastart (RuP. I, 58) findet die
Entführung ebenfalls statt, bevor es zur Vermählung mit
einem ungeliebten Manne kommt; in einer anderen Romanze
desselben Audefroi (RuP. I, 60) wird die Frau von ihrem
Gemahl durch ihren „Freund" befreit und in dessen Land
gebracht, und eine ähnliche Scene, nur ins Hirtenleben
übersetzt, schildert uns eine Pastourelle (RuP. II, 27).
Solche Situationen und Vorgänge brauchte unser Dichter
nur zu modifizieren, indem er Standesungleichheit einführte
und den unglücklichen Bewerber zum *vilain* machte. Die
Rolle, welche letzterer in der *Chastelaine* spielt, entspricht
ganz der Verachtung, welche die vornehme Gesellschaft
dem Bauern angedeihen liess und welche wieder in den
sons d'amors besonders deutlich zu Tage tritt. Allerdings
ist auch der Schlossherr keine sympathische Figur, allein
er erscheint doch nicht als lächerlich, und so kann man
sagen, dass der ganze Ton der *Chastelaine,* abgesehen
von ein paar Refrains volkstümlicher Natur, ein durchaus
höfischer und aristokratischer ist. Wie das Entführungs-
motiv, so finden wir auch den Widerstand des Mädchens
gegen den väterlichen Willen in den Romanzen und *sons
d'amors* wieder; aber auch formale Züge hat unsere Dichtung
mit den letzteren gemein, nämlich die Anwendung des
Dialogs und die Ausschmückung der Strophenschlüsse mit
fremden Refrains. Der verschiedene Umfang — der längste
son damors[1]) (RuP. I, 38) hat nur 108 Verse — bezeichnet
kaum eine innere Verschiedenheit, wiewohl die weit grössere
Länge unserer Dichtung zu einer viel genaueren Charak-
teristik wenigstens der beiden Hauptfiguren geführt hat.
Durch die grössere Zahl der auftretenden Personen hat
freilich die *Chastelaine* eine besondere dramatische Färbung
erhalten, doch ist diese nicht kräftig genug, um dem
lyrischen Elemente, welches am stärksten in den Aeusse-
rungen des Schlossfräuleins und des Bauern hervortritt und
welches ja auch in den *sons d'amor* überwiegt, ernstlichen
Eintrag zu thun. So darf man vielleicht die *Chastelaine*

---

[1]) Man kann dieses Gedicht auch als eine *aube* ansehen,
s. Jeanroy, Org. S. 77.

einen *son d'amors* mit spezifisch dramatischem Charakter
nennen.

Ist, wie wir sahen, eine Aehnlichkeit mit einer ganzen
Gruppe anderer Gedichte unverkennbar, so lässt sich doch
kein bestimmtes Vorbild für das kleine Werk nachweisen,[1])
das unser Dichter kaum vor der Mitte des 13. Jahrhunderts
verfasst haben wird; der letztere ist vielmehr in der Art,
wie er vorhandene Motive benutzt, varriiert und aus-
gesponnen hat, original, und original ist auch seine Art
der Darstellung. Es wurde schon oben bemerkt, dass die
Schilderung an manchen Stellen eigentümlich skizzenhaft
ist und Unvermitteltes darbietet: so überrascht es z. B. zu
sehen, wie das Mädchen zu dem Grafensohne, der in den-
selben Saal getreten ist, in welchem sich auch Schlossherr
und Bauer befinden, sagt, er möchte sie aufs Pferd heben,
ohne dass es Jemand bemerke (V. 182), wie die beiden
letzteren denn auch gar nichts zu bemerken scheinen, oder
vielmehr wie sie plötzlich als gar nicht vorhanden zu
denken sind. Einer besonderen Mitteilung, dass Vater und
Bauer sich zur Verfolgung aufmachen, bedurfte es aller-
dings nicht, da das Folgende darüber aufklärt, aber nach-
dem nun die Fliehenden eingeholt sind, erhält man insofern
kein klares Bild des Vorganges, als der Schlossherr, der
doch zusammen mit dem Bauern angelangt ist, mit einem
male ganz im Hintergrunde bleibt, indem es heisst, dass
der Bauer (nach fruchtlosem Wortwechsel mit der Ent-
führten) zu ihm zurückkehrt (V. 249). Unmotiviert ist es
auch, dass der Priester nicht wissen soll, welches die zu
Vermählende ist (V. 115). Solche Unebenheiten sind

---

[1]) Nicht unerwähnt möchte ich lassen, dass es mir scheinen
will, als ob der Verfasser eine uns anonym überlieferte Pastou-
relle (RuP. II, 11) benutzt habe. Die genaue Uebereinstimmung
eines Refrains (V. 21—2) mit *Chastelaine* V. 134—5 kann zwar
nicht ins Gewicht fallen, aber etwas auffallend ist die hier wie
da vollzogene Strophenverknüpfung vermittelst Aufnahme des
Refrainschlusses, indem die Beispiele solcher Verbindung bei
fremden Refrains (s. auch Str. 4 und 5 der Pastourelle) in der nord-
französischen Lyrik wenig zahlreich sind. Hinzu kommt, dass
sich Pastour. V. 10—11 und 53—4 nahe berühren mit Chastel.
V. 142 und 139—40.

schwerlich beabsichtigt worden, sie finden wohl ihre Er-
klärung in der Gesprächsform und in den fremden Refrains,
die sich einer ausgeglichenen Compositionsweise entgegen-
stellten. Diese Hindernisse sind dagegen sehr glücklich
überwunden in der Trauscene, indem hier innerhalb von
kaum mehr als zwei Strophen (V. 116—135) trotz mehr-
fach wechselnder Rede und Gegenrede Alles aufs An-
schaulichste herausgekommen ist. Kunstvoll ist auch die
Art, wie durch Worte der Sprechenden selbst die Hand-
lung vorwärts geschoben, so wenn der Bauer plötzlich den
Priester anredet (V. 112), von dessen Anwesenheit wir noch
garnicht unterrichtet waren, oder wenn etwas Wesentliches
die Handlung Förderndes im Refrain selbst (V. 116—7),
oder sogar in der ersten Zeile einer Strophe, die ja hier
immer einen Teil der voraufgehenden Wörter zu wieder-
holen hat, beigebracht wird (V. 245). — Sein bestes Können
hat unser Dichter in der Charakteristik der beiden Haupt-
figuren, des Schlossfräuleins und des Bauern an den Tag
gelegt. Sie sind äusserst lebensvoll und plastisch. Das
Mädchen ist die Verkörperung kecker und selbstbewusster
Grazie; recht hässlich ist für unser Gefühl der Vorbehalt, den
sie bei der Trauung macht (V. 128), aber derartiges ent-
sprach ja ganz der herrschenden Anschauung, welche viel-
leicht ihren einfachsten und unverblümtesten Ausdruck in
den Versen gefunden hat: *Dame qui a mal mari, S'el
fet ami, N'en fet pas a blasmer* (RuP. I, 49 V. 44—6;
I, 64 als durchgehender Refrain). Die Zeichnung des Bauern
ist nicht schablonenhaft, sondern im besten Sinne realistisch,
ja entbehrt nicht eines Anfluges von Humor. Er ist zwar
geizig und feige, aber nicht von abstossendem Aeusseren;
zugleich ist er wirklich verliebt in das Schlossfräulein, und
als er verzweiflungsvoll bittet, dass man ihm alle seine
Habe nehme[1]) und nur die Geliebte wiedergeben möge,
und ferner, als er ohne Frau nach Hause kommt und
wieder an die Arbeit zu gehen sich entschliesst, da erregt

---

[1]) Dieser Zug, den uns der Inhalt eines fremden Refrains
(V. 206—7) liefert, ist freilich wegen V. 39—40 und 209—10 nicht
recht glaubhaft.

er fast unser Mitleid. Doch ist dafür gesorgt, dass er uns nicht sympathisch werde, indem wir gleich bei seinem Auftreten erfahren, dass er dem Vater noch vor der Vermählung Geld gegeben, also das Mädchen gleichsam gekauft hat; auch macht er sich lächerlich durch eine indirekte Klage über jenes Geld (V. 209—10), sowie durch die Worte, mit denen er seine Flucht vor dem Nebenbuhler einleitet (V. 251 ff.). Die übrigen drei Figuren treten stark zurück und sind ohne rechte Farbe; indessen genügt die Art, wie die beiden Hauptpersonen dargestellt sind, vollkommen, um den Dichter als Mann von bedeutendem Talente und Geschmacke zu kennzeichnen. — Beachtenswert sind schliesslich in hohem Grade die stilistischen Vorzüge unserer Dichtung. Der Ton des Ganzen ist ein einheitlicher. Der Ausdruck ist gewandt und nicht selten besonders glücklich und treffend, z. B. bei der Schilderung der plump-naiven Vorfreude des Bauern, bei dem Auftreten der Tochter gegen den Vater, sowie der energischen Abfertigung, die der Bauer von ihr erfährt[1]) (V. 31—4, 39- 43, 58—9, 82—6, 110—1, 218—21). Ein paar Wiederholungen von schon gebrauchten Wendungen, oder Anklänge an solche (V. 15, 231; 51, 230; 169, 288; 146, 173; 154, 277) wird man kaum beanstanden wollen. Der Vers fliesst glatt dahin, indem stärkere *enjambements* sichtlich vermieden sind. Nirgends finden wir Schwerfälligkeit, überall Anmut und Eleganz mit einem Stich ins Zierliche, denn auch im Anschliessen der fremden Refrains an das Voraufgehende und im Verweben derselben mit dem Folgenden bekundet der Dichter, wie wir im folgenden Abschnitte sehen werden, grosses Geschick.

3. Die Refrains.

Einen eigenartigen Reiz hat die *Chastelaine* durch die Refrains erhalten. Ein grosser Teil derselben begegnet

---

[1]) Besonders originell scheint mir das Bild *granz povretez l'avirone* (V. 75) zu sein; auch auf die übertragene Bedeutung von *sechier* in *sechier le cuer* (V. 40, vgl. V. 176) möchte ich hinweisen.

auch anderweitig, sei es in ganz identischer, sei es in nur ähnlicher Gestalt; mehrere sind schon von Paulin Paris, Bartsch, Montaiglon-Raynaud, Jeanroy und Gröber recognosciert worden, was ich in der folgenden Liste stets besonders vermerke, andere habe ich selber aufgefunden.

V. 8—9 *Ostez le moi cel vilain la!*
se plus l'i voi, je morrai ja.

Bibl. nat. f. fr. 837 fol. 272r⁰b in der Antwort auf ein *salu d'amors*:

Ostez le moi cel vilain la!
se plus le voi, je morrai ja.

RuP. II, 57 V. 81—4
Ostes cel vilain, ostes!
se vilains atouche a moi,
nis del doi,
ja morrai.

Verglichen von Bartsch, RuP. S. 372; vgl. auch *Ostez, savroit donc vilains amer?* (RuP. III, 46 V. 70).

V. 17—8 *Ci le me foule, foule, foule,*
ci le me foule le vilain.

Ebenso RuP. I, 67 V. 44—5 (Gille le Vinier), s. Bartsch, RuP. S. 353 und Gröber, Gr. II, 1 S. 667.

V. 35—6 *J'aim miex un chapelet de flors*
que mauves mariage.

Ebenso in den *Tournois de Chauvenci* ed. Delmotte V. 4413—4 (hier *mon* für *un*).

V. 44—5 *Se je sui joliete,*
nus ne m'en doit blasmer.

Ebenso RuP. II, 71 V. 32—3, s. Gröber, Gr. II, 1 S. 667; vgl. für die zweite Zeile auch RuP. I, 43 V. 18.

V. 98—9 *Diex! com est douz li penssers*
qui vient de ma dame!

Vgl. *Li dous pensers ou je si souvent sui*
vient de ma dame et li tres bon espoir.

(Bibliothèque de l'école des chartes 1867 S. 134,
am Anfange eines Gedichtes.)

V. **107—8** *En regardant m'ont si vair oeil*
donez les maus dont je me dueil.

Vgl. *Li regart de ses vairs ieus m'ocit.*

(Raynaud, *Recueil de motets français* I, 52).

Vgl. *Et Dieus! por quoi la regardai,*
quant si vair oel traï m'ont?

(ib. I, 98; gleichlautend *Oeuvres de Philippe
de Remi* ed. Suchier II, 315).

Vgl. *Tant vous aim que partout m'en dueil,*
se je muir, ce m'ont fet si oeil.

(Jubinal, *Nouveau recueil de contes, dits,
fabliaux* II, 237).

Vgl. auch Arch. Bd. 42 S. 315 n⁰ 227 Str. 2—3, und für
die zweite Zeile bei Chr. Legouais (*Histoire littéraire*
XXIX, 521): *le doulx mal dont je me dueil.*

V. **134—5** *Je n'ai pas amoretes*
a mon voloir, si en sui mains jolie.

Ebenso in der *Cour d'amour* (Romania X, 522), nur dass
hier *mie* für *pas* steht, s. Raynaud ib. und M.-R., Fabl.
VI, 272; ebenso ferner RuP. II, 11 V. 21—2.

V. **161—2** *Amis, on m'i destraint por vous,*
et si ne vous puis oublier.

Vgl. RuP. I, 41 V. 28—9

Dous amis,
por vous mi destraint mes maris.

V. **170—1** *Acolez moi et besiez doucement,*
quar li maus d'amer me tient joliement.

Die erste Zeile lautet ebenso im *Meliacin* am Anfange eines Liedes (Ztschr. X, 463); die zweite Zeile lautet im *Renart le novel* (*Roman de Renart* ed. Méon IV, 413):

Jolietement
me tient li maus d'amer.

V. **188—9** *Nus ne doit lez le bois aler*
sanz sa compaingnete.

Ebenso RuP. III, 24 V. 12 — 3 (Jehan Erart), s. Gröber, Gr. II, 1 S. 667; ferner RuP. I, 49 V. 14—5. Beide Stellen hat schon Bartsch, RuP. S. 347 herangezogen.

V. **197—8** *Ainsi doit aler fins cuers*
qui bien aime.

Vgl. *Ainsi doit aler qui aime* (*Guillaume de Dole* ed. Servois V. 296, 299, vgl. S. 76; *Cour d'amour* (Romania X, 524); *Dex, ainsi va qui aime, Ainsi va* (Raynaud, Rec. de mot. II, 58 und fast genau so *Roman de la Violete* ed. Michel S. 38, worauf schon Bartsch in Ztschr. VIII, 462 hingewiesen hat); *Ainsi va qui amors maine* im *Lai d'Aristote* (Barbazan-Méon, Fabl. et cont. III, 111) vgl. Jeanroy, Org. S. 396; *Tout ainsi va qui d'amors vit Et qui bien aime* in der *Cour de paradis* (Barbazan-Méon III, 137); *Tout ansi vait qui aimment* (sic) *Jolietement* (Arch. Bd. 99 S. 360 n⁰ 79); *Ainsi doit on aler a son ami* (*Tournois de Chauvenci* V. 3178; Raynaud, Rec. de mot. II, 94—5); *Ensi doit aler dame a son ami* in der *Cour de paradis* (Barbazan-Méon III, 139); *Ansi va bele dame a son ami* (RuP. I, 36 V. 59).

V. **224—6** *Vostre jalousïe*
est plus enragíe
que li maus des denz.

Bei Chr. Legouais (Hist. littér. XXIX, 521) heisst es:

Mal de jalousie est plus enragiez
que nul mal de denz.[1]

---

[1] In der *Auberee* liest man V. 246—7:
Quar jalousie l'a souspris
qui est pire de mal de denz.

V. 234—5 *Bele, quar balez, et je vous en pri,*
et je vous ferai le virenli.

Vgl. RuP. II, 35 V. 21—2

. . .
Je ferai une estampie
si jolie,
balle un petit, je t'an proi.

V. 243—4 *Espringuiez et balez cointement*
vous qui par amors amez lëaument.[1]

Jeanroy, Org. S. 395 sagt, dass in dem unedierten Liede
Raynaud, *Bibliographie des chansonniers français* n⁰ 1367
derselbe Refrain begegne. Entfernte Aehnlichkeit zeigt
Or de l'espringuier! ja me renvoiserai (Raynaud, Rec.
de mot. I, 199) und noch entferntere ib. I n⁰ 197, s. Gröber,
Gr. II, 1 S. 667.

270—1 *Se j'ai fet ma foliete,*
nus n'en avra pis de mi.

Vgl. den Anfang der zweiten Strophe eines Liedes:

Se j'ai fete ma folie,
bien i connois mon outrage.
(Tarbé, *Chansonniers de Champagne* S. 49)

V. 289—90 *Jolietement m'en vois,*
jolietement.

Ebenso *Tournois de Chauvenci* V. 2524, s. M.-R., Fabl.
VI, 272; vgl. ferner *Je m'en vois si mignotement* (Raynaud, Rec. de mot. I, 23) und *Je tie[n]g par la main*
m'amie, S'en vois plus mignotement (ib. I, 192); letzterer
Refrain fast gleichlautend auch *Cour de paradis* (Barbazan-Méon III, 143), vgl. Jeanroy, Org. S. 395, ingleichen RuP.
II, 27 V. 93—4, vgl. ib. S. 369.

In der Anmerkung dazu verweist Ebeling auf unsere Stelle in
der *Chastelaine.*

[1] Ungenau angeführt von Jeanroy, Org. S. 395 und darnach
von G. Paris, Orig. d. l. poés. lyr. S. 55 Anm. 5; der letztere
citiert gleich darauf (Anm. 6) einen Refrain, der aus der *Chastelaine* stammen soll, allein er kommt daselbst nicht vor.

V. **298—9** *J'ai amoretes a mon gre,*
s'en sui plus joliete assez.

Ebenso RuP. II, 71 V. 68 — 9, s. Bartsch ib. S. 375; vgl.
ferner ... *J'ain par amorette ... s'an suis joliete ...*
(Arch. Bd. 99 S. 363 nº 89), *J'ai amors fait a mon gre,*
Miels en vaudra ma vie (*Roman de la Violete* S. 13;
Michel verweist auf unsere Stelle in der *Chastelaine*), *Or*
ai bone amor novele A mon voloir (RuP. II, 117 V. 5),
Amors ai a ma volente Teles con je veill (*Roman de*
la Poire ed. Stehlich V. 2793—4), *J'ai trouve fines amo-*
retes A mon gre (*Hist. littér.* XXIX, 482), *Amouretes*
ai jolietes, S'amerai (Raynaud, Rec. de mot. I, 247), ausser-
dem von Bartsch (Ztschr. VIII, 460) in zwei Liedern nach-
gewiesen, *Fines amouretes ai* (RuP. II, 106 V. 11 und
Adam de la Halle ed. Coussemaker S. 214); endlich klingt
an eine Stelle im Meliacin (Ztschr. X, 466 nº 16).

V. **307—8** *A gironees depart amors,*
a gironees.

Ebenso [1]) *Cour de paradis* (Barbazan-Méon III, 142), nur
dass hinter *depart* noch ein *mes* steht, s. P. Paris in Hist.
littér. XXIII, 544 und M.-R., Fabl. II, 294.

Erwähnt sei noch, dass, wie schon Bartsch, RuP. S. 381
bemerkt hat, von V. 26—7 *Ja n'ere au vilain donee, Se*
cuers ne me faut wenigstens derselbe Rhythmus und
Reim wiederkehren in RuP. III, 6 V. 44—5: *Se Robins*
m'a mal guardee, Mal dehait qui chaut. Auch mögen
gleich hier ein paar mehr oder weniger deutliche Anklänge
verzeichnet werden, welche man bei im Innern der Strophe

---

[1]) Wenn Jeanroy, Org. S. 399 Anm. 1 sagt, es gäbe fast
keinen Refrain, der uns nicht in verschiedener Form überkommen
wäre, so lässt sich dagegen eine Anzahl oben nachgewiesener
Correspondenzen anführen, also Chast. V. 17—18, 44—5, 188—9,
ferner V. 35—6, 134—5, 307—8, indem in den letzten drei Fällen
die Varianten so leicht sind, dass sie keine Verschiedenheit der
ganzen Form constituieren können. Ausserhalb der *Chastelaine*
erscheint z. B. auch *Dame qui a mal mari* etc. an den beiden
Stellen, wo der Refrain begegnet (RuP. I, 64 V. 5—7 und I, 49
V. 44—6), in ganz identischer Gestalt.

stehenden Versen an anderweitig begegnende Refrains wahr-
nimmt: Chast. V. 139—40: *Diex! or i puet trop demorer
Mes amis a moi revëoir* und RuP. II, 11 V. 53—4:
Robins ait trop demore A la belle reveoir (vgl. Raynaud,
Rec. de mot. II, 95), Chast. V. 142: *Trop lonc tens oubliee
m'a* und RuP. II, 11 V. 10—1: *He amis li biauls li doz,
Trop m'aveis obliee,* Chast. V. 195: *J'ai bone amorete
trovee* und Chr. Legouais (Hist. littér. XXIX, 482): *J'ai
trouve fines amouretes A mon gre,* Chast. V. 291—2:
Jolietement m'i demaine Bone amor und RuP. I, 72
V. 7—8 *Amors, amors, amors Mi demeine, demeine . . .,*
sowie *Einsi nos meine li maus d'amors* (*Rom. de la
Poire* V. 1151).

Die in der *Chastelaine* zur Anwendung kommenden
Refrains werden dort selbst *chançons* oder *chançonetes*
genannt (V. 52, 78, 187, 296), eine Bezeichnung, die man
auch sonst für jene kleinen Gebilde findet, welche ein so
eigentümlich reges und selbständiges Leben auf nordfran-
zösischem Boden geführt haben. Man thut jedoch nicht
Unrecht daran, den mehr charakteristischen Ausdruck
refrain[1]) zu gebrauchen, indem man sie mit Jeanroy als
Bruchstücke uns nicht erhaltener[2]) Tanzlieder[3]) ansieht;
mehrfach wiederholt innerhalb der letzteren, prägten sie
sich leicht dem Gedächtnisse ein und lösten sich so von
der Umgebung, in der sie ursprünglich standen, los, um
in eigener Gestalt aufzutreten. Solche Refrains findet man
bekanntlich, ebenso wie ganze Strophen aus Trouvères-

---

[1]) In dieser Verwendung treffen wir *refrait* bei Jubinal,
Nouv. rec. II, 236. Beiläufig begegnet *refrain, refrait* = „Kehr-
reim eines Liedes" schon am Anfange des 13. Jahrhunderts, und
zwar im *Meraugis* (ed. Friedwagner V. 2974, 2976), was Jeanroy,
Org. S. 105 entgangen zu sein scheint, s. Zeitschr. XI, 250.

[2]) Ich sehe dabei ab von der *Aëlis*-Strophe, s. G. Paris in
Mélanges de philologie romane dédiés à Carl Wahlund (1896)
S. 1 ff.

[3]) Dass später zuweilen auch Stellen aus höfischen Liedern
zur Bildung von Refrains verwandt worden sind, ist vielleicht
nicht ausgeschlossen, so dass ich denn bei den obigen Parallelen
auch *Chansons* herangezogen habe. Allerdings ist das Umgekehrte
ebenso möglich: eine Verwebung von Refrains in das Innere
höfischer Lieder.

Liedern in viele erzählende Dichtungen des 13. Jahrhunderts
eingeschaltet,[1] deren Reihe der „Guillaume de Dole" (ed.
Servois) gegen 1200 eröffnet. Je später, desto zahlreicher
werden sie daselbst, während die Liederstrophen zurück-
treten.[2] Ingleichen erfuhren diese fremden Refrains, doch
auch nicht vor dem 13. Jahrhundert, reichliche Verwendung
in der strophischen Dichtung, in der *chanson,* im *son
d'amors,* in der *pastourelle,* im *salu d'amors* (soweit der
letztere strophisch ist), indem entweder ein und derselbe
Refrain am Schlusse jeder Strophe wiederkehrt oder mit
jeder neuen Strophe ein neuer Refrain erscheint. Jeanroy,
Org. S. 102 Anm. 2 zählt 54 so gearteter Gedichte. Das
in der *Chastelaine* beobachtete Verfahren ist also nichts
weniger als vereinzelt, dagegen treffen wir innerhalb der
strophischen Poesie wohl nur in dem S. 10 erwähnten
salu d'amors ein Specimen von annähernd gleichem Um-
fange, und in Anbetracht der Schwierigkeit, die es haben
musste, 35 fremde Refrains in ziemlich nahen Abständen
sinngemäss an Strophen zu fügen, deren Inhalt nicht ein-
mal ausschliesslich lyrisch ist, muss man fragen, ob diese
Refrains denn wirklich alle fertig übernommen sind. Unter
denjenigen, welche wir nicht anderweitig haben recognos-
cieren können — nur solche kommen in Betracht —
dürften wenigstens ein paar auf eigener Erfindung des
Dichters beruhen, so V. 116—7, indem durch diese Zeilen
die Handlung allzugut fortgeführt wird, so wohl auch
V. 252—3 und V. 261—2. Bezüglich V. 71—2 und
V. 215—6 wage ich keine Entscheidung zu treffen. Die
übrigen tragen, obgleich sonst nicht nachgewiesen, doch
das Gepräge von Gemeingut.

Was den Charakter unserer Refrains angeht, so dürften
einige wirklich volkstümlichen Ursprunges sein, nämlich

---

[1] Jeanroy, Org. S. 116 hat eine Liste solcher Dichtungen
gegeben; hinzuzufügen wären *Le chastelain de Coucy* (ed. Cra-
pelet), *La panthère d'amour* (ed. Todd), Adenet's *Cleomades* (ed.
van Hasselt), und *La chastelaine de Vergi* (Barbazan-Méon IV)
sowie *Li contes d'amours* von Baudouin de Condé (ed. Scheler
n⁰ IX) wegen je einer Stelle.

[2] Jeanroy, Org. S. 117.

Je prendrai l'oiselet Tout en volant (V. 80—1), *Mes cuers est si jolis, Por un poi qu'il ne s'en vole* (V. 179—80), *J'ai trové le ni de pïe, Mais li pïot n'i sont mïe; Il s'en sont trestuit volé* (V. 279—81). Für den zweiten derselben ist zu vergleichen *Vole, mon cœur, vole!* in zwei Volksliedern bei M. Haupt, Französische Volkslieder S. 42 und Jeanroy, Org. S. 186 sowie die gleichfalls in einem Volksliede begegnende Stelle *M'est avis que je vole, Colin* (Jeanroy S. 414); von dem dritten sagt P. Paris (Hist. littér. XXXIII, 543), dass er ihn oft habe auf dem Lande singen hören. Unter den auf den Tanz bezüglichen Refrains zeigen vielleicht bäuerlichen Charakter V. 243—4 und V. 234—5; ländlichen Anstrich hat desgleichen V. 188—9. Dagegen stammen gewiss aus höfischen Kreisen V. 88—90 und V. 98—9, wie schon der Ausdruck *dame* lehrt, ebenso V. 8—9, V. 17—8, V. 26—7, in welchem die Verachtung gegenüber dem *vilain* zu Tage tritt,[1]) die nur aristokratischen Ursprungs sein kann; V. 197—8 und V. 289—90 dürften sich auf höfische Tänze beziehen.

Wie die Refrains abzuteilen seien kann zuweilen zweifelhaft erscheinen; jedenfalls aber verdient es keine Billigung, wenn Montaiglon-Raynaud bei einer Anzahl derselben gar keine Abteilung vornehmen, sondern dieselben in eine Zeile zusammenziehen (V. 53—4, 71—2, 80—1, 89—90, 143—4, 197—8.[2]) Es ist offenbar, dass wenn zwei Refrainzeilen nicht mit einander reimen,[3]) der Dichter

---

[1]) Mehrere solcher Refrains bei Jeanroy, Org. S. 179, wo übrigens *Chast.* 17—8 fehlt (die Stelle steht S. 20 aus einem anderen Fundorte angeführt). Warum man übrigens diese Refrains nicht als den wahren Ausdruck vorhandener Anschauungen betrachten soll, vermag ich nicht einzusehen; was G. Paris, *Les origines de la poésie lyrique en France au moyen âge* (Sonderabdruck aus dem *Journal des Savants* 1892) S. 21 dagegen anführt kann nicht überzeugen.

[2]) Es beruht wohl nur auf einem Druckversehen, wenn an dieser Stelle auch noch zwei dem Refrain voraufgehende Zeilen als kursiv erscheinen.

[3]) Gereimt sind in der *Chastelaine* zwei Refrainzeilen im Ganzen sechsmal, nicht bloss viermal, wie Jeanroy, Org. S. 108 sagt.

die erste derselben als reimlos belassen wollte, indem die
Verbindung mit der Strophe erst durch den Reim der
folgenden Zeile erfolgen sollte. Dasselbe Verfahren haben
die Trouvères, welche fremde Refrains in strophischen Ge-
dichten zur Anwendung bringen und auch Baudouin de
Condé in seiner *Prison d'amour* beobachtet. Damit soll
nicht gesagt sein, dass der erste Vers ursprünglich reimlos
gewesen sei. Zweimal habe ich den Refrain in drei Zeilen
geschrieben (V. 224—6 und V. 279—81), indem bei An-
nahme von Zweizeiligkeit der erste Vers Binnenreim zeigen
würde; einen solchen könnte man zwar im ersten Falle
annehmen, nicht wohl aber bei V. 279—80, weil sonst ein
15 silbiger Vers entstünde. Der Refrain der letzten Strophe
erscheint sogar in vierzeiliger Gestalt; allerdings wäre auch
hier wieder Binnenreim möglich, einfacher oder doppelter,
indessen sei z. B. auf RuP. III, 12 verwiesen, wo auch ein
vierzeiliger Refrain *aaab* — Binnenreim ist wegen der
Länge der Verse ausgeschlossen — begegnet, der, ebenso
wie es an unserer Stelle geschieht, mit *b* an die letzte
Zeile der Strophe angeknüpft wird. Wo kein Gegengrund
vorlag, habe ich stets zwei Zeilen geschrieben, und so er-
halten wir V. 171 einen elfsilbigen Vers, der jedoch auch
sonst in der Lyrik und auch in Refrains[1] vorkommt;
wollte man diesen trotzdem zerlegen, so ergäbe sich ein
reimloser Vers an einer Stelle des Refrains, an der er
in unserer ganzen Dichtung nicht begegnet. In V. 8—9
liegt zwar ein Reim vor (*moi : voi*), ohne dass ich dem-
entsprechend abgetrennt habe, allein diesen Reim wird
man als zufällig ansehen müssen, anderenfalls würden vier
kreuzweise gereimte Viersilbler entstehen, die meines
Wissens in dieser Aufeinanderfolge und Reimstellung sonst
nicht anzutreffen sind, ausserdem aber würde das Princip,
welches der Dichter zu befolgen scheint, bei mehr als
zweizeiligem Refrain die Reimcorrespondenz zur Strophe
erst mit dem letzten Verse zu bringen, verletzt sein.
V. 261—2 bezeichnen keinen analogen Fall, da -*iez* und
-*ez* nicht mit einander reimen dürfen. — Eine weitere

---

[1] RuP. I, 67 V. 35—6; I, 68 V. 9—10 (vgl. I, 49 V. 60—1).

Frage ist es, wie man die beiden nicht mit einander
reimenden Zeilen eines Refrains abzuteilen habe. Die
Schreibung der Handschrift kann dabei nicht massgebend
sein, denn dort finden wir folgende unannehmbare Ab-
trennungen: *Se je sui joliete, nus | ne m'en doit blasmer*
(V. 44—5), *Je n'ai pas amoretes a mon | voloir, si en
sui mains jolie* (V. 134—5), *S'il ne se haste mes | amis,
perdue m'a* (V. 143—4). Auch in V. 307—8 verfährt der
Schreiber unnatürlich: *A gironees depart | amors, a gi-
ronees.* Bei V. 89—90 lässt sich die Abtrennung in der
Handschrift *Nule riens a bele dame | ne se prent* allen-
falls rechtfertigen, doch habe ich sie nicht beibehalten,
weil das *enjambement* etwas hart ist, und weil man für
die Einteilung 3+8 eine Stütze findet an RuP. I, 41 V. 28—9
Dous amis, Por vos mi destraint mes maris, indem hier
der Reim beweisend ist. V. 134 habe ich schon mit
amoretes geschlossen und nicht erst mit *voloir,* da
RuP. II, 11, wo derselbe Refrain begegnet (s. oben), *amo-
retes* mit dem vorletzten Verse der Strophe durch den
Reim gebunden ist. Bei V. 143 kann man schwanken, ob
mit *haste* oder *amis* zu schliessen sei. In den übrigen
Fällen lag keine Veranlassung vor, von der Handschrift
abzuweichen. — Die nicht mit einander reimenden Verse
der Refrains haben zum grösseren Teile ungleiche Länge,
und dabei würde es bleiben, auch wenn man hier und da
anders abteilen wollte als wir es gethan haben. Von den
sechs Refrains, deren beide Zeilen mit einander reimen,
zeigen gleiche Länge V. 8—9, V. 107—8, V. 261—2, un-
gleiche dagegen V. 170—1, V. 234—5, V. 243—4. Das
letztere ist weder bei eigenen noch bei fremden Refrains
das Gewöhnliche, doch keineswegs ohne Beispiele (RuP. I, 2,
4, 8, 9, 12; I, 41 V. 28—9; II, 32 V. 4—5; II, 36 V. 9—10;
II, 48 V. 5—6; II, 27 V. 5—6; III, 46 V. 11—2), und
zwar differieren an den drei letzten der angeführten Stellen
die Verse, ebenso wie bei uns, nur um eine Silbe. — Von
den zehnsilbigen Versen haben V. 135 und 170 die regel-
mässige Cäsur, nämlich nach der vierten Silbe; V. 234
und 244 zeigen einen Einschnitt nach der fünften Silbe,
was ja in der Lyrik begegnet (Tobler, Vb.[3] S. 88); in dem

elfsilbigen Verse 171 kann man Cäsur nach der siebenten Silbe annehmen.

Der Refrain ist mit der Strophe stets durch den Reim in Verbindung gesetzt, und zwar so, dass in den Fällen, wo die Refrainzeilen nicht unter einander reimen, die Correspondenz zum siebenten Verse der Strophe erst durch die letzte Zeile der Refrains gebracht wird; der Anschluss erfolgt auch da erst durch die letzte Zeile des Refrains, wo dieser aus drei oder vier Versen besteht, von denen die ersten unter einander reimen. Obiges Verfahren ist in den Gedichten mit fremden Refrains durchaus die Regel; daneben kommt es vor, dass schon die erste Zeile des Refrains mit der vorletzten der Strophe reimt z. B. RuP. I, 36 V. 35; II, 11 Str. 1, 2, 4; II, 71 Str. 1, 2, 3. Eine besondere Correspondenz stellen Jaques de Cisoing und Pierre le borgne dadurch her, dass sie entsprechend der Länge der letzten Refrainzeile dem letzten Verse der Strophe sechs Silben statt acht Silben geben.[1]) Wenn in der *Chastelaine* die beiden Refrainverse mit einander reimen, so zeigen sie denselben Reim wie der letzte Vers der Strophe, und dies ist wiederum, entgegen dem was Jeanroy, Org. S. 399 Anm. 1 sagt, auch anderwärts das Gewöhnliche, indem Gedichte mit eigenem Refrain ausser Betracht bleiben: unter den zahlreichen *sons d'amors* und Pastourellen z. B. weisen keinen Anschluss auf nur RuP. I, 61; II, 2; II, 32 (mit Ausnahme der ersten Strophe); II, 39; III, 25; III, 39. — Obwohl man hinter der letzten Zeile der Strophe immer eine stärkere Interpunktion setzen kann, so liegt darum doch mehrfach auch eine syntaktische Beziehung des Refrains zum Voraufgehenden vor, indem er entweder mit *chanter, chançon, chançonnete,* einmal auch mit dem Plural *vers* (im Ganzen zehnmal) angekündigt wird, oder indem er in die Rede, die eben erst begonnen hat, so geschickt eingeflochten wird, dass er wie eine ganz

---

[1]) Scheler, *Trouvères belges* II, 84 V. 28; II, 144 V. 18. Scheler hat dies an der ersten Stelle besonders angemerkt, nur dass er auffallenderweise die Refrainzeilen unrichtig abteilt (in der letzten Zeile darf nur stehen *Qui ainsi nous maine*).

natürliche Fortsetzung derselben erscheint (V. 8—9; 25—7; 252—3). Es geht schon hieraus hervor, dass der Dichter sichtlich bemüht war, den Inhalt des Refrains in gute Uebereinstimmung zum Sinn und Gedanken der vorangehenden Strophe zu setzen, oder, wenn man will, immer solchen Refrain auszuwählen, der in den Zusammenhang und in die jeweilige Situation hineinpasste; zu diesem Zwecke bereitet er ihn manchmal durch ganz ähnliche Wendungen vor (V. 107—8; 270—1). Daher spüren wir denn in dem Refrain, was seinen Inhalt angeht, nur sehr selten den Fremdling, wohl nur V. 8—9, da hier auf den *vilain* als anwesend hingezeigt wird, während derselbe doch erst später erscheint, vielleicht auch V. 215—6, 224—6, denn der Ausdruck *jalousie* ist, auf den Bauern angewendet, der seine ihm eben angetraute Frau zurückverlangt, wenig angemessen. Besondere Beachtung verdienen noch V. 116—7 insofern als hiermit eine durch kein *dist* eingeleitete Gegenrede beginnt und schliesst, doch sahen wir schon oben, dass diese Verse vom Dichter selbst herrühren dürften.

Eine noch viel engere Verknüpfung als mit dem Voraufgehenden hat der Refrain mit der jedesmal folgenden Strophe erfahren, und zwar in der Art, dass das letzte Wort oder die letzten Wörter (bis zu fünf) des Refrains unmittelbar am Anfange der nächsten Strophe wiederkehren. Nur einmal steht das Anfangswort einer Strophe schon in der ersten Zeile des Refrains, aber gleich darauf folgen die drei Schlusswörter desselben (V. 91). V. 254 kehrt das Schlusswort *aïe* in anderer Lautgestalt wieder (*aïde*). Indem nicht selten der ganze Gedanke des Refrains recapituliert wird, erscheinen auch noch weiter voranstehende Wörter aus dem Refrain wiederholt; einmal begegnen wir sogar dem letzten Verse einer Strophe von Neuem in der zweiten Zeile der folgenden (V. 124, 128), wozu man noch die Wiederholung von *trop lonc tens* (V. 142, 146) vergleichen möge. Die eben gekennzeichnete Verbindung des Refrains mit dem Folgenden hat unser Dichter fast immer äusserst geschickt vollzogen, namentlich empfindet man diejenigen Stellen als reizvoll, an denen zugleich mit dem wiederaufgenommenen Refrainworte die Rede eines Anderen beginnt (V. 19, 46, 118, 263). Nur einmal erscheint die Schwierigkeit nicht recht überwunden, indem der Conjunctiv *repente* (V. 55) in der Luft schwebt und höchstens als eine Art Echo aufgefasst werden kann, so dass denn auch noch der ganze Inhalt des Refrains zwei Zeilen weiter wiederkehrt. Eine etwas kühne Konstruktion bemerkt man freilich ausserdem an einer anderen Stelle (V. 272), da hier das aus dem Refrain wiederholte *de mi* recht weit von dem zugehörigen Comparativ zu stehen gekommen ist. Wie bekannt nennen die *Leys d'amors* I, 280 in vorliegender Art verknüpfte Strophen *coblas capfinidas.*[1]) Bartsch hat in Eberts Jahrbuch für romanische und englische Litteratur I, 178 ff. die betreffenden provenzalischen Gedichte zusammengestellt. Wir werden im folgenden Abschnitte sehen, in welchem Umfange dieses Verfahren auch in Nordfrankreich geübt worden ist, und wir werden aus dem Umstande, dass Strophenverknüpfung und fremde Refrains zu gleicher Zeit in unserem Denkmal auftreten, wenigstens einen ungefähren Schluss auf das Alter desselben zu ziehen versuchen.

4. Mutmassliches Alter der Dichtung.

Da unser Denkmal ohne Verfassernamen überliefert ist, so haben wir zunächst keinen weiteren Anhalt für eine Zeitbestimmung als das Alter der Handschrift (Ende des 13. Jahrhunderts). Die Thatsache jedoch, dass der Verfasser des „Guillaume de Dole" sich i. J. 1200 als den ersten nennt, der fremde Refrains zur Anwendung gebracht habe, verhilft uns zu einem *terminus a quo*, der nicht vor dem Beginne des 13. Jahrhunderts liegen kann. Es fragt sich nun, ob es möglich ist, den *terminus a quo* und den *terminus ad quem* näher an einander zu rücken.

---

[1]) *Cobla capfinida* im Singular bezeichnet eine Strophe, deren Reimwörter von Zeile zu Zeile aufgenommen werden. Eine solche wohl unbeabsichtigte Verknüpfung stellen bei uns V. 103—4 (*ardant*) dar.

Der Umstand, dass unser Dichter offenbar bestrebt ist, reich zu reimen, macht nichts weiteres wahrscheinlich als dass er dem 13. Jahrhundert angehört.[1]) Die Beobachtung, dass die *Chastelaine* einen ziemlich starken Prozentsatz von reichen Reimen aufweist, fördert nur wenig, da schon Gautier de Coinci († 1236), wie bekannt, den reichen Reim besonders kultiviert hat. Ingleichen ist für eine nähere Datierung von keiner Wichtigkeit die Thatsache, dass die Reimpaare in unserem Denkmal häufig gebrochen sind,[2]) d. h. dass ein Sinneseinschnitt in der Mitte eines Reimpaares eintritt, denn schon Raoul de Houdenc, Huon de Meri, Girbert de Montreuil, Dichter der ersten Hälfte des 13. Jahrhunderts, huldigen diesem Verfahren in ausgedehntem Masse;[3]) ausserdem wäre es bedenklich, hierauf bei einer strophischen Dichtung etwas zu geben, in der lebhafte Reden und Gegenreden geführt werden, und in der die Siebenzeiligkeit der Strophe wiederholte Brechung nahe legte. Ein anderes Moment aber dürfte von einiger Be- deutung sein: die im vorigen Abschnitte gekennzeichnete Strophenverknüpfung. Was lyrische Gedichte angeht, so hat wohl zuerst Mätzner, Altfranzösische Lieder S. 160 einige dahin gehörige Beispiele angeführt. Eine Prüfung der gedruckten Liedertexte ergiebt folgende Liste so ge- arteter Gedichte: 436 (Jeanroy, Org. S. 507 n⁰ XXVII), 450, 508, 536, 607, 824, 1102, 1217, 1267, 1271, 1457, 1488, 1528, 1560, 1586, 1621, 1662, 1668, 1669, 1745, 1813, 1957, 2035, 2122 (die Nummern sind die von Raynaud, Bibliogr. d. chans. franç. II), indessen muss man hinzufügen, dass in mehr als der Hälfte dieser Lieder[4]) der Anschluss

---

[1]) Vgl. Freymond, Ueber den reichen Reim bei altfran- zösischen Dichtern in Ztschr. VI, 177.

[2]) Es sei im Besonderen auf vier Anfangszeilen je einer Strophe hingewiesen, welche schon deshalb eine starke Inter- punktion hinter sich verlangen, weil mit ihnen die Rede einer Person abschliesst.

[3]) S. Paul Meyer, *Le couplet de deux vers* in Romania XXIII, 20, 21.

[4]) N⁰ 508, 1217, 1457, 1528, 1560, 1586, 1662, 1668, 1669, 1745, 1813, 2122.

nicht konsequent durchgeführt ist,[1]) sich sogar oft nur auf
zwei Strophen erstreckt. Neun Lieder unserer Liste sind
anonym überliefert. N⁰ 1102 wird von der Mehrzahl der
Handschriften dem Gace Brulé zugeteilt, und wenn es
diesem Minnesänger angehört, der schon im letzten Viertel
des 12. Jahrhunderts dichtete und bis 1212 zu verfolgen
ist,[2]) so würde dies allerdings beweisen, dass schon zu jener
Zeit *coblas capfinidas* in Nord-Frankreich bekannt waren,
doch ist zu bemerken, dass die Strophenverkettung in n⁰ 1102
insofern als nicht gleichartig mit derjenigen in der *Chaste-*
laine gelten kann, als das letzte Wort der Strophe nicht
sofort, sondern erst am Ende der folgenden Zeile erscheint,
indem der ganze Gedanke wiederaufgenommen wird, und
andererseits verdient es Berücksichtigung, dass die beiden
einzigen, zeitlich fixierbaren Minnesänger, welche (in n⁰ 450[3])
u. n⁰ 536) ebenso konsequent und genau verfahren wie der
Verfasser unserer Dichtung, Jaques de Cisoing und Philippe
de Remi, erst in der zweiten Hälfte des 13. Jahrhunderts
gelebt haben, s. Scheler, Trouvères belges II, S. XI und
Oeuvres de Philippe de Remi, Sire de Beaumanoir ed.
Suchier I, S. IX. Werfen wir einen Blick auf die Dichtungen
in nicht lyrischen Strophen, welche durchgängige oder
teilweise Verkettung der letzteren aufweisen, und welche
Naetebus, Die nichtlyrischen Strophenformen des Altfran-
zösischen S. 43 zusammengestellt hat, so finden wir, ent-
weder dass sie im letzten Drittel des 13. Jahrhunderts oder
später entstanden sind, oder dass, falls man sie nicht
datieren kann, doch keine Handschrift aus früherer Zeit
als dem Ende des 13. Jahrhunderts zu stammen scheint. —
Obige Erwägungen sind freilich noch nicht ausreichend,
um ein späteres Datum der *Chastelaine* wahrscheinlich zu
machen; allein es tritt noch ein Umstand hinzu: die Ver-
wendung von fremden Refrains. Dieser Branch findet sich,
wie schon Jeanroy, Org. S. 118 bemerkt hat, bei keinem

---

[1]) Solche Inkonsequenz begegnet zuweilen auch in Trobador-
liedern, s. Bartsch in Eberts Jahrbuch I, 180.

[2]) S. Romania XXII, 127 und Gröber, Gr. II, 1 S. 677.

[3]) S. Romania XXVI, 531 n⁰ VIII.

älteren Liederdichter, und was für uns besonders wichtig ist, eine Verknüpfung solcher Refrains mit der jedesmal folgenden Strophe, wie wir sie in der *Chastelaine* so strenge und zugleich so virtuos durchgeführt sehen, lässt sich als in der 1. Hälfte des 13. Jahrhunderts üblich auch nicht mit annähernder Sicherheit feststellen. Die hierher gehörigen *chansons* sind Rayn., Bibl. n⁰ 536,[1]) 607, 824, 1586, 1957, 2035; dazu gesellt sich ein unvollständiger strophischer *salu d'amors* des Philippe de Remi (Oeuvres ed. Suchier II, 313) sowie eine strophische *complainte d'amors* (*Bibliot. de l'éc. d. chartes* 1867 S. 154).[2]) N⁰ 607 1586, 2035 sind anonym, was nicht etwa für ein höheres Alter beweisend ist; n⁰ 824 wird von sieben Handschriften ebenfalls ohne Namen überliefert, während zwei es dem Pierre le Borgne de Lille zuschreiben; n⁰ 1957 rührt von Jaquemin de la Vente her und n⁰ 536 wohl bestimmt von Jaques de Cisoing, da von acht Handschriften sechs ihn nennen, während nur zwei keinen Verfasser angeben. Ueber die Zeit von Pierre le Borgne de Lille und Jaquemin de la Vente wissen wir nichts Näheres; Jaques de Cisoing und Philippe de Remi lebten in der 2. Hälfte des 13. Jahrhunderts; die *complainte d'amors* soll „wahrscheinlich" aus der Regierungszeit Ludwigs IX. stammen, doch giebt P. Meyer l. c. S. 127 keinen Grund für diese Datierung an, ausserdem hat mit Bezug auf sie schon Naetebus l. c. S. 43 bemerkt, dass zwar überall der Gedanke, aber nur zuweilen ein Wort vom Schlusse des Citates wieder aufgenommen wird. Wollte man noch Gillebert de Berneville heranziehen, dessen Lieder n⁰ 1528 und 1560 teilweise Strophenverknüpfung, aber eigene Refrains zeigen, so würde man zeitlich damit nicht hinaufrücken, da auch Gillebert erst

---

[1]) Diese Nummer ist ebenso wie 607 und 1586 in die Liste einzuschalten, welche Jeanroy, Org. S. 102 Anm. 2 von *chansons avec des refrains* aufgestellt hat.

[2]) In der ebenda S. 150 publizierten anonymen *complainte d'amors* wird das letzte Wort eines vorangestellten fremden Refrains (= RuP. II, 11 V. 31—2) am Anfang des eigentlichen Gedichtes wiederholt, das in achtsilbigen Reimpaaren geschrieben ist.

der 2. Hälfte des 13. Jahrhunderts angehört. In einem m.
W. unedierten, anonym in Hs. 837 fol. 271 r⁰ a — 272 v⁰ a
überlieferten *salu d'amors* nebst einer dazu gehörigen
Antwort (s. Naetebus l. c. S. 183), deren Abschrift ich der
Freundlichkeit von Suchier verdanke, liegt endlich eben-
falls Strophenverknüpfung mit eigenen und fremden Refrains
vor, und zwar ist sie ziemlich strenge durchgeführt, doch
brauchen diese beiden Gedichte nicht vor die 2. Hälfte des
13. Jahrhunderts zu fallen, da sie in derselben Handschrift
stehen wie die *Chastelaine*. In Anbetracht der ganzen
obigen Sachlage dürfte es wenig glaublich erscheinen, dass
die *Chastelaine*, in welcher das fragliche Verfahren voll-
kommen ausgebildet erscheint, vor der Mitte des 13. Jahr-
hunderts verfasst worden sei.

Für eine spätere Entstehungszeit spricht schliesslich
m. E. auch folgendes. Der oben erwähnte *salu* des Philippe
de Remi hat nicht nur Verwendung fremder Refrains und
Strophenverkettung mit unserer Dichtung gemeinsam, sondern
er weist auch denselben Bau und dieselbe Reimstellung auf:
aabb ccd,[1]) vgl. Naetebus l. c. S. 143. Es fällt schwer, dies als
einen Zufall anzusehen. Hat der Verfasser der *Chastelaine*
den *salu* zum Vorbilde gehabt, so könnte sie kaum vor 1270
entstanden sein, da man mit Suchier l. c. I S. IX die poetische
Thätigkeit Philippes in die Jahre 1270 bis 1280 setzen
darf. Ist das Umgekehrte der Fall, und dies dünkt mich
in Berücksichtigung des Alters unserer Handschrift das
Wahrscheinlichere, so lässt sich wenigstens so viel an-
nehmen, dass beide Erzeugnisse zeitlich nicht allzu weit
von einander abliegen werden. So geht man wohl nicht
sehr fehl, wenn man die Entstehungszeit der *Chastelaine*
ungefähr mit den Jahren 1250 und 1270 abgrenzt. Die
sprachlichen Erscheinungen des Textes widersprechen einer
solchen Datierung nicht.

---

[1]) Allerdings zeigt auch noch der oben erwähnte anonyme
salu d'amors das gleiche Schema, was bei Naetebus nach-
zutragen ist.

5. Sprache und Heimat.

Die Lautgestalt der Wörter unseres Denkmals trägt im ganzen den Charakter des Franzischen oder Centralfranzösischen, d. h. der Sprache der *Ile de France*, aus der die französische Schriftsprache erwachsen ist. Daraus folgt jedoch noch nicht, dass die Dichtung darin abgefasst gewesen sei, es fragt sich vielmehr, ob die Natur der Reime nicht dagegen spricht. Will man nämlich die ursprüngliche Sprache eines poetischen Denkmals erkennen, so gilt es die Reime zu prüfen. Diese gewähren wenigstens einige Sicherheit, indem die Abschreiber, auch wenn sie das Ganze absichtlich in einen anderen Dialekt transponierten, die Lautgestalt der im Reime stehenden Wörter nicht so leicht antasten konnten, weil sie immer darauf achten mussten, ob durch einen Eingriff nicht auch der Reim zerstört würde. Je kürzer das Denkmal ist, desto unsicherer wird im allgemeinen das Bild sein, welches wir von der ursprünglichen Sprache desselben gewinnen, da natürlich eine kleinere Anzahl von Reimen für gewöhnlich nicht einen so bestimmten Schluss gestattet als eine grössere, welche mehr Beobachtungsmaterial bietet. Was nun unsere Dichtung angeht, so dürften immerhin die Reime genügen, um uns wenigstens ungefähr über das Sprachgebiet, dem dieselbe ursprünglich angehört hat, zu orientieren; dabei lassen wir die Refrains aus dem Spiele, da sie, wie wir gesehen haben, zum grössten Teile fremder Herkunft sind und daher sich nichts auf sie gründen lässt.

Zunächst wird durch *alaine* (70) und *demaine* (291) das burgundische Sprachgebiet ausgeschlossen, indem sich in *alaine* < *halēnam* und *demaine* < *demĭnat* lat. *ē* und *ĭ*, die vulgärlat. zu *ę* wurden, als *ai* darstellen, was in burgundischen Denkmälern nicht der Fall ist. Ferner verbietet *cuite* (32) < *cŏctam*, also ein *ui*, welches aus *ŏ* + einem aus *c* entwickeltem *i* erwachsen ist, an den Südwesten zu denken. Endlich schliesst *deprie* (205) < *deprēcat*, also *i*, dem ein *ē* + einem aus *c* entstandenen *i* zu Grunde liegt, den ganzen Osten und Westen aus. —

Giebt es nun auf der anderen Seite in den Reimwörtern unseres Textes Erscheinungen, welche für eine der so übrig bleibenden Mundarten sprechen?

Dass wir keinen Reim *en* + Cons. mit *an* + Cons. haben (*dolant* (79) < *dolentum* macht, wie bekannt, eine Ausnahme), würde in Anbetracht der Kürze des Denkmals noch nicht ohne Weiteres für das Pikardische beweisend sein. Die Thatsache, dass in *solaz* : *Nicolas* (111) auslautendes *z* mit *s* gebunden ist, deutet zwar für das 12. Jahrhundert auf das nördliche Sprachgebiet (s. Förster zum Erec V. 3870), jedoch kaum mehr für das 13. Jahrhundert (s. Suchier bei Gröber, Gr. I, 586). Wiederum nicht beweisend ist das Vorkommen der dem Pikardischen geläufigen Pronominalform *mi* in V. 271, weil hier das Reimwort im Refrain steht.[1]) Dagegen fällt nun ins Gewicht das Auftreten von *ie* für *iée* in *sechie* (= *sechiée*) : *vaverdie* (176), ferner in *liement* (169), indem ein leoninischer Reim zu *joliement* (171) vorliegt.[2]) Diese Erscheinung gehört dem Norden und Osten an, und da der letztere, wie wir oben sahen, nicht in Betracht kommen kann, andererseits aber *ie* für *iée* dem Centralfranzösischen so gut wie fremd ist und im Dialekt der Champagne, sowie in den südlichen Mundarten garnicht begegnet, so bleibt nur der Norden übrig. Hierher führt auch durch das Metrum gesichertes und dem Pikardischen eigenes *vo* (50, 183, 185) für centralfr. *vostre*, sowie dreisilbiges *averai* (127), sofern das letztere nicht vielleicht durch das *averai* des Refrains (125) hervorgerufen ist. Ferner darf man die Reime *richece* : *seche* (39), *destrece* : *seche* (174), *sachiez* : *faciez* (129) (leonin. Reim) heranziehen, „Zwitterreime“, die vorzugsweise in ursprünglich pikardischen Texten begegnen und die sich wohl daraus erklären, dass *c* hier die Geltung von *ch* hatte. Liegen somit schon einige Kennzeichen des Pikardischen, durch Reim oder Metrum gesichert, vor, so ist es auch erlaubt, auf die speziell pikardische Form *prendoie* (38) hinzu-

---

[1]) Vgl. *mi* im Innern des Verses und zugleich ausserhalb des Refrains in V. 272, doch wird hier das *mi* von V. 271 eingewirkt haben.

[2]) Im Refrain steht *enragie* : *jalousie* (225).

weisen,[1]) wiewohl sie nicht im reichen Reime steht, und schliesslich noch die pikardische Accusativform des weiblichen verbundenen Fürwortes *le* (93, 196)[2]) anzuführen, obgleich dieselbe natürlich nur ausserhalb des Reimes begegnet.[3])

Obige Kennzeichen, unter denen namentlich *sechie*: *raverdie, liement*: *joliement* nicht vom Copisten herrühren kann, dürften in Anbetracht der Kürze des Denkmals genügen, um in dem Verfasser einen Pikarden sehen zu können. Eine nähere Abgrenzung jedoch innerhalb des pikardischen Sprachgebietes lässt sich kaum vornehmen. Denn selbst angenommen, der Autor habe bei dem Orte Saint Gille (V. 1), wohin er den Hauptschauplatz verlegt, ein bestimmtes Saint Gille im Auge gehabt, und es wäre eine von den drei gegenwärtig in dem fraglichen Gebiete liegenden Ortschaften Saint-Gilles[4]) (dép. Somme und dép. Manche) gemeint gewesen, so würde daraus noch nicht folgen, dass der Verfasser aus der Nähe von einer derselben gestammt hätte.

6. Metrum und Reim.

Unsere Dichtung besteht aus 35 Strophen, deren jede 7 Zeilen + zweizeiligem oder mehrzeiligem Refrain[5]) um-

---

[1]) S. Förster zum *Aiol* V. 688 und Schwan-Behrens, Gram. d. Altfranz. S. 209.

[2]) Auch V. 116 treffen wir auf dieses *le*, allerdings im Refrain, der jedoch vermutlich vom Verfasser selber herrührt, s. S. 16.

[3]) *-iaus* < *-ĕllus*, das in *biaus* (12, 122) begegnet (vgl. *biaute* (85) und *biau* (313) ist nicht ausschliesslich pikardisch, s. Förster, Cliges S. LXIX.

[4]) S. Joanne, Dictionnaire des communes de France. P. Paris (Hist. littér. XXIII, 544) weist auf die in Südfrankreich gelegene Stadt Saint-Gilles hin, die allerdings als Wallfahrtsort auch dem Nordfranzosen bekannt sein konnte; Montaiglon-Raynaud, Fabl. II, 293 denken dagegen an einen in der Champagne befindlichen kleinen Flecken dieses Namens.

[5]) Ueber die metrische Gestalt der Refrains habe ich im dritten Abschnitte der Einleitung gesprochen.

fasst. Jeder der 7 Verse zählt 8 Silben. Der achtsilbige Vers hat keine Cäsur. Die Reimstellung ist aa bb cc d, [1]) indem der Reim zu d erst durch den Refrain gebracht wird, in der Regel erst durch die zweite Zeile desselben. Reimcorrespondenz von Strophe zu Strophe besteht natürlich nicht, ebensowenig Uebereinstimmung im Geschlechte der Zeilenausgänge, wie diese bei den zum Gesange bestimmten lyrischen Gedichten erforderlich ist. Aeusserst selten finden wir stärkeres Uebergreifen der Konstruktion aus einem Verse in den anderen (*enjambement*), eigentlich nur V. 285—6, wo nach *vilains* in der Mitte des Verses eine starke Interpunktion eintreten muss (vgl. S. 9).

1. Silbenzählung.

a. Im Wortinnern. *α*) Ein Hiatus ist eingetreten nach Ausfall eines intervokalen Consonanten: *mïe* (28), *marïe* (57), *espousee* (115), *agree* (117), *feroie* (37) etc. — *marïage* (4), *escrïez* (70), *oïl* (181), *païs* (185), *vëu* (200), *ëusse* (210), *aërdre* (227), *vëoir* (110), *vïolé* (278) etc. Die Endung *-iens* (< *-ebamus*) ist schon einsilbig: *aviens, seriens* (184, 185), was nach Suchier, Auc. et Nicol.[2] S. 70 im Pikardischen und Wallonischen üblich war. Vortoniger Hiatvokal ist immer erhalten, ausgenommen in *sole* (138), das für *saole* steht. *β*) Zwei ursprüngliche Hiatvokale bleiben in manchen Wörtern als solche bestehen: *souëf* (193), *escïent* (284).

b. Im Wortausgang. Es findet Hiatus statt zwischen betontem auslautendem Vokale und vokalischem Anlaute des folgenden Wortes: *respondi a* (6), *ja a* (29), *m'a il* (77), *volé en* (282) etc. Was die einsilbigen Wörter betrifft, so wird in ihnen auslautendes *a* elidiert bei *ma* und *la* (Pronomen und Artikel): *m'ame* (97), *l'est venuz querre* (156), *l'eure* (110) etc. Auslautendes *i* in einsilbigen Wörtern wird nicht elidiert bei *si* (< *sīc*): *si en* (135, 136), bei *qui*: *qui est, qui ert* (94, 159), beim verbundenen Pronomen

---

[1]) Gleicher Art ist die Reimstellung in der S. 25 erwähnten *Complainte d'amors* aa bb cc dd ee f, nur dass hier die eigentliche Strophe um vier Zeilen länger ist.

li[1]) : *li otroie* (105), *li agree* (117) etc. Der männliche Artikel des Sing. *li* kann seinen Vokal verlieren: *l'avoirs* (71), braucht es aber nicht: *li avoirs* (42), *li énfes* (47).[2]) Auslautendes *e* in einsilbigen Wörtern wird elidiert: *c'uns* = *qu'uns* (2), *l'avrai* (7), *l'i* (9), *d'ire* (12), *s'il* = *se* (wenn) *il* (31), *s'a* = *se* (wenn) *a* (32), *m'en* (45), *s'en*[3]) = *se* (Pron.) *en* (54), *n'avrez* (65), *j'aie* (111) etc., dagegen finden wir *ce est* (104) und *je aie* (167), da *ce* und *je* zu den Wörtern gehören, bei denen die Elision nicht obligatorisch, sondern nur fakultativ ist, s. Tobler, Vb.[3] S. 56; in mehrsilbigen Wörtern erfährt auslautendes unbetontes *e* Elision, ohne dass dies in der Schrift zum Ausdrucke kommt: *riche ere* (5), *fille a* (16), *n'ere au* (26), *soie amie* (29), *haute alaine* (70) etc. Ueber V. 309 s. S. 32 Anm. 4.

2. Reim.

In der altfranzösischen Dichtung reimt offenes *e* und *o* (*ę*, *ǫ*) nur mit offenem *e* und *o*, geschlossenes *e* und *o* (*ẹ*, *ọ*) nur mit geschlossenem *e* und *o*. *Ere* (5) < *ĕrat* sollte *ę* haben, trotzdem muss das *e* ein geschlossenes gewesen sein, da es in unserem Denkmal, wie auch sonst, mit *pere* reimt, dessen aus freiem lat. *a* entstandenes *e* geschlossen war, s. Suchier, Altfrz. Gram. S. 22. In *joie* müsste das *o* gemäss seiner Herkunft aus lat. *au* offen sein, aber das Wort macht eine Ausnahme und reimt hier (83, 104, 181, 315) und anderswo mit Wörtern, deren *oi* ein geschlossenes *o* hat, da es auf älterem *ei* beruht, das lat. *ē* oder *ĭ* zur Grundlage hat s. Cliges ed. Förster S. LXIV und Ebeling, Aub. S. 149. — Steigende Diphthonge, ausgenommen *ié*, werden öfter dem einfachen Vokale gegenübergestellt, der mit ihrem zweiten Elemente gleichlautet, s. Tobler Vb.[3] S. 138. Hierher gehört der Reim *cuite* ‚gekocht‘: *cuite*

---

[1]) Die Elision tritt hier nur ein vor folgendem *en*, also *l'en*, wofür in unserem Texte kein Beispiel begegnet.

[2]) Der Nomin. Plur. des männlichen Artikels, der gleichfalls *li* lautet, duldet niemals die Elision.

[3]) In *s'en* von V. 296, 299 ist *se* die Nebenform zu nachsatzeinleitendem *si*.

(= *quite*, spr. *kite*) ‚ledig‘ (32/33), eine Reimwortver-
bindung, die sich auch sonst findet. z. B. bei Baudouin de
Condé ed. Scheler S. 109 V. 61/62; M.-R, Fabl. IV, 8
V. 109/10.

Unser Dichter strebt unverkennbar nach dem reichen
Reime [1]) und zeigt entschiedene Vorliebe für eine besondere
Art desselben, den leoninischen Reim im engeren Sinne,
also den Gleichklang, welcher mit dem der Tonsilbe voran-
gehenden Vokal beginnt z. B. *despont : respont* (23), *de-
niers : greniers* (30), *voloir : doloir* (50, 229, 309), *poli :
joli* (68) etc.[2]) Mehr als der vierte Teil aller Reime sind
leoninische. Auch der äquivoke Reim, bei dem ein Wort
lautlich mit zwei Wörtern zusammenfällt, ist vertreten:
dire : d'ire[3]) (12), *amis : a mis* (145, 172); *dedenz : des denz*
(224/26) dürfte ebenfalls hierher gehören, indem das *s* in
des vermutlich schon verstummt[4]) war. Doppelreim finden
wir bei *a celi : m'abeli* (91), *en pri : virenli* (234), *la vie :
aïe* (251/53), ferner bei *porterai foi : maugre moi*, voraus-
gesetzt, dass auch auslautendes *ai* für den Dichter den
e-Laut hatte,[5]) vgl. Meraugis ed. Friedwagner S. XXXVI,

---

[1]) Ueber den reichen Reim bei altfranzösischen Dichtern
hat eingehend gehandelt Freymond in Ztsch. VI, 1 ff.

[2]) Hierher rechne ich auch den Reim *d'amer : blasmer* (43),
indem das *s* wahrscheinlich nicht mehr gesprochen wurde, s.
Scheler zu Baudouin de Condé S. 409. Darf man in *covient : ou*
(älter *o*) *vient* (66) gleichfalls einen beabsichtigten leoninischen
Reim erblicken?

[3]) Dieser Reim begegnet auch anderweitig oft s. Freymond
l. c. S. 195.

[4]) Schon im „Guillaume de Dole“ (1200) begegnen fünf
Reime, bei denen auslautendes *s* nicht berücksichtigt ist: *einsi :
païs* etc., s. die Ausgabe von Servois S. XLI Anm. 1 und vgl.
Lyoner Ysopet ed. Förster S. XXXVII sowie Tobler, Vb.[3] S. 128
Anm. 1. Der Vers 309 *A gironees ai mon voloir* würde eine
Silbe zu viel haben, wenn man nicht annähme, dass auslautendes
s stumm war, mithin Elision von *e* vor *ai* stattfinden konnte,
s. einige Beispiele solcher Elision bei Tobler, Vb.[3] S. 67. Vgl.
noch *dedenz : les denz* II, 441/2.

[5]) Inlautend vor *t* finden wir *e* geschrieben in den Reimen
fet : fet (46/7), *fet : plet* (113/4), vor *r* in den Reimen *contrere :
fere* (212/3), *fere : brere* (236/7), dagegen *faire : douaire* (295/6),

endlich bei *revĕoir* : *meschĕoir* (140) und *ne mesprent* : *ne se prent* (88/90), falls das *s* in *meschĕoir* und *mesprent* nicht mehr laut war.[1]) In Anbetracht der Neigung des Verfassers für möglichst viele gleichlautende Silben im Ausgange der Verse wird man es auch wohl nicht als Zufall ansehen, dass sich vor *ja* (7/9) und *m'a* (142/4) *morrai* und *avrai* einerseits, *oubliee* und *perdue* andererseits finden.

Wörter gleicher Bedeutung und gleicher Herkunft sollen nicht im Reime gepaart werden. In *mari* : *mari* (61/3), *anuit* : *anuit* (190/1) ist beides verschieden, es sind also echte Homonyma, während in *ja* (7/9), *fet* (46/7), *pas* (64/5), *avoir* (86/7, 120/1) nur die Bedeutung eine andere ist, oder doch als verschieden empfunden wird. Eine Ausnahme bilden in der alten Dichtung die Formen von *avoir* und *estre*, mögen diese als Hilfsverba funktionieren oder nicht: *m'a* (142/4). — Compositum mit Simplex zu reimen war erlaubt: *ravoir* : *avoir* (208/9), welches letztere Wort allerdings Substantiv ist, *mesprent* : *prent* (88/90), *covient* : *vient* (66/7), Reimpaarwörter, deren Bedeutungen ziemlich weit auseinanderliegen, so dass die Stammesgleichheit nicht sofort ins Gefühl tritt. — Die Forderung, dass innerhalb eines lyrischen Gedichtes ein einmal gebrauchtes Reimwort nicht an einer anderen Stelle in gleicher Bedeutung wiederkehren dürfe, wird natürlich bei einer längeren strophischen Dichtung nicht erhoben: *pere* (6, 48, 74), *joie* (83, 104, 181, 315) etc.; *puceles* (302) und *pucele* (311) wirken wegen der Nähe, in der sie stehen, nicht angenehm, besonders da sich schon *pucelete* V. 301 im Reime findet. Aber auch je zwei Reimwörter erscheinen von Neuem gepaart: *avoir* : *avoir* (86/7, 120/1), *miе* : *amïe* (28/9, 163/4), *conte* : *honte* (14/5, 231/2), *reson* : *meson* (154/5, 276/7), *querre* : *terre* (156/7, 240/1), *plorer* : *demorer* (138/9, 260/1), *amis* : *a mis* (145/6, 172/3), und zwar ist vor *a mis* noch *lonc*

---

vor *s* im Reime *reson* : *meson* (154, 276) und im Innern der Verse in häufigem *mes* (aber *mais* 480), *mauves* (36, 37 etc.), *besier* (170), *lessier* (261). Alle diese Fälle beweisen freilich nichts für die Aussprache des Dichters.

[1]) S. Köritz, Ueber *s* vor Consonant im Französischen S. 24.

tens wiederholt, *voloir* : *doloir* (50/1, 229/30, 309/10); vgl. noch *liement* : *joliement* (169/71) und *liement* : *jolictement* (288/90). Es sei schliesslich hingewiesen auf die Wiederkehr einzelner Verse in mehr oder weniger ähnlichem Wortlaute: *Doit bien avoir li vilains honte* (15) und *Vilains, bien devez avoir honte* (231), *Mes trop me fet le cuer doloir* (51) und *Trop m'avez fet le cuer doloir* (230), *Morir doi je bien par reson* (154) und *S'en doi bien dire par reson* (277), *Chanterai de cuer liement* (169) und *qui chantoit de cuer liement* (288), vgl. S. 9.

La chastelaine de Saint Gille.

Il avint l'autrier a Saint Gille
c'uns chastelains ot une fille,
qui mout estoit de haut parage.
Doner la volt par marïage
5   a un vilain qui mout riche ere;
ele respondi a son pere:
„Si m'aït Diex, ne l'avrai ja;
ostez le moi, cel vilain la!
se plus l'i voi, je morrai ja."

10 „Je morrai ja", dist la pucele,
„se plus me dites tel novele,
biaus pere, que je vous oi dire;
si me gart Diex d'anui et d'ire,
li miens amis est filz de conte;
15 doit bien avoir li vilains honte,
qui requiert fille a chastelain.
Ci le me foule, foule, foule,
ci le me foule le vilain!"

„Le vilain vous covient avoir,"
20 dist li peres, „par estavoir,
si avrez a plente monoie,
cainture d'or et dras de soie."
Ainsi li peres li despont;
mes la pucele li respont:
25 „Quanques vous dites rien ne vaut;
ja n'ere au vilain donee,
se cuers ne me faut.

---

21. M.-R. *arez*; nachträglich verbessert II, 294.

Cuers ne me faut encore mïe
que ja a nul jor soie amïe
30   a cel vilain por ses deniers;
s'il a du ble plain ses greniers,
s'a char de bacon crue et cuite,
si la menjust, je li claim cuite:
Je garderai mon pucelage.
35   *J'aim miex un chapelet de flors*
      que mauves marïage.

Mauves marïage feroie,
peres, se le vilain prendoie,
quar son avoir et sa richece
40   d'avarisce le cuer li seche;
mes mon cuer me dit et semont
que toz li avoirs de cest mont
ne vaut pas le deduit d'amer.
     Se je sui joliete,
45   *nus ne m'en doit blasmer.*"

„Blasmer, bele fille? Si fet;
sachiez que li énfes qui fet
contre le voloir de son pere —
f. 114 v° col. 2. sovent avient qu'il le compere."
50   „Peres, je ferai vo voloir,
mes trop me fet le cuer doloir
ceste chançons et me tormente:
     nus ne se marïe
     qui ne s'en repente.

55   Repente, ce vueil je bien croire,
peres, que la chançon soit voire:
Cil se repent qui se marïe;
quar je me sui ja repentïe
d'avoir mari, ainz que je l'aie.
60   Li parlers tant fort m'en esmaie
que j'en ai tout le cuer mari.

---

49. M.-R. *sovient*; dieser Druckfehler findet sich schon bei
Barbazan-Méon III, 371. —

J'aim miex morir pucele
qu'avoir mauves mari."

„Mauves mari n'avrez vous pas;
65 mes fïancier, isnel le pas,"
dist li peres, „le vous covient."
A tant ez le vilain ou vient,
qui mout avoit le cors poli;
au miex qu'il puet, de cuer joli,
70 s'est escrïez a haute alaine:
    „*L'avoirs done au vilain*
    fille a chastelaine."

„Chastelaine fu ja sa mere,
chastelains est encor son pere;
75 mes granz povretez l'avirone,
quar por l'avoir que je li done
m'a il doné la pucelete,
s'en doi bien dire chançonnette,
quar je n'ai pas le cuer dolant:
80   *Je prendrai l'oiselet*
      tout en volant.

En volant l'oiselet prendroie;
tant est li miens cuers plains de joie,"
dist li vilains, „que ne puis dire;
85 quant je sa grant biaute remire,
lors cuide paradis avoir.
Qui por tel dame done avoir,
si m'aït Diex, riens ne mesprent.
    Nule riens
90 *a bele dame ne se prent.*

Nule ne se prent a celi
dont li regars tant m'abeli
que son pere le m'a donee;
rose qui est encoloree

---

68. M.-R. *li vilains qui v.*; II, 294 wird nachträglich be-
merkt, dass statt *qui* in Hs. *ou* steht. — 78. M.-R. *chançonette.*

95 ne se prent pas a sa color:
Je ne sent ne mal ne dolor,
en tant qu'il m'en sovient, par m'ame.
Diex! com est douz li penssers

     qui vient de ma dame!

100 De ma dame ai un douz pensser,
dont je ne puis mon cuer oster;
ades i pens en regardant.
Si vair oeil vont mon cuer ardant;
ardant? Voire, ce est de joie.
105 Par son douz regart li otroie
mon cuer, ne partir ne l'en vueil.
En regardant m'ont si vair oeil
donez les maus dont je me dueil.

Je me dueil, se Diex me sequeure,
110 qnar je ne cuit ja vëoir l'eure
que j'aie de li mon solaz.
Ha! gentiz prestres Nicholas,
espousez nous tost sanz nul plet."
Dist le prestre: „Ce fust ja fet,
115 mes ne sai quels est l'espousee "
  „*Veez le la! demandez li,*
     se m'amors li agree."

  „Agree vous ceste novele",
dist li prestres a la pucele,
120 „que vous doiez prendre et avoir
cel vilain la por son avoir?"
Ele respondi: „Biaus douz sire,
je n'ose mon pere desdire,
mes ja ne li porterai foi.
125   *Averai je dont, lasse,*
    mon mari maugre moi?

Maugre moi, voir, je l'averai,
mes ja foi ne li porterai.

---

114. M.-R. *le prestres.*

sires prestres, bien le sachiez.“
130 „Il ne me chaut que vous faciez“,
    dist li prestres, „je vous espouse.“
En chantant s'escrïe la touse,
de dolant cuer, come esbahïe:
    „Je n'ai pas amoretes
135 *a mon voloir, si en sui mains jolie.“*

„Mains jolïe si en serai,
ne ja mes jor ne passerai
ne soie sole de plorer.
Diex! or i puet trop demorer
140 mes amis a moi revĕoir.
Par tens li porra meschĕoir;
trop lonc tens oublïee m'a.
    S'il ne se haste, mes amis
       perdue m'a.

145 Perdue m'a li miens amis.
Je croi que trop lonc tens a mis
a moi venir reconforter;
quar li vilains m'en veut porter
f. 115 r° col. 2. tout maintenant en sa contree.
150 Douz amis, vostre demoree
me fet de duel le cuer partir.
    Au departir d'amoretes
       doi je bien morir.

Morir doi je bien par reson.“
155 A tant ez vos en la meson
son ami qui l'est venuz querre;
du palefroi mist piet a terre,
et s'en entra dedenz la sale.
Cele qui ert et tainte et pale
160 en chantant li prist a crïer:
    „Amis, on m'i destraint por vous,
    et si ne vous puis oublïer.“

---

134. M.-R. *amouretes.*

„Oublïer ne vous puis je mïe
que je ne soie vostre amïe
165   trestoz les jors que je vivrai,
ne ja mes jor ne vous faudrai,
tant com je aie el cors la vïe;
por le vilain crever d'envïe
chanterai de cuer lïement:
170 *Acolez moi et besiez doucement,*
   quar li maus d'amer me tient jolïement.

Jolïement me tient, amis,
li maus qui si lonc tens a mis
mon cuer por vous en grant destrece.
175   Si com gelee la flor seche,
m'a li vilains ades sechíe;
mes des or mes sui raverdïe
quant lez moi vous sent et acole.
   Mes cuers est si jolis,
180   *por un poi qu'il ne s'en vole.*

Vole mes cuers? Oïl, de joie.
Or tost, amis, c'on ne vous voie,
si me montez sor vo cheval!
Se nos aviens passé cel val,
185   par tens seriens en vo païs."
Cil qui ne fu pas esbahis
la monte et dist tel chançonnete:
   „Nus ne doit lez le bois aler
    sanz sa compaingnete."

190   „Compaignete, ne vous auuit,
quar en tel lieu serons anuit,
ou li vilains n'avra poissance.
Alons souëf, n'aiez doutance;
je chanterai, s'il vous agree:
195   J'ai bone amorete trovee;
or viegne avant cil qui le claime.
   Ainsi doit aler fins cuers
    qui bien aime.

---

187. M.-R. *chançonette.* — 189. M.-R. *compaignète.*

Qui bien aime, ainsi doit aler."
200 A tant ont vëu avaler
le chastelain sor son destrier;
li vilains li fu a l'estrier,
qui sovent son duel renovele,
et quant a vëu la pucele
205 lez son ami, se li deprie:
„Por Dieu, tolez moi quanques j'ai,
si me rendez m'amïe!"

„M'amïe me covient ravoir,
quar j'en donai mout grant avoir,
210 avant que l'ëusse espousee."
Dont s'est la pucele escrïee,
se li dist un mot par contrere:
„Vilains, force le me fist fere,
si n'est pas droiz que vous m'aiez.
215 *Pis vous fet la jalousïe*
que li maus que vous traiez.

Vous traiez mal et paine ensamble.
La rage vous tint, ce me samble,
quant vous a mon pere donastes
220 l'avoir de qoi vous m'achatastes,
ausi com je fuisse une beste:
Cranche les .II. iex de la teste
vous menjust et le cuer dedenz.
Vostre jalousïe
225 *est plus enragíe*
que li maus des denz.

Li maus des denz vous puist aërdre,
ainçois que ja mes me puist perdre
cil qui me tient a son voloir;
230 trop m'avez fet le cuer doloir,
vilains, bien devez avoir honte."
Dont s'escrïa li filz au conte,
cui ceste parole abeli:
„Bele, quar balez, et je vous en pri,
235 *et je vous ferai le virenli."*

„Le virenli vous covient fere.“
Et li vilains comence a brere,
quant la parole a entendue;
mes riens ne vaut, il l'a perdue.

240 Cil est entrez dedenz sa terre;
si ami le venoient querre,
qui tuit chantoient líement:
„Espringuiez et balez cointement,
vous qui par amors amez lëaument.“

245 „Lëaument vous venons aidier.“
Adonc n'ot cure de plaidier
li vilains quant les a vëus;
fuiant s'en va toz esperdus,
f. 115 v° col. 2. au chastelain s'en vint arriere,
250 se li a dit a basse chiere:
„Fuions nous en, sauve la vie.
La sainte croiz d'outre mer
nous soit hui en aïe!

En aïde nous puist hui estre
255 la sainte croiz au roi celestre“,
dist cil qui vousist estre aillors.
Fuiant s'en va plus que le cors,
quar de paor li cuers li tramble;
toz ses parages i assamble,
260 qui li ont dit, sanz demorer:
„Vilains, lessiez vostre plorer,
si vous prenez au laborer.“

„Au laborer me covient prendre“,
dist li vilains, „sanz plus atendre,
265 et gaaignier novel avoir.
Bien sai que ne fis pas savoir,
quant me pris a si haut parage,
et se g'i ai fet mon domage,

---

244. M.-R. *amor.* — 250. M.-R. *dist;* dieser Fehler schon bei Barbazan-Méon. — 252. M.-R. *Croix,* ebenso V. 255.

ne m'en blasmez, por saint Remi;
270   *se j'ai fet ma foliete,*
    nus n'en avra pis de mi.

De mi ne cuit je qu'il ait homme
qui soit mananz de si a Romme
a cui il soit pis avenu.
275 Mes encor m'a Diex secoru,
quant revenuz sui en meson;
s'en doi bien dire par reson
les vers que j'ai tant vïolé:
   J'ai trové le ni de pïe,
280   *mais li pïot n'i sont mïe;*
   il s'en sont trestuit volé.

Volé en sont tuit li pïot,
c'est a dire que tel i ot,
mien escïent, qui les en porte."
285 Ainsi se plaint et desconforte
li vilains.   Or m'en partirai;
de la pucele vous dirai,
qui chantoit de cuer lïement:
   „*Jolïetement m'en vois,*
290   *jolïetement.*"*.*

„Jolïetement m'i demaine
bone amor, qui n'est pas vilaine,
qui du vilain m'a delivree.
Or sui venue en la contree
295 dont mes amis m'a fet douaire,
s'en doi bien par droit chançon faire,
quar j'ai toz mes maus trespassez:
   J'ai amoretes a mon gre,
f. 116 r° col. 1. *s'en sui plus joliete assez.*

300 Assez en sui plus jolïete."
Au descendre la pucelete

---

272. M.-R. *mais*; nachträglich verbessert II, 294.

ot assez dames et puceles,
qui chantoient chançons noveles;
et quant ce vint au congie prendre,
305 la pucele, sanz plus atendre,
les avoit a Dieu comandees:
„*A gironees depart amors,*
a gironees.

A gironees ai mon voloir;
310 li vilains s'en puet bien doloir."
L'escuiers devant la pucele,
qui tant estoit cortoise et bele,
dist: „J'ai en biau lieu mon cuer mis,

. . . .
315 ne sera que ne face joie;
j'ai amïete
sadete,
blondete,
tele com je voloie."

Explicit la[1]) chastelaine de Saint Gille.

---

[1]) M.-R. *de la.*

Anmerkungen.

1. Nicht ein Geschehnis wird zunächst berichtet, sondern eine Thatsache, so dass, genau genommen, *avint* nicht der zutreffende Ausdruck ist; der ganze Anfang erinnert ziemlich lebhaft an denjenigen des bekannten Gedichtes von Conon de Bethune *L'autrier avint en chel autre païs C'uns chevaliers* ... (ed. Wallensköld n° X). — *L'autrier*, häufiger Eingang kürzerer erzählender Dichtungen, namentlich von Pastourellen. Das Wort ist ein zusammengewachsenes *l'autre ier* ‚an dem anderen gestern‘ und dann ‚neulich‘ vgl. ital. *l'altrieri*; dass die ursprüngliche Bedeutung nicht mehr gefühlt wurde, zeigt z. B. *l'autrier un jor* (RuP. III, 21 V. 1). — *Saint Gille*, s. S. 29. *Gille* ist mit Aphärese der ersten Silbe aus *Aegidium* entstanden.

2. *C'uns*; die Schreibung *c* für apostrophiertes *que* finden wir auch in *c'on* (182).

3. *Mout* steigert den Inhalt der ganzen Aussage, ebenso V. 68; II, 4, 7 etc. — *De haut parage*, auch noch jetzt nicht ungebräuchlich; afrz. begegnet daneben *de grant parage*, auch einfaches *de parage* ‚von hoher Abkunft‘.

4. *Doner* ist vorangestellt, indem ein *la volt doner* unmöglich war, weil afrz. kein tonloses Pronomen einen Aussagesatz beginnen darf.

5. Ueber den Reim *ere* : *pere* s. S. 31.

7. *Si m'aït Diex*, häufige Beteuerungsformel; ähnlich *si me gart Diex* (13). Auf *si* (< *sic*) folgt das Verbum und dann erst das Subjekt (Inversion). In gleichem Sinne begegnet *se Diex m'aït* (auch *se m'aït Diex* II, 175), *se Diex me gart*, wiewohl hier *se* von lat. *si* kommt und die ursprüngliche Bedeutung des Ganzen ist ‚wenn ich wünsche (und das wünsche ich doch), dass mir Gott helfe‘ oder ‚wenn es wahr ist, dass mir Gott helfen möge‘, vgl. *se Diex me sequeure* (109). S. Gaspary in Ztschr. XI, 163 f. — *Diex*. Das *x* ist eine Schreibung für flexivisches *s* mit vorangehendem *u*, wenn noch ein oder zwei Vokale davor stehen, mit denen das *u* einen Diphtong oder Triphtong bildet; ebenso *miex* (35), *iex* (222).

8. Mit *le* wird auf das folgende Objekt hingewiesen, so auch V. 17. *Moi* ist, wie *me* in V. 17 ethischer Dativ. Die Stellung der beiden Pronomina ist auch neufrz. die gleiche, aber afrz. können sie, einzeln oder zusammen, beim positiven Im-

perativ auch vor dem Verbum stehen, wobei denn für *moi*
natürlich die unbetonte Form *me* erscheint: *ci le me foule* (17).

9. *L'i* . M.-R., Fabl. schreiben *li*, indem sie wahrscheinlich
darin das pikardische *li* (für *lui*) erblicken, so dass denn die
betonte Form des Pronomens, ohne doch einen besonderen Ton
zu tragen, vor dem Verbum stünde. Letzteres begegnet aller-
dings zuweilen, aber man wird doch besser thun, mit Barbazan-
Méon und P. Paris *l'i* zu schreiben, indem man das *i* als ein fast
pleonastisches ansieht, vgl. V. 161, 291.

11. *Tel novele* geradezu = ‚solche Sache‘ ‚so etwas‘; eben-
falls in abgeschwächter Bedeutung finden wir *novele* V. 118 und
II, 374; vgl. auch Scheler, Trouvères belges II, 109 V. 23.

12. *Biaus pere* . In der Anrede bedeutet *bel* bei einem
Substantiv ‚lieb‘; häufig erscheint es so zusammen mit *douz* (122).
Der Vokativ lautet wie der Nominativ; über die Form *biaus*
s. S. 29 Anm. 3; sonst begegnet für Nom. und Vokat. in unserem
Denkmal die spätere Form *peres*. — *Oi* (< *audio*) ist nicht zu
verwechseln mit zweisilbigem *oï* (< *audīvi*).

13. *D'anui*. Für regelrechtes *enui, ennui* (< *in ŏdio*), be-
gegnet oft die Schreibung mit *a* (s. Glossar), so auch in *anuier*,
anuieus; vgl. *anemi* für *enemi*.

14. *Li miens amis*. Vor dem Substantiv kann ebensowohl
die betonte Form des Possessivs stehen wie die unbetonte, doch
hat die betonte Form den Artikel bei sich, also: *li miens
amis* oder *mes amis*, vgl. *li miens cuers* (83) *son pere* (74). — *Filz*.
Das flexivische *s* stellt sich nach *l* als *z* dar, ebenso in *gentiz* (112),
wo das *l* ganz geschwunden ist, während in *nus* (45, 53, 188, 271),
das für ursprüngliches *nuls* steht, *s* geblieben ist.

15—16. Sinn: Der Bauer verdient Schimpf zu erfahren
dafür, dass er so dreist ist, eine Schlossherrntochter zu be-
gehren. — *Fille a chastelain*. Bei persönlichen Begriffen wird
der Besitz auch durch den Dativ ausgedrückt, ebenso z. B. *fille
a chastelaine* (72), *filz au conte* (232), s. Diez, Gram.⁴ III, 141.

20. *Par estavoir* ‚notwendigerweise‘. *Estavoir* mit *a* trifft
man häufig für regelrechtes *estovoir* ‚nötig sein‘, z. B. auch II, 272.
Verstärkung mit *fin* ‚rein‘ begegnet Cleomades ed. van Hasselt
V. 8023: *par fin estouvoir*.

21. *Si* (< *sīc*) verbindet, wie hier, Hauptsätze mit einander
und erscheint auch zusammen mit *et* (II, 15, 315 etc.); es führt
aber auch den Nachsatz ein (33, II, 351 etc.). Immer muss gleich
das Verbum folgen und nur verbundene Fürwörter dürfen da-
zwischen treten.

23. *Ainsi . . li despont*. Der Acc. *le* ‚es‘ ist, wie oft, vor
li fortgelassen, was sich am besten aus dem Verfahren im
Lateinischen erklärt. V. 33 fehlt *la* vor *li*.

25. *Quanques*. Dem *s* liegt kein latein. *s* zu Grunde; es
ist wie z. B. auch in *onques* (II, 43 etc.), *sanz* (113 etc.) ein
sogenanntes adverbiales. — *Vaut*. Ein *l* vor Consonant erscheint

in unserem Denkmal mit Ausnahme von *volt* (4) und *filz* (14, 232), immer zu *u* vokalisiert.

26. *N'ere.* Der Sinn verlangt das Futurum; lat. *ĕro* ergab *ier*, aber es hat hier, wie auch sonst, Vermengung mit der Imperfekform *ere* (< *ĕram*) stattgefunden s. Förster zu Aiol V. 710.

27. ‚Wenn mir das Herz nicht den Dienst versagt‘, d. h. wenn ich nicht die Besinnung verliere, wenn ich Kraft behalte. Dieselbe Wendung II, 953 und oft anderweitig; gleichen Sinnes ist das häufige *li cuers li ment.* Für die hier vorliegende Bedeutung von *faut* sowie weitere Entwicklung desselben s. Tobler, VB. I, 176—7. — Das Fortbleiben des bestimmten Artikels bei *cuers* ist auffällig, doch nicht ganz vereinzelt, s. Tobler, VB. II, 98; vgl. *de cuer* V. 169, 288, II, 74 neben *del cuer* II, 924.

29. *A nul jor* ‚jemals‘; *nul* steht, da der Sinn des ganzen Satzes ein negativer ist. Für *a* zur Bezeichnung einer Zeitbestimmung s. Glossar und Diez, Gr.⁴ III, 157.

31. In *s'il* ist ein *e* apostrophiert, indem ‚wenn‘ afr. *se* heisst. — *Du* lautet schon ausnahmslos in unserem Denkmal das aus *de le* Erstandene, dessen ältere Form *deu* (*dou*) ist. Es liegt hier, wie auch II, 601 der sogenannte Teilungsartikel vor, der in der ältesten Zeit noch recht selten auftretend, sich erst allmählig herausgebildet hat, s. S. Schayer, Zur Lehre vom Gebr. d. unbest. Artik. und d. Teilungsartikels im Altfrz. und im Neufrz. Berlin, 1897. — *Plain.* Ueber *ai* für *ei* aus lat. *ē* oder *ĭ* vor *n* s. S. 27 und vgl. *mains* (135), *tainte* (159), *destraint* (161), *paine* (217). Wenn der Schreiber kein *s* hinter *plain* fortgelassen hat, so wäre zu sagen, dass *plain* nicht mit dem folgenden Substantiv, zu dem es gehört, congruiert, indem es wie eine Präposition behandelt erscheint; wir hätten also hier ein altes Beispiel von dem noch heute üblichen *il a de l'argent plein ses poches*, vgl. Lücking, Franz. Schulgram. § 194, 3 Anm. 1 und H. Nehry, Ueber d. Gebr. des absoluten Cas. obliq. des altfranz. Subst. (Berliner Diss. 1882) S. 51.

32. *S'a.* Das Subjektspronomen beim Verbum braucht in der alten Sprache nicht gesetzt zu werden.

33. *Si la menjust* ‚so mag er es (sc. das Fleisch) essen‘. Ueber Einleitung des Nachsatzes durch *si* s. Anm. zu V. 21. Die Schreibung mit *e* für *a* in *menjust* trifft man auch sonst an, umgekehrt in unserem Texte *sanz* < *sĭne* (113 etc.), *ensamble : samble* (217/8), *tramble : assamble* (258/9), vgl. Meraugis ed. Friedwagner S. L. Was die Form angeht, so hätte *mandūcet* ein *mandust* (eigentlich *manduist) ergeben sollen, wie wir denn auch im Ind. Präs. *mandu, mandues, mandue* haben; das *j* der endungsbetonten Pluralformen des Präsens *mangions, mangiez* ist in die stammbetonten Formen eingedrungen, daher auch im Ind. Präs. *manju, manjues, manjue* die häufigeren Formen sind. — *Je li claim cuite.* Ueber Fehlen von *la* vor *li* s. Anm. zu V. 23. Ueber Schreibung *cuite* für *quite* vgl. Diez, Gram.⁴ I, 459. Zum Reime

s. S. 49. Für Gedanken und Ausdruck vgl. RuP. III, 7 V. 53: *s'il a sa richece, je la li cuit* (es ist vom Könige von Frankreich die Rede), sowie M.-R., Fabl. IV, 8 V. 110.

38. *Prendoie*, s. S. 28.

39. *Son avoir* ist Subjekt, der Obliquus steht also in der Funktion eines Nominativs; ebenso *mon cuer* (41), *son pere* (74, 93), *le prestre* (114). Es liegt mithin Beginn von Verfall der Nominalflexion bei den Masculinen vor, und auch bei den Femininen der 3. Deklination bemerken wir Schwinden des flexivischen *s* in *chançon* (56), *amor* (292) gegenüber ursprünglicherem *chançons* (52), *povretez* (75), *amors* (117), vgl. Cliges ed. Förster S. LXXV.

40. *D'avarisce.* Die Schreibung mit *sc* für *ss* findet sich in diesem Worte auch sonst, z. B.·bei B. de Condé ed. Scheler S. 2 V. 36; der Ausdruck des Ganzen ist wenig korrekt, indem man eher *avarisce* als Subjekt zu sehen erwartet. — *Seche* . *Sechier* in übertragener Bedeutung begegnet auch anderweitig; V. 177 wird das mit diesem Verbum beginnende Bild wirksam fortgesetzt. Es steht der Singular, weil die Subjekte *son avoir* und *sa richece* als ein einziges, nur zusammengesetztes Subjekt angesehen werden, vgl. Tobler, VB. I, 194. Zum Reime s. S. 28.

41. *Me dit et semont.* Das Pronomen braucht bei einem zweiten koordinierten Verbum nicht wiederholt zu werden, auch nicht, wenn dies zweite Verbum wie hier (*semondre* regiert den Accus.) einen anderen Casus erfordert als das erste. Bei *me* ist die Discrepanz äusserlich nicht sichtbar, aber z. B. in *ainceis lor fait dire et semundre* bei Burguy, Grammaire de la langue d'oïl I, 135. Für die ganze Erscheinung s. Tobler, VB. I, 92—3.

42. *Li*, s. S. 31.

43. *Ne—pas* ist als Verneinung beim Verbum in der alten Sprache noch nicht so häufig wie das einfache *ne* (< *non*). — *Le deduit d'amer* ‚die' Liebeslust'; bei *valoir* steht die Wertbezeichnung im Accusativ, und auch V. 239 ist *riens* Accus., da dieses Wort indeklinabel sein kann.

44. *Jolïete* ‚lustig, vergnügt'; die gleiche Bedeutung hat das Wort V. 299, ebenso z. B. auch RuP. II, 68 V. 27—8: *Et si serez plus joliete Que l'aloete au point du jor.*

46. *Si fet. Si* ist Adverb und zeigt das Verhältnis des Folgenden zum Voraufgegangenen an, s. Tobler, VB. I, 87. *Faire* ist verbum vicarium d. h. es vertritt ein voraufgehendes Verb; noch deutlicher ersieht man dies an Fällen wie II, 88—9: *Diex se doit bien de vous vengier, Si fera il certes encore.* Ist nun der erste Satz negiert, so kommt in den zweiten leicht der Sinn eines Gegensatzes hinein, so dass denn *si ferez, si ferai* (II, 207, 277, 296) geradezu mit ‚doch' wiedergegeben werden kann. Unser Fall ist nun insofern etwas eigentümlich, als *fet* ein aus dem negierten Satze herausgenommenes und in rhetorische Frage gestelltes Verbum (*blasmer*) vertritt. Aehnliche Beispiele liegen vor Arch. Bd. 43 S. 287 n° 380, Scheler, Trouv. belg. II, 262

V. 396 f., Clig. 479 (das letztere mit *non feit* von Schulze, Frgs.
S. 263 angeführt), nur dass hier immer auch das vor dem in
Frage gestellten Worte Stehende von derselben Person gesagt
wird. Die Fortsetzung von unserem *si fait* ist neufr. *si fait*
‚doch‘! (Lücking § 389, Plattner § 362 Anm. 1), das nicht etwa
von (*sic*) *factum* kommt.

49. Es liegt ein leichtes Anakoluth vor; das Subjekt *énfes*
wird durch *il* wiederaufgenommen.

50. *Vo* ist eine pikardische Form für *vostre*, s. S. 28.

51. *Me* ist Dativ. Bei *doloir* ist das Reflexivpronomen fort-
geblieben, s. V. 230 und Anm. zu V. 151.

53—4. An den Gedanken dieses Refrains klingt an Rom.
d. l. Viol. (ed. Michel) S. 8: *Ja ne me marierai, Mes par amors
amerai.*

55. *Repente*, s. S. 22.

59. *Ainz que je l'aie* d. h. bevor ich ihn wirklich habe.

60. *Li parlers* ist ein substantivierter Infinitiv, wie *avoirs*
(42 etc.); ein solcher erhält ein flexivisches *s* im Nomin. — *Tant*
steht altfrz. nicht nur beim Verbum, sondern, wie *si*, auch beim
Adjektiv oder Adverb. — *Fort* zählt zu den Adjektiven, welche
die Stelle eines Adverbs einnehmen können, ebenso *souëf* (193),
parfont (II, 766), s. Diez, Gram.⁴ II, 460, III, 9. — *En* gehört dem
Sinne nach zu *parlers*; ‚das Reden davon macht mich so sehr
verzagen‘.

63. *Qu'avoir.* Der zweite Infin. nimmt in der alten Sprache
gewöhnlich kein *de* vor sich, neufrz. müsste es heissen *que
d'avoir.*

65—6. *Fiancier . . . le vous covient.* Bei den unpersön-
lichen Verben (hier *covient*) kann *il* fortbleiben. Wie man
fiancier une feme sagte = ‚sich mit einer Frau verloben‘ (Tobler
in „Gött. Gel. Anz." 1877 S. 1629), so wird man auch *fiancier un
ome* haben sagen können, *le* bezieht sich also auf den Bauern,
und obwohl es dem Sinne nach zum Infin. *fiancier* gehört, ist
es zum regierenden Verbum gezogen, wie denn afrz. in solchem
Falle mit dem tonlosen Pronomen immer so verfahren wird.
Vous ist Dativ. Also heisst das Ganze: ‚Ihr müsst Euch mit
ihm verloben‘. Dieselbe Konstruktion von *covient* finden wir V. 19,
V. 208, II, 540 etc. Bezüglich der Stellung der verbundenen
Fürwörter unter einander ist zu bemerken, dass der Accus. des
Pronomens der 3. Person in der alten Sprache vor den Dativ
des Pronomens 1.—3. Person tritt, vgl. Anm. zu V. 8. — *Isnel
le pas* ‚eilig‘ ist adverbialer Obliquus zur Bezeichnung der Gang-
art, vgl. *le petit pas, l'amblëure, les galos* u. a. In ähnlichem
Sinne wird *en es le pas* (*es < ipsum*) gebraucht.

67. *A tant* heisst eigentlich ‚bei so viel‘ d. h. bei dem ge-
kennzeichneten Stand der Dinge, provenz. *ab tan*, s. Glossar. —
Ez le vilain ou vient wörtlich ‚siehe da den Bauern wo er
kommt‘. In unserem Denkmal finden wir auslautend da ein *z*

geschrieben, wo assibiliertes *c* oder *t* + *s* zu Grunde liegt (ausgenommen *vëus, esperdus* 247, 248), aber auch in *sanz*. Das, worauf mit *ez* (< *ecce*) hingewiesen wird, folgt im Accusativ. An diesen schliesst sich häufig ein Relativsatz an, wie in V. 156; hier haben wir *ou*, das auch sonst begegnet (s. Richars li biaus ed. Förster, Anm. auf S. 159), wie wir denn auch beim Verbum *veoir* solch ein *ou* finden, z. B. *vi pastoure ou cuet muguet*[1]) (RuP. II, 52 V. 3). Nicht selten wird dem *es* (*ez*) noch ein Dat. ethic. *vos* angefügt, z. B. V. 155.

69. *Au miex qu'il puet* eig. ,auf das beste, was (d. h. wie viel) er kann', indem *que* wohl beziehungsloses Relativ ist, s. Tobler, VB. I, 147.

70. *S'est escrïez.* Das Part. Perf. reflexiver Verba, das zu *estre* tritt, kongruiert immer mit dem Subjekt, zeigt also die Form des Nominativs, s. Tobler, VB. I, 56 ff. — *A haute alaine* dürfte aus einer Kombination von *a grande alaine* und *a haute voiz* erwachsen sein.

73. *Fu.* Auslautendes *t* ist in diesem Worte nicht mehr erhalten, ebenso wenig wie in der 3. Sing. Perf. der schwachen Konjugation.

77. *M'a il doné.* Wenn Adverbia oder eine adverbiale Bestimmung (hier *por l'avoir*) an der Spitze des Satzes stehen, tritt afrz. regelmässig das Verbum vor das Subjekt (Inversion), s. V. 51—2, 132 etc. Zu *doné* ist zu bemerken, dass wenn Hilfsverb und Part. Perf. zusammen vor dem Objekte stehen, das Particip im Numerus und Genus mit dem Objekt kongruieren kann, aber nicht braucht; es kongruiert z. B. V. 108. Geht das Objekt beiden vorauf, oder steht es in Gestalt eines Pronomens zwischen Particip und Hilfsverb, so findet meistens Uebereinstimmung statt, z. B. V. 93, 142, 144, 238, s. Busse, Die Kongruenz des Part. Prät. in aktiver Verbalkonstruktion (Gött. Diss. 1882) S. 55.

78. *S'en doi.* Es ist ein *e* apostrophiert, indem *se* eine Nebenform des sätzeverbindenden (und nachsatzeinleitenden) *si* ist. *En* und *i* stehen ebenso wenig wie tonlose Pronomina vor dem Infinitiv, sondern werden zum regierenden Verbum gezogen, so z. B. auch V. 45, vgl. Anm. zu V. 65—6. *Devoir* bedeutet hier ,eine Veranlassung, ein Recht haben', ebenso V. 153. — *Chançonnette* zeigt unberechtigte Verdoppelung von *n* (desgleichen V. 187); solche Gemination finden wir auch in *pensser* (98, 100) und in *Romme* (273), vgl. Faulde in Ztschr. IV, 567.

81. *Tout en volant* bezieht sich natürlich auf das Objekt *l'oiselet* vgl. Diez, Gram.[4] III, 259 und Etienne, Essai de grammaire de l'anc. franç. § 373, 2º.

---

¹) Viele Beispiele für *vëoir* ... *ou* und auch für *es* ... *ou* bietet, wie ich nachträglich bemerke, Tobler in Ztschr. XX, 57—8.

84. *Que ne puis dire*; ausgelassen erscheint ein Satz des Sinnes ‚wie froh ich bin‘.

85. *Remire* ist keine lautgesetzliche Form, ebenso wenig wie *cuide* (86), *otroie* (105), *ose* (123), *espouse* (131), *acole* (178): das *e*, welches zum Neufranzösischen hin ausschliessliche Geltung erlangte, ist erst in Analogie an solche erste Personen Ind. Präs. der ersten schwachen Konjugation wie *semble*, *tremble* entstanden, wo auslautendes *o* sich wegen der vorangehenden Konsonantengruppe als *e* erhalten musste, s. Meyer-Lübke, Gram. d. roman. Spr. II, § 136; die genannten Formen sind durch Metrum und Reim als unserem Dichter angehörig gesichert.

86. *Paradis* ist ein gelehrtes und kein volkstümliches Wort. Man nennt gelehrte Wörter solche, welche sich nicht lautgesetzlich aus dem Latein. entwickelt haben. Intervokales *d* von *paradisum* musste lautgerecht schwinden, wie denn auch die Form *pareïs* neben *paradis* begegnet. Ebenso ist z. B. *laborer* (262) gelehrt, indem intervokales *b* lautgesetzlich zu *v* werden musste.

88. *Riens ne mesprent* ‚er greift in keiner Weise fehl, macht durchaus keinen Fehler‘. *Riens* ist Accus. (s. Anm. zu V. 43); zusammen mit *ne* hat es den Wert einer starken Verneinung.

93. *Son pere* ist Subjekt, s. Anm. zu V. 39. — Ueber *le* als pikardische Pronominalform für *la* s. S. 29.

94—5. Sinn: Das Rot der Rose kommt nicht gleich dem Rot ihrer Wangen. *Encoloree* (*coloree*, *colorie*) von der Rose gesagt, begegnet häufig, ebenso der ganze Vergleich.

97. *En tant que* bedeutet hier dasselbe was *tant com* bedeutet: ‚so lange als‘ (*que* steht oft im Norden für *com*), vgl. Mätzner, Altfrz. Lieder S. 327. — *Il m'en souvient* ‚ich erinnere mich an sie‘ (eig. ‚es kommt mir von unten herauf von ihr her‘), nfrz. *Je me souviens d'elle*. In der alten Sprache wird *en* und *i* häufig mit Bezug auf eine Person gebraucht.

101. *Dont* bezieht sich auf *ma dame; oster son cuer d'aucun* heisst ‚von Jem. lassen‘.

102. Der Wortlaut von V. 107—8 könnte es nahe legen, *en regardant* mit dem Folgenden zu verbinden, also die stärkere Interpunktion nach *pens* zu setzen, falls nicht dann die Stellung in V. 103 sein müsste *vont si vair oeil*. So wie die Stelle überliefert ist, bleibt nichts anderes übrig als *en regardant* zum Vorhergehenden zu ziehen, indem man nicht etwa versteht ‚indem ich sie ansehe‘ (dies würde zu *ades i pens* nicht passen), sondern ‚indem ich mich umsehe‘ (sc. nach ihr), denn diese Bedeutung kann *soi regarder* haben, s. Tobler, Proverbe au vilain Anm. zu 139,5; über das Fortbleiben des reflexiven Pronomens beim Gerundium s. Tobler, VB. II, 87. Der Bauer wird mithin als des Mädchens noch nicht ansichtig geworden gedacht, und auch das Folgende lässt sich wohl als nur nach der Erinnerung gesagt auffassen, bis denn mit V. 112 ein schneller Sprung kommt.

103. *Vair*, sehr häufig von den Augen ausgesagt, wird gewöhnlich als ‚schillernd' gedeutet ($<$ *varium*). *Vair oeil* galten offenbar als besonders schön. — *Vont ... ardant.* Die Umschreibung des Aktivs mit *aler* und dem Gerundium ist in der alten Sprache sehr beliebt, s. Diez, Gram.⁴ III, 199.

104. Die affirmative Wiederholungsfrage, die nur einen Teil des Vorangehenden wiederholt, wird hier von dem Redenden selbst gestellt und durch *voire* kräftig bestätigt, vgl. V. 181. Ueber solche Wiederholungsfragen sowie über *voire* s. Schulze, Frgs. S. 255—7.

106. *Ne partir ne l'en vueil* ‚und nicht will ich es (sc. mein Herz) von ihr trennen'. Das zweite *ne* ist aus *non* entstanden, während das erste *ne* zur Grundlage *nec* hat. Dieses erste *ne* verbindet Sätze mit einander, und zwar schliesst es einen Satz nicht nur an einen voraufgehenden negativen Satz an, sondern auch an einen positiven, wie hier, s. Anm. zu Auber. V. 250.

107—8. Sinn: Der Blick ihrer schillernden Augen hat mir die Liebespein verursacht, an der ich leide; vgl. *Li regart de ses vairs ieus m'ocit* (Raynaud, Rec. de mot. I, 52). — *Oe* für *ue* in *oeil* (ebenso V. 103) ist keine lautliche, sondern nur eine orthographische Eigenheit, s. Förster, Cliges S. LXV, der auch bemerkt, dass man immer nur *l'ueil* findet.

109. *Sequeure. Subcurrat* musste *socorre*, später *socourre* ergeben, wie *cursum* zu *cors* (257) wurde; trotzdem trifft man häufig *ue*, *eu* in den stammbetonten Formen des Präsens, was sich aus analogischer Einwirkung (*morir*) erklärt, s. Schwan-Behrens, Gram. des Altfranz. S. 214. *Secorre* für *socorre* erklärt sich aus Vokaldissimilation, s. Förster zum Erec V. 2456.

110. *Veoir* hat hier den Sinn von ‚erleben'. — *L'eure.* Wenn Apostrophierung eintritt, wird niemals ein *h* geschrieben, also nicht, wie nfrz., *l'heure.* Lat. freies *ŏ* erscheint sonst in unserem Denkmale vor *r* noch als *o: color: dolor* (95/6), während vor *s* sich *ou* zeigt: *espouse: touse* (130/1).

111—2. Ueber den Reim *solaz: Nicholas* s. S. 28. — *Ch.* in *Nicholas* hat den *k*-Laut, vgl. die Schreibung im Aucassin ed. Suchier *Nicholete, Nichole.*

114. *Dist le prestre.* Der Satz beginnt, wie dies besonders oft in der epischen Dichtung der Fall ist, mit dem Verbum, obwohl kein Nachdruck auf demselben liegt, s. Diez, Gram.⁴ III, 461. — Der Accusativ *le prestre* (s. Anm. zu V. 39) setzt eine Deklination *prestres — prestre* neben der ursprünglichen *prestre — provoire* voraus.

118. In der altfranzösischen Bestätigungsfrage tritt auch dann gewöhnlich das Verbum voran, wenn das Subjekt, wie hier, ein Substantiv ist, ebenso V. 181: *Vole mes cuers?*, s. Schulze, Frgs. S. 189. Uebrigens kleidet der Priester die Frage wesentlich anders ein als der Bauer im Sinne gehabt hat und ihm lieb sein kann.

122. *Sire* erscheint hier als ursprüngliche Nominativform ($<$ *senior*) durch den Reim gesichert, während wir V. 129 späteres *sires* haben, vgl. Anm. zu V. 12.

124. *Li* bezieht sich auf den Bauern; sie meint, dass sie ihm nicht die eheliche Treue halten werde.

125. Ueber dreisilbiges *averai* (auch V. 127) für regelrechtes *avrai* s. S. 28. — *Dont* = *donc*, ebenso V. 211, 232, wo es ‚da‘ bedeutet.

126. *Maugre moi*, afrz. verhältnismässig selten begegnend für ursprüngliches *maugre mien*, ebenso II, 322.

130. *Que vous faciez*. In der alten Sprache steht *que* nicht nur in der direkten, sondern auch, wie hier, in der indirekten Frage, wo nfrz. ein *ce* unerlässlich ist.

136. *Si* steht auch in der Mitte des Satzes nach Substantiven, Adjektiven und Adverbien; es ist da nicht mehr conjunktiv und für uns unübersetzbar, s. Diez, Gram.⁴ III, 405 Anm.

137—8. ‚Ich werde künftighin keinen Tag zubringen, dass ich nicht satt sei von Weinen‘ d. h. dass ich nicht sehr viel weine, vgl. nfrz. *pleurer tout son soûl*. — Ueber Fortbleiben der Conjunktion *que* in Fällen wie der vorliegende s. Diez, Gram.⁴ III, 381—2. — Wegen *sole* s. S. 30.

139—40. Die Klage, dass der Geliebte zu lange ferne weilt, begegnet recht oft in Refrains, z. B. RuP. II, 11 V. 53—4; III, 26 V. 23—4; III, 28 V. 9—10; Tourn. de Chauv. V. 4447, hierselbst lautend: *Diex! trop demore, quant venra? Sa demoree m'ocirra;* vgl. Cleomades V. 5533 ff. und Ztschr. X, 460. *Demorer* ist dabei der stehende Ausdruck.

140. *A moi revěoir*. Ein syntaktisch zu einem Infinitiv gehöriges und unmittelbar vor demselben stehendes Personalpronomen erscheint immer nur in seiner betonten Form (also *moi, toi, soi* etc., nicht *me, te, se*), ausgenommen den Fall, dass ein Infin. mit *ne* als verneinter Imperativ fungiert, z. B. *nel me celer;* s. V. 147 (*a moi venir reconforter*), II, 116 (*por lui pendre*), II, 127 (*pour eus trufer*). Auch in II, 80 (*pour vous metre*) liegt ein betontes Pronomen vor, wiewohl seine Form mit der des unbetonten identisch ist.

148. *En* gehört logisch zu *porter;* die beiden Elemente, die in nfrz. *emporter* (vgl. *emmener*) zusammengewachsen erscheinen, sind afrz. noch immer getrennt. — *Veut*. Ein **vǒlet* ergab zunächst *vuelt*, dann mit Vokalisierung des *l vueut*, um weiter zu *veut* fortzuschreiten; in *puet* $<$ **pǒtet* (310) haben wir noch den alten steigenden Diphtongen.

149. *Maintenant* hier wie immer ‚sogleich‘.

151. Da beim Infinitiv reflexiver Verba das Pronomen oft fortfällt, so kann man nicht wissen, ob *soi partir* oder einfaches *partir* vorliegt. Refl. und intr. *partir* werden im Sinne von ‚scheiden‘, ‚entschwinden‘, ‚sich zerteilen‘, ‚zerspringen‘ (für

die letzteren Bedeutungen s. Bartsch et Horning Sp. 335 V. 16)
vom Herzen gesagt. *Me* ist Dativ.

155. Satzunbetontes *vos* erscheint hier in der älteren Gestalt, ebenso V. 184 *nos*, sonst immer *nous*, *vous*.

157. *Piet*, einziges Beispiel in unserem Text von Erhaltung eines freien, in den Auslaut getretenen Dentals; ein solches *t* wird im 13. Jahrhundert nur noch im Pikardischen, Wallonischen und Lothringischen festgehalten.

158. *S'en entra*. Bei Verbis der Bewegung findet man sehr oft ein pleonastisches *en*. — *Dedenz* ist nicht nur Adverb, sondern auch Präposition.

159. *Ert* ist häufige Nebenform zu *ere* < *erat*. — *Tainte et pale*, eine stehende Verbindung. Was *tainte* besonders betrifft, so scheint die Anschauung zu Grunde zu liegen, dass das Gesicht, welches sonst hell und glänzend sei, infolge von seelischen oder körperlichen Leiden eine trübe, graue Farbe annehme, vgl. Mätzner, Altfrz. Lieder, S. 164; II, 647 wird *tains* mit Bezug auf den ganzen Körper gesagt.

160. *Prendre a faire auc. rien* heisst ‚anfangen, etwas zu thun‘, nfrz. *se prendre à*.

161. *On m'i destraint*. Da auch im 13. Jahrhundert zuweilen noch eine betonte Obliquusform des Personalpronomens bei dem Verbum steht, ohne dass ein rhetorischer Accent darauf ruht, so würde man ein gewisses Recht haben, für denjenigen Fall *mi* zu schreiben, dass das betreffende Denkmal diese für *moi* stehende dialektische Form auch sonst aufweist. Da wir jedoch in unserem Texte *mi* in absoluter Stellung nur im Refrain (271) finden und *de mi* (272) nur den Schluss des (fremden) Refrains aufnimmt (vgl. S. 43 Anm.), so habe ich im vorliegenden Verse, ebenso wie V. 291 *m'i* geschrieben, indem ich in *i* ein fast pleonastisches *i* erkenne, vgl. Anm. zu V. 9. Wenn Raynaud in centralfranzösischem Texte des Jean Moniot de Paris (Bulletin de la Société de l'histoire de Paris, 1882) ein paarmal ohne weitere Erläuterung *mi* schreibt, z. B. *lors mi semont une amorete*, so lässt sich dieses *mi* ganz gut als *m'i* fassen. — Die Worte des Mädchens sind nicht ganz zutreffend, denn man bedrängt sie doch eigentlich nicht ihres Geliebten wegen, aber der Refrain entstammt dem Ausdruckskreise der *mal mariée*-Gedichte, wo der Mann die Frau, welche immer an ihren *ami* denkt, schlecht behandelt; *destraindre* ist daselbst der terminus technicus, s. z. B. RuP. I, 41 V. 29 und Jeanroy, Org. S. 179.

162. *Et si* ‚und doch‘. Auch *et* allein und *si* allein können ‚und doch‘ bedeuten, s. Tobler, Dit dou vrai aniel zu V. 158 und II, 600, 853.

164. Der Vers ist abhängig zu denken von einem im Voraufgehenden liegenden Gedanken ‚ich kann nicht umhin‘.

166. Der Vers steht parallel zu V. 163.

167. ‚So lange wie ich das Leben im Leibe haben mag‘. *Tant com* heisst ‚so lange wie‘, während *tant que* ‚bis‘ bedeutet, vgl. Anm. zu V. 97.

168. *Le vilain* ist logisches Subjekt des Infinitivs *crever*, der letztere ist also intransitiv; der gleiche Sachverhalt liegt vor V. 301: *au descendre la pucelete*. S. Tobler, VB. I, 74 ff. — *D'envïe*. Man könnte versucht sein, handschr. *enuie* so geschrieben zu belassen, indem ein bei Godefroy fehlendes *enuie* ‚Verdruss‘ sich nachweisen lässt und indem ja der Reim *i : ui* auch sonst in der *Chastelaine* begegnet (s. S. 31), allein da unser Dichter den reichen Reim sucht und *envie* dem Sinne ebenso sehr genügt wie *enuie*, so dürfte *envie* zu schreiben sein.

169. *De cuer* ‚von Herzen‘, ebenso V. 288, II, 74. Häufig ist *amer de cuer*; auffälliger erscheint das Fehlen des Artikels in *sospirer de cuer* (Elie de S. Gille ed. Förster V. 2707) neben *s. del cuer* (II, 924; RuP. I, 59 V. 59), s. Anm. zu V. 27 und vgl. Ebeling in den Tobler-Abhandlungen (1895) S. 343.

170. *Acoler* (‚umhalsen‘) und *besier* bilden eine stehende Verbindung, deren völlige Formelhaftigkeit aus Beispielen erhellt wie *Quant me remembre del dous viaire cler Que je soloie baisier et acoler* (Jeanroy, Org. S. 498).

171. *Li maus d'amer*. *D'amer* kann auch fehlen, wenn der Zusammenhang über den Sinn von *mal* keinen Zweifel lässt, so z. B. in V. 216. Das Oxymoron, das durch Beifügung von *joliement* entsteht, erscheint noch deutlicher, falls, wie oft, *douz* oder *joli* zu *mal* tritt, z. B. RuP. I, 25 V. 1; Hist. littér. XXIX, 521. *Tenir* ist neben *demener* ein sehr gebräuchlicher Ausdruck von der Liebe, die Jemanden beherrscht.

176—7. Vgl. Anm. zu V. 40. *Sechier* mit persönlichem Objekte dürfte ebenso selten vorkommen wie *raverdir* mit einer Person als Subjekt. Das letztere Verbum trifft man oft im Eingange von Liedern, die an den Frühling anknüpfen, so dass denn das hier begegnende weibliche Particip *raverdie*, zum Substantiv erhoben, geradezu ‚Frühlingslied‘ bedeutete, s. meine Notiz in Ztschr. IX, 150 und G. Paris, Orig. de la poés. lyr. en France (Journal des Savants 1891—1892) S. 14, 18 Anm. 5. — *Des or mes*, eig. ‚von jetzt an weiter‘, erhalten in nfrz. *désormais* ‚nunmehr‘, ‚künftighin‘.

178. *Lez* < *latus* ‚Seite‘ ist Präposition, ebenso V. 188, 205; es ist als *lès* noch nfrz. erhalten in Ortsnamen wie *Passy-lès-Paris*, *Plessis-lès-Tours*.

180. Der Satz steht parataktisch zum voraufgehenden; die innere Beziehung wird durch *si* gebildet. — *Por un poi que ...ne* ‚fast‘ eig. ‚es ist um ein Weniges, dass ... nicht‘ ebenso *por poi ne*, *por poi que ... ne*, Wendungen, welche zeigen, dass in dem gleichbedeutenden *a poi ne* und *a poi que ... ne* das *a* Präposition ist, s. Tobler im Jahrbuch XV, 259. — *Vole* macht eine Ausnahme von der Regel, dass freies *ŏ* zu *ué* diphtongiert,

s. Suchier, Altfranz. Gram. S. 17. *Voler*, vom freudebewegten Herzen gesagt, ist eine seltene Uebertragung innerhalb des Altfranzösischen.[1]) Man vergleiche eine Stelle bei Walter von der Vogelweide (ed. Paul 55, 27), auf welche mich Rödiger freundlichst aufmerksam macht: *Min herze swebte in sunnen hô.*

181. *Vole mes cuers* kann nicht als Imperativ gefasst werden, wie es ein solcher an den S. 23 aus späteren Volksliedern angeführten Stellen zu sein scheint, denn sonst wäre *oïl* nicht verständlich, da es den steigernden Sinn unseres „ja' nicht hat; auch kann dagegen der leichte Widerspruch zwischen diesem und dem voraufgehenden Verse mit seinem *por un poi* nicht ins Gewicht fallen.

182. *Vous.* Natürlicher wäre *nous.*

184—5. *Aviens—seriens.* Die erste Person Plur. des Imperf. und des Condit. zeigen im Pikardischen und im Osten noch die alte Endung *-iens.* Ueber Einsilbigkeit derselben, wie sie hier vorliegt, s. S. 30, vgl. Tobler, Vb.² S. 72.

187. *Dist* könnte man wegen des nachstehenden *monte* als pikardische Präsensform ansehen (centralfrz. *dit*), s. Förster, Chev. as .II. esp. S. LX und Anm. zu 4816, allein schneller Tempuswechsel ist in der alten Sprache sehr gewöhnlich, so dass ein Entscheid schwer fällt.

189. *Compaingnete,* aber unmittelbar darauf wird der mouillierte Laut nur durch *gn* dargestellt; die Schreibung *ngn* finden wir sehr häufig im *Chev. au baris.*

193. *Souëf,* s. Anm. zu V. 60.

197. *Fins cuers. Fin* „edel' findet man auch sonst bei *cuer* (Raynaud, Rec. de mot. I, 52, RuP. I, 38 V. 95), ebenso *gentil* (Baudouin de Condé S. 259 V. 460, Venus la deesse d'amor ed. Förster 155a, 183a, 185a, 187a, 279c), beide Epitheta zusammen ib. 138d; *de cuer fin* in RuP. III, 48 V. 75 bedeutet nur „freundlich', bei Jean de Condé (ed. Scheler) I, 89 V. 130, 335 V. 1033, 351 V. 1556 „treuen, aufrichtigen Herzens'. An unserer Stelle liegt, wie *aler* zeigt (vgl. S. 24), eine umschreibende Verwendung vor, ähnlich einem *biaus cuers,* das Tobler, VB. I, 31 Anm. in liebkosender Anrede belegt.

202. Der Vers kann nicht wohl etwas anderes bedeuten als „der Bauer war an seiner Seite'; vielleicht liegt schon der Nebensinn des Hilfreichen darin, wie denn *estre a l'estreviere* übertragen gebraucht, wenigstens im 14. Jahrh. vorkommt (Watriquet ed. Scheler S. 141 V. 128).

203. *Qui* geht natürlich auf den Bauern; das Beziehungswort braucht in der alten Sprache nicht unmittelbar vor dem Relativum zu stehen. — Die Form *duel,* welche schon V. 151

---

[1]) *Li vostre cuers vole* im „Foucon de Candie" (Bibl. nat. f. fr. 25518 fol. 32v°) heisst „Euer Herz ist flatterhaft'.

begegnete, scheint auf ein *dŏlum* zurückzugehen, während sonstiges *dueil* auf *dŏlium* beruht, s. Suchier, Altfrz. Gram. S. 87.

205. *Se*, Nebenform zu *si* s. Anm. zu V. 78. — Wie *prier* mit dem persönlichen Dativ allein begegnet (s. Ebeling zu Aub. V. 21), so auch hier *deprier*.

206—7. *Moi—me*, vgl. Anm. zu V. 8.

212. *Par contrere* ‚in feindseliger Weise‘.

213. *Me* ist Dativ. — Mit *le* ist gemeint: dass ich mich Euch antrauen liess.

216. Für *maus* s. Anm. zu V. 171. — *Traire un mal* ist eine sehr häufige Verbindung.

218. *La rage.* Es ist hier wohl nicht ‚Liebeswut‘ gemeint, sondern ‚Thorheit, Tollheit‘, eine Bedeutung, die z. B. vorliegt Ch. de Roland V. 2279: *par sun orguill cumencet mortel rage*; Évangile aux femmes (ed. Keidel) S. 98 V. 33: *qui trop se fie en feme, bien a el cuer la rage*; Romania I, 84 V. 431: *il semble que vous ciez la rage.*

220. *De qoi.* Die gewöhnliche Schreibung ist *quoi* oder *coi*. *De quoi* wird in der alten Sprache neben *dont* mit Bezug auf Substantiva gebraucht. — Die Form *achater* mit *a* in der 2. Silbe ist afrz. die vorherrschende und der Herkunft (< *adcaptare*) entsprechende; in dem Verbalsubstantiv *achat* ist jenes *a* noch nfrz. erhalten.

221. *Ausi com* ‚als ob‘ hat immer den Conjunktiv nach sich; nfrz. *comme si* c. Indic. Auch einfaches *com* genügt schon: *sis octoit cum fussent bestes* (Münchener Brut ed. Hofmann und Vollmöller V. 1488). — *Fuisse*, dialektische, dem Osten und Norden eigentümliche Form für *fusse*.

222. *Cranche.* Diez, EW⁴ S. 171 bezeichnet *cranche* als eine wallonische Form; Scheler belegt im Jahrbuch X, 250 *cranke* aus dem Pikardischen. Es liegt der lat. Accus. *cancrum* zu Grunde, der *cancre* ergab, indem im Pikardischen *c* vor *a* nicht zu *ch* wurde dann traf Umspringen des *r* ein wie z. B. in afrz. nfrz. *tremper* aus *temprer* < *temperare*, oder in afrz. *Frontevalt* aus *Fontevralt* (Rom. de Rou ed. Andresen II, S. 438 V. 10919), so dass denn der *k*-Laut von *c*, das vor *e* zu stehen durch *k* oder an unserer Stelle durch *ch* dargestellt wurde. Die Bedeutung ist hier unzweifelhaft, ‚Krebsgeschwür‘, ebenso wie, trotz des Einspruches von G. Paris im Jahrb. XI, 150, an einer der von Scheler beigebrachten Stellen, s. auch Rev. d. lang. rom. XXXVIII, 160. Für den frommen Wunsch selber, den das Mädchen ausspricht, vergleiche man das mehrfach begegnende prov. *Pustel’ en son oil e cranc!*, s. Bertran de Born¹ ed. Stimming Anm. zu 2, 15. — Die Zahlen werden in den Handschriften meistens nicht ausgeschrieben, sondern durch römische Ziffern bezeichnet; die gew. centralfranz. Form d. Acc. für .II. wäre *dous*, die pikard. *deus*. — Ueber den Accus. Plur. *iex* (= *ieus*) aus *uelz* < *ŏculos* s. Schwan-Behrens, Gram. d. Altfranz. § 248 Anm.

234. *Quar* muss entsprechend der Herkunft von *qua re* auch in Nordfrankreich die Bedeutung ‚warum‘ gehabt haben, die sich im Altprovenzalischen noch nachweisen lässt. Zur Erklärung der Verwendung beim Imperativ ist auszugehen von negierten Sätzen wie *quar ne balez?* ‚warum tanzet ihr nicht‘?, Sätzen, die bei der Verwandlung der Frage in den Ausruf die Negation verloren, s. Diez, Gram.[4] III, 215 Anm. — *Et* im eingeschobenen Satze ist schwer verständlich. Es scheint fast, als ob eine Verwechslung mit der Interjektion *eh* anzunehmen sei, die auch sonst beobachtet worden ist, s. Förster zu Ille et Galeron V. 4936 und Ebeling zu Aub. V. 252; ist dies richtig, so wäre ein Ausrufungszeichen nach *et* zu setzen. Oder sollte hier das *et* vorliegen, welches afrz. und nfrz. ‚und zwar‘ bedeutet? — *Je vous en pri*, auch noch neufrz., indem sich in dieser Wendung die dem Altfranzösischen geläufige Konstruktion *prier aucun d'aucune rien* (neben *prier aucune rien a aucun*) erhalten hat.

235. *Fere le virenli* heisst hier ‚das v. dichtend oder vortragend singen‘, ebenso *fere une estampie* in RuP. II, 35 V. 21, vgl. oben S. 13; dagegen bedeutet derselbe Ausdruck in der folgenden Zeile ‚den (zum Liede gehörigen) Tanz ausführen‘, indem es aus verschiedenen Gründen nicht wahrscheinlich ist, dass V. 216 etwa Worte des Mädchens darstellen soll. Die gewöhnliche Form ist *vireli*, und das *n* in *virenli* wird ein unorganisches sein, wie sich denn mehrfache Einschiebung von *n* nicht nur (und besonders) vor Gutturalen, sondern auch vor anderen Consonanten findet, s. Förster, Chev. as .II. esp. S. L. Allerdings dürfte *vireli* ursprünglich nichts anderes gewesen sein als ein Ausruf, wie ich vor G. Paris, Orig. de la poés. lyr. S. 24 Anm. 4 im Litteraturblatt f. germ. u. roman. Phil. VIII, 445 bemerkt habe. Aus der Stelle im Cleomades V. 5529 ff., welche Jeanroy, Org. S. 426 ff. nicht berücksichtigt hat, geht hervor, dass das *vireli*, welches in Anlehnung an *lai* auch als *virelai* auftritt, schon im 13. Jahrhundert die Form des *rondet* aufweist.

236. Die Konstruktion von *covient* mit Dativ der Person und Infinitiv + Objekt, das vorangestellt ist, begegnete schon V. 19 und V. 208 an Strophenanfängen.

243. *Espringuier*, ein Tanzausdruck, von ahd. *springan*, s. Diez, EW.[4] S. 304; die korrektere Form ist *espringuer*. — *Cointement* ‚zierlich‘, ebenso in einem Refrain, der ganz entfernt an den unserigen anklingt: *Ales cointement et seri, Se vous m'ames* (Rom. d. l. Viol. S. 7); vgl. *aler mignotement* in anderen Refrains, s. G. Paris, Orig. d. l. poés. lyr. S. 55 Anm. 9, S. 56 Anm. 1.

244. *Amer par amors* ‚wahrhaft, treu lieben‘ begegnet sehr häufig, desgleichen *amer lëaument*; hier sind die beiden näheren Bestimmungen verbunden. *Amors* ist Acc. Plur., wie V. 307; ebenso *amoretes* als Plur. V. 134, 152, 298.

246. *N'ot cure de p.* eig. ‚er kümmerte sich nicht...‘, dann ‚er trug kein Verlangen...‘

248. *Fuiant s'en va,* ebenso V. 257. *Fuiant* ist Gerundium, s. Anm. zu V. 103. — *Toz esperdus. Tot* in der Bedentung ‚ganz‘ zu einem Adjektiv gehörend kongruiert mit dem Subjekt (oder Objekt), s. Tobler, VB. I, 69.

249. S. S. 7.

251. *Sauve la vie,* eine im absoluten Accus. stehende Bestimmung zum Inhalte des Hauptsatzes, indem die prädikative Bestimmung ein Adjektiv ist: ‚indem das Leben gerettet sei‘. Neufranz. *sauf* ist erstarrt und wird wie eine Präposition verwendet, ein Gebrauch, dessen Anfänge schon ins Altfranzösische zurückreichen, s. Nehry, Ueber den Gebrauch d. absol. Cas. obl. d. altfrz. Subst. S. 66.

252. ‚Das heilige Kreuz von jenseits des Meeres‘, d. h. das Kreuz Christi. *Outre mer* bezieht sich in der alten Zeit vorzugsweise auf Palästina; es wird einem Substantive mit *de* angeschlossen, so in dem häufigen *pelerinage d'outre mer* ‚Fahrt nach dem hlg. Lande‘.

254. *Aïde.* Dass *aïe* bei so naher Wiederholung in anderer Lautgestalt erscheint, befremdet und dürfte wohl auf Unachtsamkeit des Schreibers beruhen. *Aïe* ist die lautgerechte und ursprünglichere Form.

255. *Au roi celestre.* Ueber den Dativ zur Bezeichnung eines Besitzverhältnisses s. Anm. zu V. 15—16. Das *r* in *celestre* ist ein unorganisches wie z. B. auch in den Adjektiven *honestre, tristre.* Alle drei Wörter sind gelehrt.

257. *Plus que le cors* ‚mehr als im Laufe‘ d. h. ‚äusserst schnell‘ ist wohl eine Nachbildung des häufigen *plus que le pas.*

259. *Toz ses parages* ist Nom. Sing. — *Assambler* hat kein Reflexivpronomen bei sich, steht aber hier wie auch sonst in reflexivem Sinne. — *I* bezieht sich auf die Heimat des Bauern. Zwar ist nicht ausdrücklich gesagt worden, dass er dorthin geflohen sei, aber dies ergiebt sich aus dem ganzen Zusammenhange; auch spricht er V. 276 von seiner glücklich bewerkstelligten Heimkehr.

260. *Ont dit.* Das Verbum steht im Plural, da *parages* ‚Verwandtschaft‘ ein Kollektivum ist, s. Tobler, VB. I, 189 f.

262. *Laborer,* s. Anm. zu V. 86.

263. *Prendre.* Das Reflexivpronomen ist beim Infinitiv fortgeblieben, s. Anm. zu V. 151.

266. *Faire savoir* heisst ‚etwas Verständiges thun‘, wie *faire folie, folor* ‚etwas Thörichtes thun‘.

268. *G'i. Ge* für *je* hat der Schreiber hier wohl deshalb bevorzugt, weil er, zwischen dem *i*-Laute und dem palatalen Laute in der Schrift keinen Unterschied machend, ein *ii* (= *j'i*) vermeiden wollte, s. *g'irai* II, 228. — *Mon domage* ‚etwas, das mich schädigt‘. Das Possessivum steht hier in einer Funktion, die sich mit der des latein. Gen. object. vergleichen lässt, s. Tobler, V. B. II, 74.

269. Die Meinung, dass man für eine begangene Thorheit nicht getadelt zu werden brauche, wird auch ausgesprochen RuP. I, 43 V. 17—8: *Si an fi une foliette Dont nuns ne m'an devroit blasmeir.* — *Saint Remi.* Es ist der bekannte Remigius, Erzbischof von Reims gemeint, der 496 starb und später kanonisiert wurde; er wird auch II, 176 genannt.

270. *Ma foliete* zeigt eine eigentümliche Anwendung des Possessivums; dasselbe begegnet unter gleichen Umständen bei *folie* in einer S. 13 angeführten Stelle und erscheint wieder bei *folor* RuP. II, 79 V. 78: *Sire, se j'ai fete ma folor, Je vos pri par vostre valor* etc. Die von der betreffenden Person gemachte Thorheit wird als eine ihr angehörig gewordene aufgefasst. Godefroy, der unsere Stelle aus der Handschrift zitiert (unter *foliete*), lässt *ma* fort. *Foliete* eig. ,kleine Thorheit', wiewohl es in Wirklichkeit eine ziemlich grosse war. Das Wort scheint nicht mehr recht als Deminutivum empfunden worden zu sein, wie auch der Zusammenhang bei der in Anm. zu V. 269 angezogenen Stelle vermuten lässt.

271. *Avoir pis* ,Schlimmeres haben', ,übler daran sein', häufige Wendung, s. Mätzner, Altfrz. Lied. S. 146. — *De mi.* ,Als' nach einem Comparativ kann in der alten Sprache auch durch *de* ausgedrückt werden, heute nur noch gestattet und verlangt nach *plus* und *moins*, wenn Zahlwörter folgen. Für *mi* s. S. 28.

272. *De mi* gehört zu *pis* (V. 274): Niemandem ist es übler ergangen als mir, s. S. 22. — *Qu'il ait homme.* Bei *il a* ,es giebt' (*i* kann fehlen, desgleichen *il*, s. V. 302) steht das, was als vorhanden bezeichnet wird, immer im Accus.; der Nom. Sing. zu *homme* lautet *hom* (< *homo*).

275. *Encor* steht neben *encore*, wie *or* neben *ore*; noch jetzt ist *encor* den Dichtern gestattet. An unserer Stelle bedeutet es ,immer noch', ,immerhin'.

276. *Quant* hat hier kausalen Nebensinn, s. Glossar. — *En meson* steht ohne Artikel, obwohl der Bauer ein bestimmtes, sein eigenes Haus meint; so auch unter gleichen Verhältnissen bei den Präpositionen *a, vers, de*, s. Tobler, Prov. au vil. Anm. zu 100,5.

277. Das *en* (,deswegen') in *s'en* ist schwer als eine korrekte Beziehung habend zu rechtfertigen.

278. *Violer* ,auf der Fiedel spielen', nicht zu verwechseln mit altfrz. *violer* ,Gewalt anthun'. Bemerkenswert ist, dass der Dichter hier dem Bauern einen Besitz und ein Können zuschreibt, welche für gewöhnlich doch nur bei Spielleuten vorausgesetzt werden. Man würde für *tant violé* etwa erwarten ein *sovent chanté*, aber vielleicht hat das Streben nach dem reichen Reime die Einführung von *violé* (: *volé*) verursacht. Das *tant* lässt

darauf schliessen, dass der folgende Refrain bei der Landbevöl-
kerung sehr beliebt gewesen ist, wozu auch die S. 17 angeführte
Bemerkung von P. Paris stimmt; seine Verwendung im vor-
liegenden Zusammenhange dürfte freilich nur dann berechtigt
sein, wenn man ihm den Sinn giebt, welchen er wohl gehabt
haben kann: ‚Ich bin angeführt worden‘, ‚ich bin der Genarrte‘.

283. *C'est a dire*, altes Beispiel des nfrz. *c'est à dire*.
Einen Beleg für das Altprovenzalische giebt Raynouard, Lex.
Rom. III, 53 (*so es a dire*). Der gewöhnliche Ausdruck ist im
Altfranz. einfaches *c'est*. — *Tel* bezieht sich auf den Grafensohn.

284. *Mien escïent*, ein modaler Accusativ, ‚meines Wissens‘,
wird nicht selten als Lückenbüsser verwendet, und so auch hier,
da ja der Bauer selbstverständlich weiss, dass ihm Jemand das
Mädchen entführt hat. Wie *mien escient* begegnet *par le mien
escient* und *mon escient*, und so noch nfrz. *à mon escient* vgl.
à bon escient. Escient, das als ein Substantiv empfunden wurde,
ist gelehrt, wie die Erhaltung des *i* (< *sciente*) zeigt.

284. *Porte.* Bemerke die Inkongruenz des Tempus zu
voraufgehendem *ot*.

286. *Or m'en partirai* ‚nun werde ich mich von ihm (sc.
dem Bauern) trennen‘, d. h. ich will nun von dem Bauern nicht
mehr reden.

291. *M'i demaine*, s. Anm. zu V. 161 und V. 171.

295. *Douaire.* In den *Coutumes du Beauvoisis* des Philippe
de Beaumanoir (13. Jahrh.) ed. Beugnot I, 224 heisst es: *Douaires
est aquis a le feme si tost com loiax mariage et compaignie
carnele est fete entre li et son mari et autrement non.* Vgl. Anm.
zu V. 311.

296. *Faire* hier geradezu ‚singen‘, vgl. Anm. zu V. 235.

301. *Au descendre.* Der Infinitiv hat hier, wo *a* einen
Zeitpunkt angiebt, den Artikel bei sich, s. Tobler, VB. I, 75;
im übrigen s. Anm. zu V. 168.

304. *Au congie prendre.* Der vom Artikel begleitete prä-
positionale Infinitiv kann ein mit dem Artikel versehenes Accu-
sativobjekt nach sich haben, man konnte also sagen: *quant ce
vint au prendre le congie.* Tritt nun ein solches Objekt, wie es
nicht selten geschieht, vor den Infinitiv, so kommen zwei Artikel
zusammen; in diesem Falle geht immer ein Artikel verloren, und
zwar ist es sehr wahrscheinlich derjenige des Infinitivs, s. Tobler,
VB. II, 90 f.

307. *Departir* ist hier transitiv und heisst, wie auch sonst
afrz. und noch nfrz. *départir* ‚austeilen‘, ‚verteilen‘; *amors* ist
also Accus. Plur. (s. Anm. zu V. 244). *A gironees* heisst ‚in
Fülle‘, indem *gironee* eine Ableitung von *giron* ‚Schooss‘ ist
und ‚einen Schooss voll‘ bedeutet, wie nfrz. *brassée* einen Arm
voll. Den Gedanken, dass die Liebe ausgeteilt wird, trifft man
auch RuP. III, 11 V. 45—6: *Male honte ait il qui amors parti,
Quant g'i ai failli.*

309. Zur Silbenzählung dieses Verses s. S. 32 Anm. 4.

310. ‚Der Bauer hat Anlass, darüber Schmerz zu empfinden‘, nämlich darüber, dass mein Wunsch erfüllt ist und er mich verloren hat. Wir haben hier ein Beispiel von *pooir* = ‚Grund, Anlass haben‘, auf welche Bedeutung Tobler unter Beibringung von Belegen im Arch. Bd. 91 S. 107 zuerst hingewiesen hat.

311. Der Grafensohn wird hier als *escuiers* ‚Knappe‘ bezeichnet, er war also noch nicht Ritter und muss als sehr jung gedacht werden. Wenn V. 295 von einer Gegend die Rede ist, welche die Geliebte als *douaire* empfangen habe, so soll man sich das vielleicht so zu denken haben, dass er ihr einen Teil des Landes als Eigentum vorherbestimmt hat, in dessen wirklichen Besitz sie mit dem Zeitpunkte käme, wo er regierender Graf würde.

313. *Biau lieu.* Wie im Innern des Wortes vor Consonant hat sich hier auslautendes *l* von *bel* vor consonantischem Anlaut des folgenden Wortes vokalisiert, dagegen *novel avoir* (V. 265). *Lieu* mit Bezug auf eine Dame gesagt, der man sein Herz zuwendet, ist ein gewöhnlicher Ausdruck in der höfischen Lyrik; er begegnet namentlich in Verbindung mit *haut*, prov. *aut luec.*

314. Den vom Kopisten übersprungenen Vers möchte man ergänzen: *si en doi estre liez; nus dis...*

316—7. *Sadete* ist Deminutiv zu *sade* < *sapidum*, das noch in nfrz. *maussade* erhalten ist. *Sade* und *sadete* trifft man nicht selten zusammen mit *blondete* z. B. in einem *motet* (Raynaud, Rec. de mot. I, 232), bei Thibaut de Navarre (Oeuvres ed. Tarbé S. 34), bei Adam de la Halle (Oeuvres ed. Coussemaker S. 257); dagegen ist RuP. II, 67 V. 9 *sade* mit *brunete* verbunden, ebenso in einem gleich anzuführenden Beispiele. Blondheit beim Mädchen wurde im Nordfrankreich des Mittelalters sehr geschätzt, wie die häufige Erwähnung solcher da, wo von Schönheit die Rede ist, beweist; bezeichnend ist eine Stelle in RuP. II, 108 V. 10 ff.: *En non Deu, j'ai bel ami, Cointe et joli, Tant soie je brunete*, und wenn es im *Renart le nouvel* heisst: *Ades sont les sades brunetes Les plus jolietes* (Rom. de Renart ed. Méon IV, 417), so dürfte diese Aeusserung ziemlich vereinzelt dastehen.

319. *Tele* ist keine lautgerechte Form, indem *talem tel* ergab, das auch V. 11, 87, 187 als Femininum begegnet; sie ist erst in Analogie an die Feminina der zweigeschlechtigen Adjektiva (z. B. *bone, male*) entstanden. *Tele* ist schon im 13. Jahrhundert häufig, ob es jedoch unserem Dichter angehört, lässt sich nicht sagen, da es hier im fremden Refrain steht.

Einleitung zum Chevalier
au barisel.

1. Druck und handschriftliche Ueberlieferung.

Die Dichtung vom Ritter mit dem Fässlein wurde zuerst von Méon zum Abdruck gebracht (Barbazan-Méon, Fabliaux et contes (1808) I, 208—·242. Der Urtext ist m. W. seitdem nicht wieder dargeboten worden, dagegen hat Wilhelm Hertz in seinem „Spielmannsbuch" (1886) S. 187 —207 eine freie poetische Uebertragung (unter Uebergehung einiger Verse) geliefert, und Carl Wahlund in „Om ridaren med åmbaret" (1890) eine Uebersetzung in Prosa.

Die vorliegende Redaktion des Stoffes ist uns ohne Verfassernamen m. W. in vier Handschriften aufbewahrt, die sich sämtlich auf der Pariser Nationalbibliothek befinden a) f. fr. 837 fol. 1 r⁰—6 r⁰ b) f. fr. 25462 fol. 157 v⁰—174 v⁰ c) f. fr. 1553 (alte Nummern 7595) fol. 413 r⁰—419 r⁰ d) f. fr. 1109 fol. 179 r⁰—185 v⁰.[1]) Von diesen vier Handschriften hat die beiden ersten mit ihren alten Nummern 7218 und Notre Dame M 7[2]) schon Méon aufgeführt, während später die „Histoire littéraire" XXIII, 166—7 für unsere Version nur eine Handschrift anzieht: 7995 fol. 415—421 (lies dafür 7595, die alte Nummer von f. fr. 1553, und für fol. 415 bis 421 lies: 413—419). Die vierte obiger Handschriften hat C. Wahlund l. c. S. 47 angegeben (s. Cat. d. mss. franç. I, 187). Die dritte ist von Gröber, Gr. II, 654 Anm. 5

---

[1]) Im *Catalogue des manuscrits français* I, 187 wird irrtümlich fol. 188 angegeben.

[2]) Wahlund l. c. S. 46 sagt, die neue Nummer von N. Dame M 7 wäre fonds lat. 17217, in welcher Handschrift unsere Dichtung nicht stehe. Das letztere ist richtig, aber auf einem Irrtume muss die erste Angabe beruhen, denn die neue Nummer von N. Dame M 7 ist 25462, und hier findet sich die Dichtung, s. oben.

hinzugefügt worden (s. Cat. d. mss. franç. I, 250). — Erwähnt sei noch, dass es im *Catalogue des manuscrits des biblio- thèques publiques de Paris*, *Bibliothèque Sainte-Gene- viève* (1896) II, 358 unter n⁰ 2474 heisst: *Recueil de fab- liaux copiés d'après le manuscrit coté N. 2 de l'Église de Paris (aujourd'hui bibliothèque nationale ms. fr. 25545). Les pièces contenues dans la présente copie sont: la chastelaine de Vergi — le chevalier au barizel — la confession du renart — Marguet convertie.* Da- gegen ist zu bemerken, dass Bibl. nat. 25545, wovon die Handschrift in der Sainte-Geneviève eine Kopie sein soll (18. Jahrh.) nur *la chastelaine de Vergi, la confession du renart* und *Marguet convertie* enthält, und nicht den *chevalier au barizel.*

2. Inhalt, Wert und etwaige Quelle der Dichtung.

Ein mächtiger Herr, der auf einem zwischen der Nor- mandie und der Bretagne gelegenen Schlosse haust, ist wegen seiner Frevelthaten und seines gottvergessenen Lebens der Schrecken der Umgegend. An einem Char- freitage will er, wie gewöhnlich, das Fastengebot nicht be- obachten und ausserdem mit seinen Rittern auf Raub aus- ziehen, allein diese stellen ihm die Sündhaftigkeit seines Vorhabens sowie seines ganzen Lebens vor Augen, und fordern ihn auf, mit ihnen einen frommen Einsiedler auf- zusuchen, um ihm zu beichten. Entrüstet weist er ihr An- sinnen zurück und entschliesst sich erst zu der Fahrt als sie ihn bitten, doch ihnen zuliebe mitzukommen. Auf dem Wege nach dem Walde setzt er ihnen mit allerhand Hohn- reden zu, und als sie vor der Einsiedelei anlangen, ist er durch nichts zu bewegen, vom Rosse zu steigen und die Kapelle zu betreten. Seine Begleiter legen vor dem Altare die Beichte ab und nach empfangener Absolution bitten sie den Eremiten, doch ihren Herrn, der draussen auf sie warte, zum Eintritt zu veranlassen. Nach längerem Bemühen des heiligen Mannes willigt der Uebelthäter unter der Bedingung ein, dass er im Gotteshause keine Andacht

zu verrichten brauche. Kaum hat er jedoch dasselbe be-
treten, so lässt ihn der Einsiedler nicht wieder los, sondern
der Todesgefahr trotzend, bestürmt er ihn mit immer
dringender werdenden Ermahnungen, ihm seine Sünden zu
bekennen. Zornerfüllt zählt sie der Ritter schliesslich alle
auf. Um ihn zur Reue zu führen, versucht der Eremit,
ihm äussere Bussen aufzulegen, und da er alle, selbst recht
leichte, verwirft, verlangt er weiter nichts, als dass er ein
leeres Fässlein an der nahen Quelle fülle. Dies dünkt
dem Unbussfertigen nicht zu schwer und er gelobt sogar
ausdrücklich, nicht zu ruhen, bis er es gefüllt dem Klausner
zurückgebe. Doch wie gross sind sein Erstaunen und sein
Grimm, als er an der Quelle sieht, dass ungeachtet immer
erneuter Versuche kein Tropfen Wassers in dass Fässlein
dringt! Der Eremit vergiesst Thränen aus Mitleid mit
dem Sünder, über dessen Missethaten Gott so erzürnt sei;
allein eine weitere Mahnung zur Busse bleibt ohne Wirkung.
Der trotzige Mann befiehlt seinen Begleitern, nichts von
ihm daheim verlauten zu lassen, und schwört, zu Fuss die
Welt zu durchziehen, alle Wasser aufzusuchen und nicht
eher zu rasten, als bis er das Fässlein gefüllt zurück-
bringe. — Allein, ohne Geld oder Nahrungsmittel mit-
zunehmen, macht er sich auf den Weg. Um dem Hunger
zu wehren, muss er bald seine Kleider gegen ein elendes
Gewand eintauschen, und als das erlöste Geld ausgegeben
ist, muss er sich das Brod erbetteln. Das Fässlein taucht
er in grosse Ströme und kleine Bäche, in Seee und Tümpel,
ohne dass es sich jemals füllt; doch beugt der stets gleiche
Misserfolg nicht seinen Sinn, sondern vermehrt seinen Zorn
und macht ihn nur noch verstockter. Sein Aussehen war
inzwischen ein derartiges geworden, dass sich die Leute
vor ihm fürchten und ihn nicht mehr beherbergen wollen,
so dass er oft gezwungen ist, auf freiem Felde zu nächtigen.
So durchwandert er unter unsäglichen Leiden, zuletzt an
einem Stabe einherwankend, viele Provinzen und Länder,
bis er nicht mehr ertragen kann als er schon ertragen hat.
Da beschliesst er, zur Einsiedelei zurückzukehren. — Es
ist gerade ein Jahr vergangen und wiederum Charfreitag,
als der unselige Wanderer beim Eremiten eintrifft. Dieser

blickt ihn ganz verwundert an und ist weit davon entfernt, in dem Jammerbilde, das er vor sich sieht, den manneskräftigen und übermütigen Ritter wiederzuerkennen, dem er Jahrs zuvor eine so leichte Busse aufgelegt hatte. „Ihr seid es", sagt der letztere, „der mich in solchen Zustand gebracht hat"; er giebt sich darauf zu erkennen und erzählt, was er alles durchgemacht und wie er vergeblich das Fässlein in alle Wasser eingetaucht habe. Aber der fromme Klausner gerät nun in grossen Zorn und schilt ihn heftig, dass er seine Busse ohne innere Reue vollzogen habe: darum hasse ihn Gott; dann bricht er in laute Klagen aus, welche in einem innigen Gebete zu Gott endigen, dass er sich doch des Sünders erbarmen und seinen Sinn zur Reue kehren möge. Betroffen sieht der Ritter, wie der alte Mann von leidenschaftlichem Schmerze um ihn, den Fremden, bewegt wird, wie seine Sünden ihm ans Herz greifen und wie er selbst, der doch mit ihnen behaftet ist, ungerührt bleibt. Er wird seiner ganzen Schlechtigkeit inne, der wilde Trotz ist endlich gebrochen und mit brünstigem Verlangen wendet er sich zum ersten male Gott zu. Und Gottes Gnade beginnt zu wirken: Demut kehrt in sein Herz ein, ein Thränenstrom stürzt aus seinen Augen; überwältigt kann er nicht sprechen, aber er gelobt Gott im Innersten, nie wieder Böses zu thun. Allein dass Fässlein ist noch immer leer, und doch ist sein heissester Wunsch, es gefüllt zu sehen. Da fällt eine grosse Thräne, die sich von seiner Wimper löst, gerade in das Fässlein hinein und füllt es so, dass das Nass nach allen Seiten überquillt. Gerührt stürzt der Eremit zu seinen Füssen nieder und kündet ihm, dass Gott ihm seine Sünden vergeben habe. Grenzenlos ist die Freude des nunmehr Erlösten, aber er fühlt sein Ende herannahen. Noch einmal beichtet er jetzt, aber zerknirschten Herzens. Der Einsiedler reicht ihm das Abendmahl und umarmt ihn dann auf seine Bitte. Gleich darauf legt sich der Entsündigte zum Sterben vor den Altar nieder; das Fässlein, welches er auch im Tode nicht lassen will, ruht auf seiner Brust. Schon steht der Teufel auf der Lauer, um die Seele, welche sich vom Körper scheiden will, zu erhaschen, aber die Engel bemächtigen sich ihrer und tragen sie davon. Wiederum wie vor einem Jahre treffen die Ritter zur Beichte bei dem Eremiten ein. Sie erkennen ihren Herrn, welcher entseelt vor dem Altare liegt, aber sie wissen nicht, wie er gestorben sei. Da erzählt ihnen der Einsiedler von allem und von dem gottseligen Ende, das derselbe gefunden habe. Unter mancherlei Ehrungen begraben sie den Leichnam und kehren dann froh in die Heimat zurück, wo sie das Schicksal ihres Herrn berichten, zur Freude und Erbauung für Jedermann. — Der Dichter ermahnt zur Demut und Bussfertigkeit und schliesst mit einer Lobpreisung Gottes.

Eine kurze Analyse unserer Dichtung findet man in der Histoire littéraire XXIII, 166 f.; einige Worte haben darauf G. Paris in seiner *Littérature française au moyen âge* (1888) S. 291 f. und Gröber, Gr. II, 654 derselben gewidmet. — Der „Ritter mit dem Fässlein" gehört zu den rührendsten und am besten erzählten Busslegenden des französischen Mittelalters. Der Vorzüge unserer Stoffbehandlung wird man am deutlichsten gewahr, wenn man eine Vergleichung mit der Version vornimmt, welche uns die *Vies de Pères* bieten und die ich als Anhang beigegeben habe. Um nur ein paar wesentliche Punkte zu berühren, so wird in jener (weit kürzeren) Version der reiche Mann mit leichter Mühe von einem Diener bestimmt, zur Beichte zu gehen, während es bei dem Ritter erst infolge mehrerer geschickt abgestufter Einzelmomente zu einer Sündenaufzählung kommt. Jener ist von vornherein reumütig, und man sieht nicht recht ein, warum denn das Fässlein so lange ungefüllt bleibt, während dieser in Verstocktheit verharrt und daher der Gnade Gottes nicht eher teilhaftig wird als bis die *repentance* bei ihm eingekehrt ist. Dort fehlt es an jeder Tiefe der Auffassung, und den unverrichteter Sache Heimkehrenden tröstet der Eremit damit, dass es ihm mit einer anderen Bussübung schon besser gelingen werde — bis denn mit einem mal das Wunder eintritt; hier dagegen erkennt der Einsiedler, dass Gott, nicht zufrieden mit äusserer Busse, dem Sünder nicht hat verzeihen wollen, und das Wunder erfolgt erst mit der

Zerknirschung des letzteren. Dort endlich der hausbackene Schluss mit seichter Moral, hier ein poetisches Ausklingen. Betrachten wir noch einen Augenblick unsere Fassung allein. Durchaus glaubhaft erscheint es, dass der Ritter, nachdem er sich einmal in die Kapelle begeben hat, durch das sichere und kühne Auftreten des Eremiten unwillkürlich gebannt wird; höchst anschaulich ist darauf das Bild der in schneller Rede und Gegenrede Ringenden. Den Zug, dass der Einsiedler, bevor er das Fässlein füllen heisst, viele andere Bussen namhaft macht, darf man nicht als müssige Spielerei des Dichters ansehen: er dient vielmehr wegen der Bemerkungen, zu denen jene Vorschläge beim Ritter Anlass geben, zu völliger Charakterisierung des letzteren. Wie fein empfunden ist es ferner, dass nicht etwa Mitleid, sondern Zorn sich des wahrhaft frommen Mannes bemächtigt, als der Heimkehrende ihm von der Erfolglosigkeit seines Mühens berichtet! Wie wirkungsvoll endlich die Schilderung seiner demütigen Ergriffenheit, als er sieht, dass Gott dem Reuigen verziehen hat! Aber nicht nur an wirklicher Charakterzeichnung und psychologischer Motivierung sondern auch in stilistischer Hinsicht steht unsere Dichtung weit über der holprigen und farblosen Erzählung in den *Vies de Pères*. Fluss, Lebendigkeit, Detailmalerei werden kaum irgendwo vermisst, und zuweilen trifft man auf recht glückliche Gedanken und Ausdrücke, z. B. V. 518, 612, 644, 757 ff., 831, 968, während V. 868 allerdings wenig geschmackvoll ist. Wenn die Ritter ihren Herrn V. 76 mit dem starken Worte *lerres* anreden, so wird dieses kaum ursprünglich sein, indem z. B. Hs. 1553 *sire* schreibt und was V. 72 betrifft, wo die Köche denselben Herrn gewissermassen zur Rede stellen, so erscheint die Stelle in anderen Handschriften anders gewendet. Die Komposition ist insofern nicht ganz fehlerfrei als stellenweise die Spannung durch Längen etwas beeinträchtigt wird: so hat sich der Dichter namentlich in der Darstellung der Mühsale des Wandernden und seines immer schrecklicher werdenden Aussehens nicht genug thun können, und dabei sind denn ein paar lästige Wiederholungen nicht ausgeblieben; auch sonst ist Wiederkehr von eben Gesagtem zu beobachten, z. B. bei V. 145, 275, und die nicht weit von einander stehenden Verse 426, 435, 441 sind sogar ziemlich gleichlautend. Nicht ohne weiteres rechne ich hierher V. 416—8. Diese Verse möchten überflüssig erscheinen, da ja der Ritter nachher (V. 452—5) das Gleiche, wenn auch in etwas stärkerer Form, thun zu wollen verheisst, und so hat sie denn Hertz in seiner Uebertragung ganz fortgelassen, allein sie sind doch insofern existenzberechtigt, als sie noch glaublicher erscheinen lassen, wie es zu dem folgenden Schwure kommt, von dem daher die Auffassung statthaft ist, dass der Ritter ihn nicht bloss aus Trotz dem Eremiten gegenüber, sondern auch aus eigenwilligem Festhalten an dem einmal voreilig Gesagten schwört.

Der ungenannte Verfasser unserer Dichtung beruft sich V. 870 auf eine *escripture* und sagt V. 1041 ff. ausdrücklich, dass er erzählt habe was die *saint homme*[1]) uns berichten. Gewiss will er damit als seine Quelle die lateinisch abgefassten *Vitae patrum* hinstellen, allein hier scheint sich, wie schon Hertz, Spielmannsbuch S. 332 bemerkt hat, unsere Legende nicht vorzufinden.[2]) Dies darf nicht weiter überraschen, denn wir glauben auch von anderen Dichtungen, deren Verfasser sich gleichfalls auf die *Vitae patrum* berufen, zu wissen, dass ihre angeblichen Quellen dort nicht stehen,[3]) was man sich so erklärt, dass die *Vitae* als eine altehrwürdige Sammlung galten und dass die Dichter ihren Erzählungen einen grösseren Wert zu verleihen glaubten, wenn sie dieselben als aus jener Sammlung geschöpft bezeichneten. Immerhin wäre es möglich, dass die Quelle unserer Dichtung sich doch in einer der vielen nicht immer gleiches enthaltenden Ausgaben oder in einer der noch nicht zu Rate gezogenen

---

[1]) In Hs. 1553 steht *li saint pere*.
[2]) Hertz führt den Abdruck der *Vitae* in Migne's *Patrologia latina*; ich habe neben der Lyoner Ausgabe von 1617 die am häufigsten zitierte von Rosweyd, Antwerpen 1615, durchgesehen.
[3]) A. Weber in Romania VI, 328—9; G. Paris, Littér. franç. au moyen âge S. 210.

Handschriften[1]) der *Vitae* fände, denn es ist zu berück-
sichtigen, dass derselbe Stoff von den französischen *Vies
des Pères*[2]) gebracht wird, und es wäre zu kühn, auf
Grund der verschiedenartigen Behandlung zu behaupten, dass
nicht eine möglicherweise in den *Vitae* stehende Geschichte
die Grundlage für die Erzählung in den franz. *Vies* und
für unsere Dichtung gewesen sein könne. Auf der anderen
Seite ist bei der Bearbeitung der *Vitae* in den franz. *Vies
des Pères* manches moderne Gut hinzugenommen worden,
und da die beiden Haupredaktionen der *Vies* erst um die
Mitte des 13. Jahrhunderts abgefasst sein dürften,[3]) so ist
für den Fall, dass der Stoff nirgends in den *Vitae* be-
gegnet, die Möglichkeit nicht unbedingt ausgeschlossen,
dass die Version der *Vies* unter starker Kürzung und
entsprechender Abänderung der Lokalfarbe auf unserer
Erzählung fusst. Am wenigsten hat aus verschiedenen
Gründen eine etwaige Annahme für sich, dass umgekehrt
unsere Dichtung erst auf der Version der *Vies* beruhe.
Wir sind somit zu keinem irgendwie sicheren Ergebnisse
bezüglich der Quelle des *Chevalier au barisel* gelangt,
und ebenso fehlt es an Anhaltspunkten für eine nähere
Zeitbestimmung. Man setzt die Erzählung gewöhnlich in
das 13. Jahrhundert, und dazu möchte es stimmen, dass
die Beichte des Fuchses vor dem Weih erwähnt wird
(V. 130—1), die in einer Branche des *Roman de Renart*
vorkommt, welche schwerlich vor der ersten Hälfte des
13. Jahrh. entstanden sein wird, s. Gröber, Gr. II, 630;
auch der Umstand dürfte Berücksichtigung verdienen, dass
das Rittertum in einer wenig günstigen Beleuchtung er-
scheint.[4]) — Der Stoff ist noch einmal in Versen von

---

[1]) Die lat. Handschriften der *Vitae* weichen sehr von ein-
ander ab, und manche Geschichten werden nur von manchen
geboten, s. G. Paris, La poésie française au moyen âge I, 166.

[2]) Er ist nicht in allen, aber doch in recht vielen der zahl-
reichen Handschriften dieser Sammlung zu finden.

[3]) Schwan in Romania XIII, 257.

[4]) Es ist nicht unwahrscheinlich, wie schon Littré in der
Histoire littéraire XXIII, 167 bemerkt hat, dass der Dichter mit

einem gewissen Jehan de Blois (de la Chapelle) behandelt
worden; diese Bearbeitung, welche uns in zwei Handschriften
aufbewahrt ist,[1]) berührt sich nahe mit der Version der
Vies. Schliesslich haben wir noch eine Prosaredaktion in
der Hs. Bibl. nation. f. fr. 25440 fol. 274 ff.; dieselbe beruht
augenscheinlich auf einer Combination unserer Dichtung
und der Version der *Vies*.

3. Sprachliches und Metrisches.

Einen Versuch, die ursprüngliche Sprache eines Denk-
mals, zu bestimmen, das in mehreren Handschriften über-
liefert ist, macht man gemeinhin nur dann, wenn man jene
Handschriften alle heranziehen kann. Das letztere würde
uns hier zu weit führen (s. Vorwort) und wir müssen uns
darauf beschränken, festzustellen, dass die in Hs. 837 vor-
liegende Gestalt, welche wir mit verhältnismässig wenigen
Aenderungen (nach Hs. 1553) wiedergeben, eine Anzahl
pikardischer Eigentümlichkeiten darbietet, von denen uns
mehrere schon in der *Chastelaine de Saint Gille* ent-
gegengetreten sind. Wir haben zunächst dreisilbiges *averai*
(455) und *avera* (595), *le* als Artikel und verbundenes
Fürwort des Femininums (599; 356, 359, 1027), häufiges *no*
und *vo* (71, 95, 294, 348 etc.). Ferner begegnet die 1. Plur.
auf *-mes* in *irommes* (68), der Wandel von *iu* zu *ieu* in
plaidieu (222 Reim), *viex* (803), *fiex* (915 Reim, 931), *espe-
ritiex* (993 Reim; hier scheint analogische Einwirkung vor-
zuliegen), *au* für *ou* in *rassaus* (185), *vaudrez* (298),
assaudre (927 Reim), *assaut* (927), *saut* (928), *eu* für *ou*
in *eurent* (1029 Reim), *ou* (682) für *el* (= *en* + Artikel).
Pikardisch ist weiterhin in *carchiez* (818) für *chargiez* die
Erhaltung des *c* vor ursprünglichem *a*; ebenso der Wandel

---

seiner Erzählung den Nebenzweck verfolgt hat, zügellosen und
raubtreibenden Rittern eine Mahnung zur Gottesfurcht zu erteilen.

[1]) Hs. Phillips n° 3643 in Cheltenham (s. Notices et Extraits
des manuscrits de la Bibliothèque nationale et autres biblio-
thèques XXXIV, 1 S. 160) und Bibl. nation. f. fr. 1807 fol. 131 ff.
(Catal. d. manuscr. franç. I, 318).

von *t* vor lat. *i* + Vokal zu *ch* in *contrichïon* (911). Bei
loquiez (652; s. Diez, EW.[4] 627—8) für *lochiez* bezeichnet
qu den *k*-Laut, der vor einem aus *a* entstandenen *e*, *ie* im
strengen Pikardisch erhalten bleibt. Das *c* endlich in
mance (545) und in *sauvecines* (561) ist pikardische
Schreibung für *ch*, s. Anm. zum letzten Verse. — Dialektisch,
aber nicht ausschliesslich dem Pikardischen eigen sind
amaisse (176), *alaissent* (178), *remuaisse* : *amaisse* (899
—900), *au* aus *ïl* + Cons. in *aus* für *eus* (1017; 995 Reim),
das Pronomen *mi* (175; 957 Reim), *ie* für *iée* in *escillie*
(557) und *cerchie* (621), weiter *biaus* (547) und die Er-
haltung von isoliertem *t* in *but* (1033) ‚getrunken'.

Zur Silbenzählung sei bemerkt, dass die Endung -*iez*
einsilbig ist in *cesseriez* (233), *porriez* (246), *voliez* (350),
avriez (351), *donriez* (357), *voudriez* (358), dagegen noch
dreisilbig in *aviiez* (292). *Angele* (982, 985, 1028) rechnet
nur als zwei Silben, indem das erste *e* in der Aussprache
keine Geltung gehabt hat. *Nient* ist einsilbig (762, 772).
Bei *ce*, *je*, *que* (Conj. und Rel.) *ne* (< *nec*) ist die Elision
nur fakultativ, daher denn Hiatus vorliegt V. 22, 103, 112,
113, 116, 127, 183, 225, 328, 347, 349, 379, 428, 479, 497,
529, 621, 624, 640, 701, 755, 808, 820, 934, 1042, 1063. Nicht
aspiriertes *h* hindert die Elision nicht: *vraie humilite* (136),
reçoive hui (914), s. Tobler, Vb.[3] S. 53. — Was den Reim
angeht, so reimen *hom* : *renon* (3/4), *preudom* : *reson*
(347/8) und *an* : *Abraham* (368/9) nur fürs Auge nicht;
das Gleiche gilt von Reimen wie *tans* (= Zeit) : *granz*
(77/8), da in unserem Denkmal kein Lautunterschied
zwischen *s* und *z* besteht, wie die umgekehrten Schreibungen
z. B. *remez* (155), *rez* (464), *venrediz* (78) beweisen; bei
puet : *seut* (183/4) hat man sich wohl zu denken, dass im
ersten Worte schon der durch *eu* dargestellte Laut ein-
getreten war. Ein ungenauer Reim, den man freilich auch
sonst findet, ist dagegen *esprueve* : *uevre* (551/2); in *aler* :
parler (339/40) ist vermutlich ein leoninischer Reim be-
absichtigt (man findet auch die Schreibung *paller*); in
coupe : *toute* (963/4) liegt nur Assonanz vor, wobei denn
zu bemerken ist, dass die betreffenden Verse in Hs. 1553
fehlen und in Anbetracht des Voraufgegangenen ziemlich

müssig sind. Mit *biaus*¹) (547) ist zwar ein befriedigender Reim erzielt worden, aber auf Kosten des grammatisch Richtigen.²) *Anceles* < *ancillas* sollte ein geschlossenes *e* haben, hat aber doch ein offenes (s. Suchier, Altfrz. Gram. S. 19), so dass der Reim *puceles* : *anceles* (37/8) korrekt ist. Die Bedeutungsverschiedenheit des mit sich selbst reimenden Substantivs *fin* (913/4) ist nur eine geringe.

---

¹) Der Triphtong *iau* darf mit *au*, wie hier, reimen, ebenso darf einem *ué* ein *ié* gegenüberstehen: *cuer* : *requier* (209/10), s. Tobler, Vb.³ S. 138.

²) Allerdings lautet die ganze Stelle in Hs. 1553 anders.

Du chevalier au barisel.

Entre Normendïe et Bretaingne,
en une terre mout estraingne,
manoit jadis uns mout haus hom,
qui mout estoit de grant renon.
5 Pres de la marche sor la mer
avoit fet un chastel fermer,
qui mout estoit bien batilliez,
si fors et si bien artilliez
qu'il ne cremoit ne roi ne conte
10 ne duc ne prince ne visconte.
Et li hauz hom dont je vous di
estoit, si com je l'entendi,
trop biaus de cors et de visage,
riches d'avoir et de lignage;
15 et si paroit a son vïaire
qu'el mont n'ëust plus debonaire,
mais fel estoit et desloiaus,
et si trahitres et si faus,
et si fiers et si orguilleus,
20 si estouz et si desdaingneus
qu'il ne cremoit ne Dieu ne homme:
tout le païs, ce est la somme,
avoit destruit environ lui.
Il ne pooit trover nului
25 qu'il ne feïst honte du cors;
trop ert en lui grans li descors.
Il gardoit si pres les chemins,
qu'il retenoit les pelerins;
et destorboit les marchëanz:
30 mout en fist sovent de dolanz.
Il n'espargnoit ne clerc ne moine

renclus n'ermite ne chanoine;
et les nonnains et les convers,
o plus erent a Dieu ahers
35 ceus fesoit il a honte vivre,
quant il les tenoit a delivre,
et les dames et les puceles
et les veves et les anceles.

f. 1 r° col. 2. Il n'espargnoit sage ne niche,
40 tout prenoit, le povre et le riche;
mout de gent ot chacie a honte,
tant en ocist, n'en sai le conte.
Onques ne vout prendre moillier,
quar trop se cuidast avillier;
45 s'a une fame fust mariz,
il cuidast bien estre honiz.
En toz tens voloit char mengier,
ja n'en vousist jor espargnier.
De messe oïr n'avoit il cure
50 ne de sermon ne d'escripture.
Toz les preudoumes honissoit.
Je ne cuit que ja mes hom soit
qui tant par fust de put afere.
Toz les maus penssoit qu'om puet fere;
55 en diz, en fez et en penssez,
toz les ot en lui amassez.
Ensi vesqui plus de .XXX. ans,
ainz de ses maus ne fu cessanz.
Ensi passa li tens et vint,
60 et tant qu'a un quaresme avint
tout droit au jor du bon devendres.
Cil qui vers Dieu n'estoit pas tendres
se fu levez mout tres matin;
a ses genz dist en son latin:
65 „Atirez tost mes venoisons
quar il est de mengier sesons;
je voudrai matinet mengier,
et puis s'irommes gaaingnier."
Li keu furent tuit esbahi,
70 si respondent triste et mari:

„Nous ferons vo volenté, sire,
mes vous poez assez miex dire;"
et quant si chevalier l'oïrent,
qui plus de cuer a Dieu tendirent,
75 lors li disent sans contredit:
„Lerres", font il, „qu'avez vous dit?
Il est quaresmes et sains tans,
et si est li venrediz granz
que Diex souffri la passïon,
80 pour nous metre a sauvacïon,
que toz li mons doit hui jeuner,
et vous, vous voulez desjeuner
et mengier char a male estrine!
Toz li mons est en descipline
85 en jëunes, en abstinance;
nis li enfant font penitance,
et vous volez hui char mengier!
Diex se doit bien de vous vengier,
f. 1 v° col. 1. si fera il certes encore."
90 „Par foi", fet il „ce n'ert mïe ore,
ançois avrai mout de maus fez
hommes penduz, ars et desfez."
„Avez en vous", font il, „respit
de fere Dieu tant de despit?
95 Or dëussies sanz nul sejour
a Jhesucrist no Crëatour
crïer et plorer voz pechiez
dont vous estes si entechiez."
„Plorer"? fait il, „est ce gabois?
100 Je n'ai cure de tel harnois;
mais vous plorez, et je rirai,
que ja certes n'i plorerai."
„Sire", font il, „ce est la somme:
En cel bois a un mout saint homme,
105 ou les genz se vont confesser
qui de lor maus vuelent cesser;
alons, si nous i confessons
et noz malices delessons.
On ne doit pas toz jors mal fere,

110 ainz se doit on a Dieu retrere.“
„Confesser?“ fet il, „.c. dïable!
Enterrai je de ce en fable?
Honiz soit qui por ce ira
ne qui les piez i portera.

115 Mes s'il avoit auques a prendre,
je iroie bien por lui pendre.“
„Sire“, font il, „i vendrez vous?
Fetes ceste bonté por nous.“
„Por vous“, fet il, „irai je bien,

120 quar por Dieu n'en ferai je rien:
vostre compaignie m'i maine.
Amaine mon cheval, amaine!
s'irai avec ces papelars.
Miex ameroie .II. marlars,

125 voire .II. bien petiz moissons
que toutes leur confessïons,
mes je i vois pour eus trufer.
Quant il s'erent fez confesser,
s'iront rober de mainte part;

130 c'est la confessïons Renart
qu'il fist entre lui et l'escoufle:
tels confesse chiet a un soufle.“
„Sire“, font il, „or montez donques;
que cil Diex qui ne menti onques

135 face de vous sa volenté
et vous doinst vraie humilité.“
„Par foi“, fet il, „ja ce n'aviegne
que point d'umilité me viegne

f. 1 v° col. 2. ne que je deboneres soie,
140 que ja mes cremus ne seroie.“
A tant se sont a voie mis.
Cil en qui est li anemis
va derriere eus trestout chantant,
et cil vont devant lui plorant.

145 Si homme vont tuit devant lui;
il ne leur fait fors dire anui,
et ramposner, pincier et poindre,
et cil aussi com por lui oindre

dïent tout a sa volenté.

150 Tant vont le droit chemin ferré
qu'il sont venu sanz nul arest
en l'ermitage en la forest.
Leenz entrerent, c'est la somme,
el moustier truevent le saint homme;

155 et lor sire est remez defors,
qui mout estoit et fel et fors,
et outrageus et plus irous
que chiens dervés ne leus warous;
ses piez regarde mout sovent,

160 si se rafiche fierement.
„Sire“, font il, „quar descendés,
venez ens, si vous amendés,
si proierez viaus Dieu merci.“
„Je ne me mouverai de ci“,

165 fet il, „por coi le proieroie,
quant je por lui rien ne feroie?
Mes esploities tost vostre afere
quar la dedens n'ai je que fere;
bien croi que toute ma jornee

170 me toudra ceste demoree.
Or oirrent fort li pelerin
et marchëant par le chemin
que dëusse deschevauchier,
or s'en iront sanz encombrier;

175 se m'aït Diex, ce poise mi:
J'amaisse miex par saint Remi
vous ne fussiez ja mes confes
qu'il s'en alaissent si en pes.“
Cil voient bien, n'en fera el,

180 el moustier vont devant l'autel,
si parlerent au saint hermite;
chascuns a sa besoingne dite
au plus belement que il puet,
et l'ermites si come il seut

185 les a rassaus mout doucement,
mais que ce fu par un couvent:
qu'a toz jors me se garderont

de mal fere tant com porront.

f. 2r° col. 1. Il li otroient bonement,
190   et puis li proient doucement:
„Sire, no mestre est ça devant,
por Dieu quar l'apelés avant,
quar il n'i veut venir por nous,
ne sai s'il i vendra por vous.“
195   „Certes“, fet il, „seignor, ne sai,
je m'en vueil bien metre en l'essai;
mes je le vois mout redoutant.“
Adont s'en vait tout apoiant
li foibles hom a un baston,
200   esraument a dit au baron:
„Sire, bien soiez vous venus!
On doit bien metre toz maus jus
et repentir et confesser
et doucement a Dieu penser.“
205   „S'i penssez bien, qui vous desfant?
que je n'i pensserai nëant.“
„Si ferez, voir, biaus sire chiers;
puis que vous estes chevaliers,
vous devez avoir gentil cuer.
210   Je sui prestres, si vous requier
por celui qui la mort souffri,
quant en la croiz por nous s'offri,
que vous parlez un poi o moi.“
„Parler! dëable, et je de qoi?
215   Qu'avez vous a moi a partir?
Je sui legiers a departir
et de vous et de vo meson,
miex ameroie un cras mouton.“
„Sire“, fet il, „je le croi bien;
220   or ne fetes dont por moi rien
fors que tant seulement por Dieu.“
„Or a en vous trop fier plaidieu,“
fet li sires; „quant leenz iere,
ja n'i ferai bien ne proiere
225   ne aumosne ne oroison.“
„Sire, au mains verez no meson

et no chapele et no couvent."
„G'irai", fet il, „par tel covent
que ja aumosne n'i ferai
230 ne patrenostre n'i dirai."
„Sire", fet il, „or i venez;
s'il ne vous siet, si retornez."
„Vous ne cesseriez", fet il, „hui".
Lors descendi tout par anui.
235 „Orenz", fet il, „a male joie
fust hui emprise ceste voie,
mar me levaisse je si main."
Li bons hom le prist par la main,

f. 2 r° col. 2. mout doucement avant l'apele,
240 si le mena en sa chapele
tant qu'il vint devant son autel.
„Sire", fet il, „il n'i a el:
or estes vous en ma prison;
or nel tenez a mesprison,
245 s'il a moi vous covient parler.
Por tant me porriez decoler
que vous ja mes m'eschapissiez
por rien que fere pëussiez,
si m'avrez dite vostre vïe."
250 Cil qui fel est et plains d'envïe
li respont: „Certes, non ferai
et por tant, voir, vous tuerai,
quar ja de moi n'orrez neent;
lessiez m'aler delivrement."
255 „Sire", fet cil, „vous n'en irez,
ainçois, s'il vous plest, me direz
et vostre vïe et voz pechiez
dont vous estes si entechiez;
je vueil savoir trestout vostre estre."
260 „Non ferai, voir", dist il, „dant prestre.
Ja mon couvine ne savrez;
je ne sui pas si enyvrez
que je deïsse rien por vous."
„Non, mes por Dieu le glorious
265 le me dites et je l'orrai."

„Ja certes ne m'entremetrai.
M'amenastes vous por ce ci?
Pres va que je ne vous oci,
s'en seroit li mondes delivres;
270 vous me samblez ou fols ou yvres
qui mon estre volez savoir,
et encore par estavoir
me volez fere a force dire;
or estes vous, voir, plus que sire
275 qui par force me volez fere
dire ce dont je n'ai que fere.“
„Si ferez“, fet cil, „biaus amis;
que cil qui en la croiz fu mis
vous mete a vraie penitance
280 et vous doinst tant de repentance
que vous connoissiez voz pechiez;
j'escouterai, or commenciez!“
Lors le regarde li tyranz
qui fel estoit et mal queranz.
285 Li preudom ot paor mout fiere,
ne garde l'eure cil le fiere;
mes il met tout en aventure,
se li ramentoit l'escripture
f. 2 v° col. 1. et li dist mout tres doucement:
290 „Frere, por Dieu omnipotent
dites moi vians un seul pechie;
se vous aviiez commencie,
bien sai que Diex vous aideroit
a raconter vo vïe a droit.“
295 „Ja, voir“, fet il, „nul n'en orrez.“
„Si ferai, voir.“ „Vous non ferez.“
„Comment? Si ne m'en direz rien
ne si ne vaudrez fere bien?“
„Non, voir; a tout cest duel morrez
300 que ja riens dire ne m'orrez.“
„Si ferez, voir, cui qu'il anuit,
ainz serez ci dusqu'a la nuit
que je n'en sache aucune chose.
Or vous di tant a la parclose:

305   Je vous conjur de Dieu meïsme
et de la grant vertu hautisme.
Il est hui jors que Dieu souffri
la mort et en la croiz pendi;
je vous conjur de cele mort
310   qui l'anemi destruit et mort,
des sainz, des saintes, des martirs
que voz cuers ne soit plus entirs,
ainz vous commant," fet li hermites,
„que vous toz voz pechiez me dites,
315   et si n'alez plus atendant!"
„Or me menez vous trop tendant͞u,
fet li sires, qui toz fu pris;
lors fu si mas et si sorpris
qu'il en devint trestous honteus.
320   „Comment", fet il, „estes vous teus
que par force dire m'estuet,
puis qu'autrement estre ne puet?
'Maugre moi, voir, le vous dirai,
mes ja certes plus n'en ferai."
325   Lors li commence en une tire
toz ses pechiez par mout grant ire,
mot a mot trestout li conta
que onques riens n'i mesconta.
Quant il ot sa confesse dite,
330   lors si a apelé l'ermite:
„Or vous ai contez toz mes fais;
estes vous ore bien refais?
Qu'en estes vous ore encressiez?
James, je cuit, ne fussiez liez,
335   se n'ëusse dit tout a fait
tout ce que j'ai el monde fait.
Or ai tout dit; qu'en ert il ore?
Lerez me vous en pais encore?
f. 2 vᵒ col. 2.   Or m'en puis je mout bien aler.
340   James ne quier a vous parler
ne vëoir de l'ueil que je aie;
vous m'avez bien batu sanz plaie,
qui par force m'avez fet dire."

Li bons hom n'ot talent de rire,
345 ainz en pleure mout tendrement
por ce que cil ne se repent.
„Sire", ce a dit li preudom,
„vous avez bien dit vo reson,
mes que ce est sanz repentance;
350 s'or voliez fere penitance,
si m'avriez auques rapaié."
„Or m'avez", fet cil, „bien paié,
qui penëant me volez fere.
Dehez ait qui en a que fere
355 ne qui ja veut que je le soie!
Et se je fere le voloie,
quel penitance me donriez?"
„Certes tele com vous voudriez."
„Dites le dont." „Volentiers, sire:
360 Por toz voz pechiez desconfire,
Vous junerez un poi de tanz
les vendredis dusqu'a .VII. anz."
„.VII. anz, fet il? Non ferai." „Trois".
„Non, voir." „Les vendredis d'un mois."
365 „Tesiez vous en, riens n'en feroie,
c'est ce que fere ne poroie."
„Si alez deschauz un seul an."
„Non ferai, par saint Abraham."
„Ales en langes sanz chemise."
370 „Ma char seroit tantost remise
et estranglee de vermine."
„Si prenez une descipline
chascune nuit d'une vergele."
„Ci a", fet il, „pesme novele;
375 ce ne poroie je souffrir,
ne mon cors batre ne ferir."
„Si alez", fet il, „outre mer."
„Cist mot", fet il, „sont trop amer;
tesiez vous en, ce est oiseuse,
380 quar la mer est trop pereilleuse."
Alez a Romme ou a saint Jame."
„Je n'irai point", fet il, „par m'ame."

„Alez chascun jor au moustier,
si escoutez le Dieu mestier,
385 si soiez tant a genillons
qu'aiez dites .II. oroisons,
la patrenostre et le salu,
por ce que Diex vous doinst salu."

f. 3 r° col. 1. „Trop i avroit", dist il, „grant luite.
390 Toz cis aferes riens n'afruite,
quar certes je n'en ferai rien."
„Comment? Si ne ferez nul bien?
Si ferez, se Dieu plest et vous,
ainçois que vous partez de nous.
395 Or me fetes seulement tant
por amor Dieu le tout poissant
que portez mon bariselet
ci devant a cest ruisselet;
en la fontaine le puisiez,
400 si ne serez mïe bleciez,
et se vous plain le m'aportez,
cuites serez et deportez
des pechiez et de penitance,
dont vous ja mes n'avrez doutance,
405 ainz praing toz voz pechiez sor moi.
Or avez penitance a moi."
Li sires l'ot, de desdaing rit,
et puis parla, se li a dit:
„Ci n'a", fet il, „mïe grant paine,
410 se je vois a cele fontaine;
ceste penitance ert tost faite.
Or ça", fet il, „puis qu'il me haite!"
Li preudom le baril li baille,
et cil ausi com lui ne chaille
415 prist le baril mout vistement.
„Jel praing", fet il, „par tel couvent
que ja mes repos ne prendrai
de si que plain le vous rendrai."
„Et jel vous baille ainsi, amis."
420 Et cil s'est a la voie mis.
Li homme voudrent apres corre,

mes il s'en sot mout bien rescorre;
„ja, voir", dist il, „n'i vendra nus."
A la fontaine en est venus,

425   dedenz la fontaine le boute,
mes ainz dedenz n'en entra goute,
et si l'essaie de toz sens;
a poi que il n'ist fors del sens.
Dont cuide qu'il l'ait estoupé:

430   un baston a dedenz bouté,
mes il le trueve vuit par tout;
et cil qui le cuer ot estout
le reboute par grant aïr
en la fontaine por emplir,

435   mes ainz goute n'en i entra.
„Por la mort Dieu, ce que sera?"
fet il, „n'en i enterra grains?"
Dont fu li barisiaus rempains

f. 3 r° col. 2.   en la fontaine de rechief;

440   mes s'il dëust perdre le chief,
n'en entrast il goute dedenz.
Cil qui d'angoisse estraint les denz
par mout grant ire se leva,
a l'ermite s'en retorna,

445   trestoz plains d'angoisse et d'ardure,
mout durement s'afiche et jure
et dist: „Par Dieu, je n'en ai goute
et si ai mis m'entente toute;
ainz ne m'en soi tant entremetre

450   ne le baril par dedenz metre
c'onques dedenz en entrast lerme,
mes par celui qui me fist l'erme
ja mes nul jor repos n'avrai
ne nuit ne jor ne finerai

455   si l'averai tout plain rendu."
Adonc apela le rendu:
„Vous m'avez mis en mal trepeil
por le dëable de bareil;
mar fust il charpentez ne fez,

460   quant por lui avrai si grant fez,

que ja mes jor n'avrai sejor
ne bien ne aise nuit ne jor,
ne ja mes n'ert mes chiez lavez,
ne ne serai tonduz ne rez,
465   ne mi ongle n'erent tondu,
s'erent mi covent atendu;
et tout a pie ne finerai,
et sanz monoie m'en irai,
que ja n'en porterai denier,
470   pain ne viande en mon doublier."
L'ermites l'ot, tendrement pleure.
„Frere", fet il, „a com male eure
vous nasquistes onques de mere!
Com vostre vie est tres amere!
475   Certes, s'uns énfes l'ëust mis
en la fontaine et ademis,
si l'ëust il puisié tout plain,
et vous n'en avez nis un grain.
Lerres, ce est par voz pechiez
480   que Diex s'est a vous coronciez,
mes or veut Diex par sa pitance
que vous fetes vo penitance
et que vo cors por lui grevez;
or ne soiez mie dervez,
485   mes servez Dieu bien doucement."
Et cil respont ireement:
„Por Dieu, certes, nel faz je mie,
ainz le faz par fine arramie
f. 3 v° col. 1.   et par grant ire et par anui,
490   ce n'ert por bien ne por autrai."
A ses hommes dist fierement:
„Or tost", dist il, „alez vous ent,
et mon cheval en remenez,
en vo païs qois vous tenez;
495   se vous de moi oëz parole,
ne leur en dites nule escole,
ne un ne el, ne ce ne coi,
mes tenez pais, si soiez qoi,
et si vivez a vo maniere,

500 quar je sui cil qui ja mes n'iere
    jor sanz travail ne sanz esoil
    por cest dëable de baril
    que maus feus et male flambe arde;
    li maufé l'ont ëu en garde
505 qui l'ont, je cuit, tout enchante,
    mes je vous di par verite:
    Ainz cercherai a la roonde
    trestoutes les eves du monde
    que je tout plain ne li raport."
510 Adonc s'en va sanz nul deport,
    si est issuz fors de la porte,
    le barisel a son col porte,
    mes tant sachiez, au dire voir,
    qu'il n'en porte nes tant d'avoir
515 dont il preïst .IIII. festus,
    fors les dras qu'il avoit vestus.
    Ainsi se mist toz seus a voie,
    que nus fors Dieu ne le convoie.
    Or sachiez que par tens savra,
520 quels privances il trovera
    et nuit et jor, et soir et main,
    puis qu'il va par estrange main;
    il avra pou de ses delis
    et durs osteus et povres lis
525 et poi pain et froide cuisine;
    povérte ert sovent sa voisine,
    assez avra paine et travaus.
    Passa les tertres et les vaus;
    a chascune eve que il trueve
530 son baril i met et esprueve,
    mes ne li vaut, quar rien n'en prent;
    et toz jors alume et esprent
    sa grant ire trop le demaine,
    bien pres de demïe semaine,
535 c'ainc de mengier ne li sovint
    ne que volentez ne l'en vint.
    Par grant aïr toz enlumine,
    mes quant il voit que la famine

f. 3 v° col. 2. l'assaut qu'il ne s'en puet desfendre,
540   se li covint sa robe vendre
et changier, qoi que nus vous die,
por une povre hiraudie,
qui mout estoit povre et cincheuse
et a tel homme mout honteuse:
545   n'avoit mance ne mancheron
n'il n'a chape ne chaperon.
Oirre par plaines et par vaus;
le vis qu'il avoit cler et biaus
ot bien changie et noir et taint.
550   A chascune eve qu'il ataint
son barisel met et esprueve,
mes mout poi li profite s'uevre,
quar n'en puet goute recevoir
por nul travail qu'il puist avoir,
555   et s'en sueffre trop et endure;
mout avoit povre vestëure,
tost fu escillíe et alee.
Trespassé a mainte valee
et maint grant tertre toz deschaus;
560   oirre par froiz, oirre par chaus,
oirre par mi ces sauvecines
par mi roinsces et par espines:
Sa char est en maint leu desroute,
li sans en chiet par mainte goute;
565   Granz paines a et granz anuis.
Or a maus jors et males nuis,
or est povres, or est mendis,
or a ramposnes et lais dis,
or n'a ne robe ne chatel,
570   or ne puet il trover ostel,
or trueve il les genz si embrons,
si tres crueus, si tres felons
por ce qu'il le voient si nu,
si grant, si fort et si membru.
575   si lait, si taint et si hallé,
jusqu'aus cuisses estrumelé,
si que chascuns, n'est mïe doute,

7

a herbregier mout le redoute,
si que sovent gisoit aus chans.

580 En lui n'avoit ne geus ne chans,
mes tant grant ire et grant anui,
et tant vous puis dire de lui
qu'ainc ne se pot humelïer
ne son las cuer amolïer,

585 fors tant qu'a Dieu se dementoit
des granz mesaises qu'il sentoit;
mes c'estoit en esmerveillant,
quar ce n'ert mie en repentant.

f. 4 r° col. 1. Quant li avoirs fu despenduz
590 de qoi il ot ses dras venduz,
si n'ot mie de pain ou prendre;
or l'estovra par force aprendre
a truander, s'il veut mengier;
Or sont passe tuit si dangier,

595 quar ja mes aise n'avera,
mes mal assez tant com vivra.
Sovent june .II. jors ou .III.,
et quant ses cuers est si destrois
qu'il ne puet plus le fain souffrir,

600 si va querre par grant air
du pain, ou morselet ou piece;
apres si oirre une grant piece.
Ainsi cercha trestout Anjou,
le Maine, Toraine, Poitou,

605 Normendïe, France, Borgoingne,
Provence et Espaingne et Gascoingne
et Honguerïe et Morïane
et Puille et Calabre et Toscane
et Alemaingne et Romenïe

610 et toz les plains de Lombardïe
et Loheraine et tout Ausai,
par tout met son cuer a essai.
Ne sai que plus vous conteroie;
trestoute jor conter porroie

615 toutes les tristeces qu'il ot,
mes tant vous di a .I. seul mot

qu'entre la mer ça d'Engleterre
qui cest païs clot et enserre
jusqu'a Barlet qui siet sor mer
620   ne savroie terre trover
que il n'ait cerchíe et fustee,
ne riviere qu'il n'ait tentee,
lai ne vivier, tai ne fontaine,
eaue enferme ne eaue saine
625   ou n'ait son barisel plongie,
mes il n'en a goute puisie;
onques dedenz n'en entra grains
ne por le plus ne por le mains,
et si a mis toute sa force,
630   et plus et plus ades s'esforce.
Et par mi trestoute sa paine
qu'il ot si forte et si grevaine
une merveille li avint
quar onques en cel leu ne vint
635   qu'il trovast qui bien li feïst
ne bien par amor li deïst,
mes ausi que tout le haïssent,
le ledengent et escharnissent;

f. 4 r° col. 2. nus ne li dist se honte non
640   a champ n'a bois ne en meson,
ne por honte c'om li puist dire
ne veut ne tencier ne mesdire
a nului, quar tant ne l'adaingne,
ainz het tout le mont et desdaingne
645   Que vous diroie? Tant ala
et sus et jus, et ça et la,
tant que ses cors fu si atains
et si tres noirs et si tres tains
qu'a grant paine le conëust
650   nus hom qui tant vëu l'ëust:
les cheveus lons et hericiez
dusqu'aus espaules toz loquiez;
le front, le visage et les canes
avoit ausi noir com couanes;
655   le col qu'il soloit avoir gros

ot lonc et gresle jusqu'a l'os;
de faim estoit trestoz pelus,
les sorcius granz, les iex repus,
et les costéz toz descouvers
660 et le cuir si aus os aers
que les costes qui desouz erent
par mi la pel toutes li perent,
les cuisses et les jambes nues,
noires et gresles et menues;
665 les ners li perent et les vaines
des les orteus jusques es aines,
ne n'ot ne tissu ne filé;
mout est noir et taint et hallé.
Avoec ce qu'il estoit si tains
670 ert si foibles et si atains
qu'a paines se puet soustenir:
A un baston l'estuet tenir,
dont il s'apoie quant il va;
li barisiaus mout li greva
675 qu'il ot porté sanz nul sejor
un an et par nuit et par jor.
Que vous diroie? En tel ahan
fu li siens cors trestout un an.
Merveille est qu'il a tant duré.
680 Tant a souffert et enduré
qu'il set mout bien que plus ne puet.
Grant chose a ou fere l'estuet.
Arriere dist qu'il s'en rira,
mes ja l'ermite n'en rira,
685 ainz ploverra, mes qu'il le voie.
A tant se met cil a la voie
tout apoiant de son baston,
sovent se plaint a mout haut ton;
f. 4 v° col. 1. toutes voies tant s'esforça
690 qu'a l'ermitage s'adreça.
Au chief de l'an, le jor meïsme
qu'il departi del leu saintisme,
le jor del tres grant vendrèdi,
trestous si fez que je vous di

695 a l'ermitage s'en revint.
Huimes orrez com lui avint:
Leenz entra mout doleretis;
l'ermite estoit leenz toz seus,
qui de lui ne se prenoit garde,
700 a grant merveille le regarde
por ce que il le vit si fait,
si desrochie et si desfait;
onques de lui ne connut rien
mes son baril connut il bien,
705 qu'il avoit a son col pendu,
autre foiz l'avoit il vëu.
Adonc l'apela li sainz pere,
se li a dit: „Biaus tres douz frere,
quel besoing vous amena ça?
710 Et cel baril qui vous charja?
Je l'ai vëu par maintes foiz;
hui a un an, tout sanz defoiz
le charjai au plus tres bel homme
qui fust en l'empire de Romme .
715 et au plus fort, ce m'est a vis,
je ne sai s'il est mors ou vis,
quar onques puis ne revint ci;
mes or me di par ta merci
quels hom tu es et si te nomme,
720 ainz mes ne vi si tres povre homme
come tu es ne si despris;
se Sarrasin t'ëussent pris,
s'es tu assez povres et nus.
Je ne sai dont tu es venus,
725 mes tu as trove male gent."
Et cil respont ireement,
qui ert encore en sa grant ire,
par mautalent li prist a dire:
„En si fet point m'avez vous mis."
730 „Ha! Je, comment", fet il, „amis?
Ne sai que je te vëisse onques.
Que t'ai mesfet? Di le moi donques;
se je puis, si l'amenderai."

„Sire", fet cil, „je vous dirai:
735 Je sui cil que vous confessastes
hui a un an, et me charjastes
en penitance vo baril,
qui m'a mis en si grant escil
f. 4 vᵒ col. 2. com vous veez." Lors li raconte
740 de son voiage tout le conte
et des païs et des contrees
et des terres qu'il a outrees
et de la mer et des rivieres
et des eaues granz et plenieres.
745 „Sire", fet il, „tout ai anté,
par tout ai le baril bouté,
mes ainz dedenz n'en entra goute,
et si ai mis m'entente toute,
que bien sai que par tens morrai
750 et que plus vivre ne porrai."
Li preudom l'ot, s'en ot grant ire,
par mout grant duel li prist a dire:
„Lerres, lerres", dist li hermites,
„tu es pires c'uns sodomites
755 ne chien ne leu ne autre beste.
Je cuit par les iex de ma teste,
s'uns chiens l'ëust tant trahine
par tantes eves, par tant gue,
si l'ëust il puisie tout plain
760 et tu n'en as nis un seul grain!
Or voi je bien que Diex te het,
ta penitance nient ne set,
quar tu l'as fet sanz repentance
et sanz amor et sanz pitance."
765 Lors plore et crïe et tort ses poins,
dont fu ses cuers si parfont poins
qu'il s'escrïa a haute voiz:
„Diex, qui tout pues et sez et voiz,
regarde ceste crëature
770 qui a mene vïe si dure,
qui cors et ame a tout perdu
et le tens por nient despendu!

Sainte Marĭe, douce mere,
quar proiez Dieu vo souvrain pere
775 par son plesir que il lo gart
et de ses biaus iex le regart!
S'onques fis rien qui bonne fust,
tres douz Diex, ne qui vous plĕust,
dont vous pri je orendroit ci
780 que vous fetes cestui merci
qui par moi est en tel destrece.
Diex, ne suefres que sa povrece
soit perdue par vo pitance,
mes tornez l'i a penitance!
785 Diex, s'il i muert par m'achoison,
rendre me couvendra reson,
si en ert trop aigres mes deus.
Diex, se tu prens l'un de nous .II.,
f. 5 r° col. 1. lesse moi qoi en aventure
790 et si pren ceste crëature!"
Lors pleure mout tres tendrement.
Li chevaliers mout longuement
l'a regardé sanz dire mot
et dist en bas que nus ne l'ot:
795 „Certes, je voi une merveille,
de qoi mes cuers mout s'esmerveille,
que cis hom ci ne m'apartient,
ne tant ne quant a moi ne tient
fors que de Dieu le souvrain roi,
800 et se destruit ainsi por moi,
por mes pechiez pleure et souspire.
Or sui je certes toz li pire
qui soit et li plus viex pechiere,
que cis hom a m'ame si chiere
805 qu'il se destruit por mes pechiez,
et je, qui en sui entechiez,
n'ai mie en moi tant d'amistie
que je en aie nes pitie;
et il en est si adolez.
810 Ha! Tres douz Diex, se vous volez,
donez moi tant de repentance

par vo vertu, par vo poissance
que cist preudom soit confortez
qui si en est desconfortez!
815 Diex, ne souffrez que ceste paine
soit a m'ame vuide ne vaine;
toutes voies por mes pechiez
me fu li barisiaus carchiez,
et je por mes pechiez le pris.
820 Douz Diex, se je i ai mespris,
or en fetes vo volente,
et vez me ci tout apreste!"
Et Diex tout maintenant i oevre,
quar son cuer descombre et descuevre
825 d'orgueil et de toute durte,
si l'empli tout d'umilite
et d'amor et de repentance
et de paor et d'esperance,
dont se prist ses cuers a confondre
830 et par ses iex en lermes fondre.
Lors geta puer trestout le mont,
et lermes rampent contremont
de son cuer, qui onques n'estanche,
toutes ardanz en repentance,
835 et getoit uns si granz souspirs
que ce sambloit que ses espirs
a chascun cop li sailloit hors.
Sa repentance fu si fors
que ses cuers fust par mi crevez,
840 s'en lermes ne fust escurez;
f. 5 r° col. 2. mes il les rent par tel foison
que ce n'est se merveille non.
Si grant dolor au cuer li touche
qu'il ne puet parler de la bouche,
845 mes il a Dieu bien en covent
dedenz son cuer mout tendrement
que ja mes pechie ne fera
ne vers Dieu riens ne mesfera.
Or voit Diex bien qu'il se repent.
850 Li barisiaus a son col pent,

qui li a fet trestant d'anuis,
mes encore est li baris vuis,
et c'estoient tout si desir
que le baril pëust emplir.
855 Et Diex qui vit son desirrier
qu'il se voloit a droit aidier
qu'il n'i avoit point de faintise,
lors fist Diex une grant franchise
et une bele cortoisïe;
860 et por ce ne le di je mïe,
vilonïe ne fist il onques;
mes or oiez que Diex fist donques
por son ami reconforter,
qui mout se pot desconforter:
865 Par mi ses iex a grant destrece
une grant lerme si s'adrece,
que Diex atret d'un vrai sorjon;
ausi que d'un trait de boujon
vole el baril tout a droiture;
870 ce nous raconte l'escripture
que li baris fu si emplis
et de la lerme raëmplis
que li combles de toutes pars
en est espanduz et espars;
875 cele lerme fu si ardanz
de repentance et si boillanz
que li boillons en vint deseure.
Et li hermites li cort seure,
devant ses piez s'est estendus,
880 an.II. li a besiez toz nus.
„Frere", fet il, „biaus douz amis,
li sains Espirs s'est en toi mis!
Frere, Diex vous a regarde,
Diex t'a del puis d'enfer garde,
885 ja mes n'en seras entechiez:
Diex t'a pardonez tes pechiez.
Or soies liez, si te rehaite,
quar ta penitance as parfaite."
Lors ot li chevaliers tel joie

890 que je ne cuit que ja mes voie

f. 5 v° col. 1. fere tel joie a un seul homme,
et toz jors pleure, c'est la somme.
Lors apela le saint hermite,
se li a sa volente dite:

895 „Peres", fet il, „je sui toz tiens,
peres, tu m'as fet toz les biens.
Tres douz pere, se je pëusse,
com volentiers avoec vous fusse!
Ja mes, voir, ne m'en remuaisse,

900 toz tens vous servisse et amaisse,
mes je ne porrai plus durer,
la mort m'estovra endurer,
tres douz pere, por Dieu merci.
Hui a un an que je fui ci

905 si marvoiez et si dervez,
biaus douz pere, com vous savez,
si vous contai toz mes pechiez
par mout grant ire et corouciez
sanz repentance et sanz cremor;

910 or les vueil dire en grant amor
et a tres grant contrichïon;
ce soit par tel condicïon
que Diex qui est vïe sanz fin
me reçoive hui a bone fin."

915 Dist li hermites: „Biaus douz fiex,
loëz en soit li tres douz Diex
qui cest corage t'a presté,
et vez me ci tout apresté;
or les di donc et jes orrai."

920 Et cil commence; de cuer vrai
toute sa vïe li conta,
onques nul mot n'i mesconta,
a mains jointes et en plorant,
del cuer tendrement souspirant;

925 a granz flos en issent les lermes.
Quant li bons hom vit qu'il fu termes
de lui assaudre, si l'assaut
et si tres grant avoir li saut

com tout le cors de Jhesucrist,
930 sa grant bonte bien i descrist:
„Douz fiex, vez ci ta sauvete,
vez ci ta vïe et ta sante!
Crois le tu si?" „Oïl, biaus pere,
bien croi que ce est mes sauvere,
935 c'est cil qui toz sauver nous puet.
Hastes vous, quar morir m'estuet."
Et li sains hom s'i abandone,
le cors Dieu tout entir li done,
et cil le prent, ne se deçoit,
940 en bien tres grant bien le reçoit,
f. 5 v° col. 2. en amor et en verite
et en tres grant humilite.
Quant il fu acommeniez,
si fu si purs et si niez
945 qu'il n'i remest goute de lïe
ne de pechie ne de folïe.
Dont apela le saint hermite,
se li a sa volente dite:
„Biaus douz pere, je m'en irai,
950 proiez por moi, ja finerai;
je ne puis plus ci remanoir,
querre m'estuet autre manoir;
li cuers me faut, peres tres dous,
je ne puis plus parler a vous.
955 Tres douz pere, a Dieu vous commant,
mes en la fin vous di itant
que vous metez voz braz sor mi."
Et li bons hom plus n'atendi,
ainz l'embrace mout doucement
960 et de bon cuer et lïement;
devant l'autel s'est estenduz,
bien est ses cuers a Dieu renduz;
il clot ses iex et rent sa coupe,
en Dieu met s'esperance toute.
965 Ses barisiaus gist sor son pis,
qui li a fet mout miex que pis;
ainc ne le vout lessier oster

et mors et vis l'en veut porter;
seur son cuer gist sa penitance
970   et un flueve de repentance
li a si ruiste cop done
que Diex li a tout pardone,
trestout pechie et toute paine.
Li cuers travaille et li cors paine,
975   si les covient an.II. partir
et l'ame du cors departir;
si s'en issi si escuree,
si tres nete et si esmoree
qu'il n'i remest pechie ne tache.
980   Si tost com l'ame se destache
del cors et ele en fu issue,
li saint angele l'ont receue,
qui au cors estoient venu.
A l'ame est mout bien avenu,
985   que li saint angele l'ont hapee;
de grant peril est eschapee,
quar li anemis l'atendoit
qui tres bien avoir la cuidoit
et toz en ert sëurs et fiz,
990   mes il s'en va toz desconfiz.
f. 6 r° col. 1.   Et trestout ce vit li sainz hom
de chief en chief jusques en son,
quar il estoit esperitiex:
bien vit les angeles a ses iex
995   qui l'ame en portent avoec aus;
li cors remest nus et deschaus,
gisant a povre couverture.
Mes or oiez quele aventure
avint a son definement:
1000   que si chevalier proprement,
qui tuit furent entan o lui,
aus quels il fist trestant d'anui,
vindrent cel jor par oroisons
ainsi com fu droiz et resons,
1005   quar jors ert del grant vendredi.
Un poi devant le mïedi

vindrent leenz li poingnëor,
si troverent mort lor seignor;
bien reconnurent s'estature,
1010 son cors et toute sa feture,
et le baril connurent bien:
Leur sire fu, n'en doutent rien,
qui le cors ot si escillie.
Lors furent mout desconseillie
1015 por ce qu'il ne sorent comment
morut, ou bien ou autrement.
Chascuns d'aus mout se desconforte,
mes li preudom les reconforte,
si leur a dit la verite;
1020 de chief en chief leur a conte
trestout ainsi com li avint
et coment il a lui en vint,
et bien lor dist l'eure et le tans
qu'il fu confes et repentans,
1025 et comment l'ame fu ravie
la sus en parmenable vie,
et qu'il le vit apertement
porter aus angeles plainement,
Li chevalier grant joie en eurent,
1030 le cors mout hautement honeurent,
mout doucement l'ensevelirent,
apres la messe l'enfouïrent;
et quant orent but et mengie,
au saint preudomme ont pris congie.
1035 En leur païs en sont rale,
par tout ont dit et raconte
de lor seignor ce qu'il en sorent;
cil du païs grant joie en orent
et grant pitie tuit li plusor,
1040 s'en gracïent nostre seignor.
f. 6r° col. 2. Or vous ai dit toute la somme.
que il avint a cel haut homme,
si com li saint homme nous dïent,
qui n'en mescontent ne mesdïent,
1045 mes a voir dire tuit s'acordent

ne de nul bien ne se descordent;
cil dïent comment il ouvra
et comment Diex le recouvra.
Encor set Diex ainsi ouvrer
1050 et les pecheors recouvrer
qui a Dieu se vuelent retrere,
que nus ne set tant de mal fere,
mes qu'a Dieu vueille retorner,
que Diex nel vueille pardoner.
1055 Et nus ne doit nului despire,
chascuns doit cuidier estre pire,
et Diex qui les genz set forgier
genz set et puet a droit jugier,
quar si jugement sont soutil.
1060 Ci faut li contes du baril.
Li chevaliers ainsi fina.
Or prions Dieu qui tout crïa
qu'il plese a lui que il nous maint
en la gloire la ou il maint.

Explicit le dit du barisel.

Die Version der „Vies des Pères“.

de celui qui ampli le barril dune lerme.

f. 145 r° col. 1.　Uoirs est que chascuns cuers se preuue
selonc le pooir q̄ il treuue
li petit cuers a petit tent
si ꝯme manuestie la prēt
5　q⁵ le pie sor le col li tient
si ꝯ perece sor lui vient
ꝛ le bon cuer ades sadrece
a honor fere ꝛ a proesce
ꝛ el bn̄ fere se ꝯporte
10　si ꝯme sa lumiere porte
ci a gn̄t deuis ꝛ gn̄t fes
entre les bons ꝛ les mauues
le bn̄ est leḡ au p̄udome
ꝛ au mauues est ch'ge ꝛ sōme
15　.I. oisel est qui vit de proie
quant il la prise tost lasproie
ꝛ le cuer dou uentre li trait
ꝛ dou cuer se saole ꝛ paist
ja le cors ne regardera
20　ne por besoīg nē tastera
aussi damedex anul fuer
ne ꝗert ne ne viaut q̄ le cuer
dou pecheor qn̄t il la pris
si est sages ꝛ bn̄ apris
25　q⁵ en dieu son cuer abandone
ꝛ a bn̄ fere a lui se donne

f. 145 r° col. 2.　p̄ gaignier ioie sanz ire
.I. petit ꝯte uꝯ uoill dire

briefmt u⁹ en dire la some

30   jadis ot ē egipte .I. home

q͛ granz rentes ē sa maī tint

dont gñz ɔpaignies mātint

ꞇ il despendi largement

ne li chalut ou ne ɔm̄t

35   p̆ la gñt aise ou il estoit

ou durem̄t se delitoit

en obli mist dieu ꞇ son non

en despit ot ɔfession

ꞇ dist bñ q̄ musarz estoient

40   cil qui lor mesp͛son ɔtoient

as prouoires ꞇ as abez

ja p̄ aux ne seroit gabez

q͛ ia ɔfes ne se feroit

ne sa manuestie ne diroit

45   Longem̄t maītint ce folage

q̄ por peor de nul damage

ql eust ne se ɔfessa

ne sa fole esror ne lessa

tant cū sergent q̄ il auoit

50   q͛ sen cloeure sauoit

q͛ trop estoit ēracinee

.I. ior dune croiz a oree

li dist sire mlt̄ me m͛ueil

de ce q̄ u⁹ ueez a lueil

55   vr̄e damage ur̄e honte

q͛ a dieu ꞇ au siecle monte

de ce q̄ ne nos ɔfessez

ꞇ de mal fere ne cessez

veez ci la pasq̄ q͛ viēt

60   ou dex ne set q̄ cil de vient

f. 145 v⁰ col. 1. q͛ a cel ior ne q͛ert acorde

p̄ auoir sa misericorde

le doz pere q͛ au ior dui

souffri mors ꞇ paine ꞇ anui

65   encroiz por son pueple sauuer

---

52. Arsen. 3527: *de la crois.*

ι p̄ enfer desbarcter
tuit aloient a dāpnemͨt
devant son crucefiemͭt
ι p la croiz ou il morut
70 nͦ raaint toz ι secorut
ι nͦ ͻquist p sa franchise
q' crestiens en nule guise
ne puet aler adāpnemͭt
qˢ est ͻfes ι se repent
75 p ce q'l a cez .II. poïz p̓s
si deuez ͻme bn̄ ap̓s
qr̄e le ͻseil de ūre ame
musart est qˢ sor pierre same
ι qui ases piez met ι gite
80 la reson q̃ on li a dite
alons pler acel reclus
qˢ maīt en cel tertre la sus
prendom est ι de bone vie
neuͦ mes ͻseillera mie
85 ainz uͦ dira raison ι droit
ι giuois fet il orendroit
q' ia ͻpaignon ni aurai
ι ce quil me dira ferai
mes uͦ arriere moi uenrez
90 ι ͻpaignie meferez
sire uͦ auez mlt̄ bn̄ dit
petit set qui ce ͻtredit
autre chose plͦ ne ͻterēt
tantost a lermitage alerent
f. 145 vͦ col. 2. 95 en la roche ou cil ce seoit
qˢ por toz pecheors oroit
Il ot lor uenue mlt̄ chiere
ι ausegnor fist bele chiere
qˢ alui pla longement
100 de ses pechiez priueemͭt
ι cil bn̄ encerch' le sot

78. *Same* soll 3. Pers. Sing. Ind. Präs. von *semer* ‚säen‘
sein, vgl. *asane* zu *asener* im Yvain ed. Förster V. 4880.

quant toz ses pechiez dit li ot
si li dist sire bn̄ sachiez
de mal seroie tost chargiez
105 se gn̄t penitance ē portoie
ꝛ a ieuner me metoie
je sui .I. hom delicieus
ꝛ de bons morsiax ē vieus
si mestuet penitance auoir
110 q' fere puisse amonpooir
car lifes tost mabateroit
ꝛ enpechie me renbatroit
sire u⁹ laurez sipetite
q˙ ne doit estre ꝯtredite
115 dome tāt soit foible ne viaux
p foi ie ne u⁹ demant miaux
nautre chose ne u⁹ demāt
or oiez q̄ ie uos ꝯmant
ci desoz acele eue irez
120 ꝛ ce barillet porterez
tout maītenāt q˙l sera plaīs
ꝛ iel tenrai entre mes maīs
deuoz pechiez quites serez
mes de pech' vous garderez
125 ceferai ge legieromēt
a leue corut esraument
deseur la riuiere sasist
ꝛ le bareil en leue mist
f. 146 r⁰ col. 1. mes tant nes en sot entremetre
130 cune goute enpoist metre
amont ꝛ aual lessaia
mes ne lempli ne ne puisa
dont durem̄t se m'ueilla
son cors ꝛ same ē auilla
135 tant q˙l aferma ē son cuer
q˙l ne retorroit anul fuer
devant q̄ plaī lenporteroit
outremer auāt en iroit
tot maītenant se resorti
140 ꝛ de son dit serepenti

   ꝸ dit tel folie feroie

   qꞌ mafame ꝸ monor leroie

   ꝸ la gñt hautece ou iesui

   bñ sai ꝗ ꝯmefox mesmui

145 jehui matin de mameson

   p̆ dire ma confession

   se mal me viēt ceest adroit

   mes ie mē repent orendroit

   nifere mes apiece pꞌsse

150 nepor bareil ne por ꝯfesse

   a ce musart qꞌ ca men uoie

   qꞌ p son ienglois me desuoie

   ꝸ arriers ꝯment men irai

   se ie retor ie lidirai

155 qest ce fox ce ne porroit estre

   qꞌ ie iades die mon mestre

   james ne me retornerai

   a lauoie matornerai

   ꝸ ferai ce ꝗ iai p̆mis

160 p⁹ que afere me sui mis

   n'est pas pudom qꞌ se des dist

   de sa promesse deson dist

f. 146 rᵒ col. 2. jaice pramis ꝗ ie tenrai

   je men uois pl⁹ ni demorrai

165 dilueꝗ̄s septi atant

   cil qui de same douta tāt

   bñ sot ꝗ dex ne lamoit mie

   nen lui nauoit de bñ demie

   tot ades pꞌst le fraī as denz

170 tot suel as pluies ꝸ as uenz

   ꝸ asgelees ꝸ as froiz

   a pie sen na tot sāz h'nois

   einssi va lipeneanciers

   .II. anz ꝸ demi toz entiers

175 poures maigres ꝸ esfond⁹

154—155. Bibl. nat. 25498: *se ie retor que li dirai — retorner fox ce ne puet estre*; Arsen. 3527: *se jou retour las que diraj — retorner fos ce ne puet estre.*

entre pelez ꝷ haut tond⁹
esra ꝗ ne pot aꝛplir
son ueu ne lebareil ēplir
Un ior a dementer se pˢst
180 por froidure qui le sorpˢst
ꝷ dit las ou mesuige mis
qˢ de ioie me sui demis
issi uoil de honte morir
sencor peusse aꝛplir
185 ce ꝗ iai enpˢs ie neusse
nul mal tot p̃ sante leuse
las affamez esgarez nuz
bn̄ sui assis engameuz
las desꝛfit p mon folage
190 ꝷ p moncuer nice volage
detotes ioies essilliez
de tote uitaille auilliez
las qˢ fortune fet oltrage
dont ja ne me ploiera gage
195 ꝷ me flechit ꝷ fet lamoe
ꝷ ma mis p desoz saroe
f. 146 vᵒ col. 1. ꝷ antan estoie audesus
or ai tant fet il nia plus
belement ptir me ꝛuiēt
200 buer va amal qui senreuient
simest il bel ꝗ ꝗ ie die
quant ie por dieu maig ceste vie
je ne lai pas fet en pdon
einz en aurai bō gerredon
205 de dieu qui pecheors auoie
ꝷ qui toz ꝛfors lor enuoie
quant illi plest dui ademain
entāt ꝛ on torne samain

---

188. Die Stelle wird von Godefroy unter *gamauz* an-
geführt. — 192. Arsen. 3527: *uiute.* — 202. *maig* steht für *maing.*
— 208. *Torne sa main* scheint ἀπὸ χοινοῦ zum Voraufgehenden
und Folgenden zu stehen, so dass einmal *on* und das andere
mal *Diex* Subjekt wäre. Die Arsenalhandschrift 3527 hat die
Stelle anders gewendet.

totes choses ason voloir
210 a᾽ bon droit me doi ie doloir
jai bn̄ deserui ce q̃ iai
nus ne leset miex q̃ ie sai
Un ior auint p .I. orage
de p dieu li vint en corage
215 causaint h'mite reuenroit
ꝛ son barillet lirendroit
ꝛ li aconteroit sauie
dont n⁹ pereceus na ē vie
cil qui son oirre dut haster
220 li besoinz fet uielle troter
p̆ lamesaise quil auoit
qˢ de toutes pz li greuoit
arrieres semist auchemin
nest pas escrit en pchemin
225 en ꝰbn̄ sen reuint arriere
li h'mites abele chiere
en sa logete le recut
jafust q̃ pas nele ꝰnut
p̆ la maigrece por labit
230 le chr certain len fist
f. 146 v⁰ col. 1. ꝛ lebarillet limoustra
onques riens p lui ni entra
Qant le preudom la ꝰneu
ꝛ le barillet aueu
235 de ce quil fu repairiez sains
li h'mites aiointes mains
rendi graces a ihūcrist
ꝛ lez lui asseoir lefist
mlt̄ lacola ꝛ con ioi
240 ꝛ de lui uolent's oi
lauie quil ot puis menee
qˢ mlt̄ liot lachar tanee
ꝛ cil li ꝰta bonement
sauie ꝛ son errem̄t

219—220. Die beiden Verse sind entsprechend Arsen. 3527
umzustellen.

245 ꞇ dou bareil ꝯꝗs ne pot
enplir ne amaī ne apot
dont il estoit mlͦ entrep's
sire nꝰ auez los ꞇ pris
gaaignie ce dit li h'mites

250 de toz uoz pechiez estes qͬtes
qͬ auez fet si grant hachie
dont ioie uꝰ en est iugie
qͬ auez lessie voz hauteces
ꞇ uoz honors ꞇ uoz richeces

255 ꞇ uoz enfanz ꞇ ūre fame
p̄ lesauueīnt de ūre ame
q' dex li peres uꝰ otroit
si sachiez por uoir orendͦt
se en ce point uꝰ maītenez

260 q' es ciex seroiz coroñez
si prendrez autre penitance
tant qa dieu truissiez acordāce
cil qui ot le cuer hūble ꞇ doz
ꞇ adieu se fu donez toz

f. 147 rᵒ col. 1.   265 il dist frere tant ꝯ uiurai
autre penitance naurai
devant ꝗ ceste soit pfete
ꞇ damedex sagrace imete
lisires a qui tot apent

270 einssi de bō cuer me repent
si ꝯme ptir se vouloit
dou reclus qͬ por lui ploroit
ꞇ il meismes plora fort
come cil qui ꝯnut son tort

275 dep ihū crist li auint
q' lebarcil devāt lui tīt
vne deses lermes chai
ens qͬ le barillet ēpli
cefist dex qͬ pas nel hai

280 einssi cil son veu aꝯpli
ꞇ li fist dex sa demostrance
p saueraie repentance

qũt le miracle ē diu virēt
a damedex graces rendirent

285 ⁊ aioie fere se mistrēt
⁊ lor orison chas∂ distrēt
qaut sa pᵉere ot chas∂ dite
congie prist cil au .∫. h'mite
⁊ son bareil lirendi plain

290 tot maītenāt se mist au plaī
⁊ ases bñs sen retorna
⁊ abien fere satorna
p̃ lonor q̃ dex liot fete
qˢ est encor en bñ retrete

295 einssi lefist audire voir
qãt q̃ il pot el mont auoir
mist elseruise ih'ucrist
⁊ dex si gñt honor li fist

f. 147 rᵒ col. 2. qonor ent're li donna

300 ⁊ essainz ciex le corōna
car en lafin le troua mōde
einssi ∂q'st dieu ⁊ le monde
musarz est cil qui se demet
dela creance ou dex lemet

305 ⁊ qui nefet dacoustumāce
∂fession ⁊ penitance
p̃ cui t'stuit sauuez seron
⁊ en ioie sanz fin iron
se li maufez ne n∂ des uoie

310 qˢ par tot son mesage ē uoie
p̃ n∂ deceuoir ⁊ souprendre
.I. essamplo u∂ uoil apñdre
Sauez n∂ q̃ li forniers fet
de son chaut for la brese tret

315 tantost de lestouper se haste
q' la chalor ne se degaste
dou feu dōt il est eschaufez
tot autresi fet li maufez
qant il a lepecheor pris

---

283. Bibl. nat. 25438; *andui*, Arsen. 3527: *ambedoj*.

320 ⁊ p dedenz lasi espris
depechie le cuer ⁊ le cors
riens q̄ il puist nē. ira hors
ainz a en lui mis sigñt touche
q' ꝯfession desa bouche

325 nē puet issir ne autre cure
eincois se dort ⁊ asseure
li fox tant q̄ mort le sorp͞nt
⁊ lideables same p͞nt
qˢ enz elfeu denfer labaigne

330 einssi lifox ꝑte gaaigne
⁊ adieu sonpere mesfet
p ce q̄ confes ne se fet

f. 147 vᵒ col. 1. ⁊ cest .I. des poinz cesachiez
dont anemis est pl⁹ iriez

335 ⁊ dont ilest pl⁹ amalaise
sefetes chose qˢ desplaise
audeable dont dex soit liez
q' de uoz maux nouiax ⁊ viez
v⁹ getez par confession

340 si trouerez remission
⁊ lauoie douciel ouu꞊te
qˢ ce refuse si ait ꝑte
au fol doit bñ ꝑte venir
qˢ enson pechie uelt gesir

345 lisages doute ⁊ se repent
⁊ fol ne criēt devāt q̓l prent
cilfet gͭt sens qˢ se poruoit
tant ꝯme ē vie ⁊ sain seuoit

Anmerkungen zum „Chevalier au barisel".

7. *Batilliez*, in dieser Form auch sonst begegnend, steht für ursprüngliches *bataillez*, womit etwa *genillons* (V. 385) für *genoillons*, *apparissant* für *apparoissant*, *venison* für *venoison* zu vergleichen ist; *batilliez* heisst hier ‚befestigt‘, indem afz. *bataille* im Plural nicht nur ‚Schlachten‘ und ‚Schlachthaufen‘ sondern auch ‚Befestigungswerk an Mauern und Thürmen‘, ‚Zinnen‘ bedeutet.

8. *Artilliez.* Die ursprüngliche Form ist *atilliez*, wie sie auch Hs. 1553 aufweist; es liegt also epenthetisches *r* vor, s. über das Wort A. Thomas, Essais de philologie française S. 244.

15. ‚Und es schien nach seinem Gesichte‘ . . ., *et si* hier nur = ‚und‘, ebenso V. 315, 499, 719, 790, s. Diez, Gram.⁴ III, 404.

16. *Debonaire* ‚gutartig‘, zusammengewachsen aus *de bon aire* ‚von guter Herkunft‘ (Geg. *de mal aire, de put aire*), nfrz. *débonnaire*; dass die Verbindung schon in der alten Sprache als Adjektiv empfunden wurde, zeigt die Flexion, z. B. *deboneres* (V. 139).

18. *Trahitres.* Das *h* hat keine etymologische Bedeutung, vgl. *ahers* (V. 34). Der Obliquus lautet *trahitor*, ein flexivisches *s* ist daher nicht berechtigt, sondern erst in Analogie angetreten, vgl. *lerres* (76 etc.) *sires* (223 etc.). Nfrz. *traître* fungiert zwar auch als Adjektivum, allein *trahitres* ist hier Substantivum, und *si* gehört zu dem vorangehenden Verbum: ‚er war in solchem Grade Verräter‘, s. Tobler in Ztschr. XXI, 173.

19—20. *Orguilleus : desdaingneus.* Lat. freies *ō* in *-ōsum* erscheint hier als *eu*, ebenso *oiseuse : pereilleuse* (379/80), *cincheuse : honteuse* (543/4). Diese Reime sind sogenannte indifferente, da überall ebenso gut *ou* oder das ältere *o* gestanden haben könnte; auch *dolereus : seus* (697/8) beweist nichts. Dagegen dürfte *eu* sichergestellt sein durch den Reim 319/20: *honteus : teus* (= *tels*). Daneben haben wir freilich auch *-ous* in *irous* (157) und *glorious* (264), Wörtern, die mit *warous* und *vous* reimen. Vor *r* schwankt die Schreibung, wie gewöhnlich: *poingneor : seignor* (1007/8), *plusor : seignor* (1039/40), aber *pleure : eure* (471/2), *honeurent* (1030) im Reim mit *eurent*, *Creatour* (96) im Reim mit *sejour*, vgl. Suchier, Altfrz. Gr. S. 30.

22. *Ce est la somme*, häufige Wendung in erzählenden Gedichten, wenn zusammengefasst werden soll; oft steht sie auch ganz formelhaft, z. B. V. 153, 892.

25. *Qu'il ne feïst honte du cors* ‚ohne dass er einen Schimpf am Leibe angethan hätte', nämlich am Leibe des Betreffenden. — *Feïst* steht für ursprüngliches *fesïst* ($<$ *fecisset*), ebenso *deïsse* (V. 263) für *desisse* ($<$ *dixissem*), *preïst* (V. 515) für *presist*; die 2. Sing. Perf. *feïs* ist schon frühe nachzuweisen. Die Formen erklären sich durch Anbildung an *veïs* ($<$ *vidisti*), s. Behrens, Unorgan. Lautvertretung innerhalb der formal. Entwickel. des franz. Verbalstammes in „Französ. Studien" ed. Körting und Koschwitz III, 440 und Gröber, Gr. I, 617.

26. *Descors* bedeutet eigentlich ‚Nichtübereinstimmung'; gemeint ist hier wohl: sein Sinnen und Treiben stimmte so wenig überein mit demjenigen Anderer.

28. *Qu'il* habe ich aus Hs. 1553 aufgenommen, indem 7 *retenoit* in Hs. 837 ein offenbares Versehen des Schreibers ist.

32. Da ein Unterschied zwischen substantiviertem *renclus* und zwischen *moine* schwer zu erkennen ist, so wird man *renclus* als in adjektivischer Funktion stehend ansehen müssen, so dass *moine renclus* zusammen gehören, wie dies z. B. in Elie de Saint Gille ed. Förster V. 47 der Fall ist.

33. *Nonnains* und *convers* sind Accusative, welche durch *ceus* in V. 35 wieder aufgenommen werden; wegen dieses *ceus* musste *convers : ahers* (V. 33/4) aus Hs. 1553 aufgenommen werden gegenüber *converses : aherses* von Hs. 837.

34. Für das ziemlich befremdende *o* habe ich nicht gewagt, *com* aus Hs. 1553 einzusetzen, denn zur Not liesse sich eine rein lokale Beziehung rechtfertigen, indem man sich vorzustellen hätte, dass der Gewaltthätige in die Klöster eindrang und mit den Insassen an Ort und Stelle übel umsprang. — In der alten Sprache steht der Comparativ im Sinne des Superlativs in „Umstands- und determinativen Sätzen", daher hier nur *plus*, ebenso V. 74: *qui plus de cuer a Dieu tendirent*, s. Diez, Gram.⁴ III, 12 und Tobler, VB. I, 142.

38. *Veves* stammt aus Hs. 1553, indem unsere Hs. *iones* schreibt, das = *juenes* ‚junge' sein soll, aber sehr schlecht passt und vielleicht aus *ueues* verlesen ist. — Der Ausdruck *anceles* befriedigt nicht recht, da, wenn das Ledigsein der weiblichen Wesen betont werden soll, doch schon von *puceles* die Rede war, und da er als Standesbezeichnung kein Komplement zu *veves* bildet.

39—40. lauten in Hs. 837 *il nespgnoit povre ne riche q'l ne feïst a honte uiure.* Die ganze Stelle konnte nicht beibehalten werden, da *q'l ne feïst a honte uiure* keinen Reim bringt und eine versehentliche Wiederholung von V. 35 sein wird.

44. *Cuidast* ‚er würde geglaubt haben, ebenso *vousist* (V. 48) ‚er hätte wollen'. Wir haben hier den Conj. Impf. in der ursprünglichen Bedeutung, der des lat. Conj. Plusqpf.; derselbe Sinn liegt vor im Vorder- und Nachsatz des conditionalen Gefüges V. 45—6. — Zur Form *avillier* s. Vrai aniel ed. Tobler Anm. zu V. 397.

47. *Voloit* rührt aus Hs. 1553 her, während unsere Hs. *vousist* bietet; das letztere ist vermutlich aus der folgenden Zeile eingedrungen, denn es passt hier nicht, wo doch gesagt werden soll, dass er täglich Fleisch zu essen pflegte. *Voloir* bedeutet im Altfrz. nicht nur ‚wollen‘, sondern auch ‚nach seinem Willen zur Ausführung bringen‘, s. Ernst Weber, Ueber den Gebrauch von *devoir, laissier ... voloir* im Altfrz. Berl. Diss. 1879, S. 27 f.

50. Zu *sermon* und *escripture* hat man sich aus dem Voraufgehenden *oïr* hinzuzudenken; mit *escripture* werden die Perikopen gemeint sein, welche beim Gottesdienste vorgelesen wurden.

51. *Preudoumes.* Die Deklination des Wortes ist in unserem Denkmal entsprechend der von *home*: N. S. *preudom* (285 etc.), Obl. S. *preudomme* (1034), N. Pl. (*preudomme* fehlt), Obl. Pl. *preudommes* (51); diese Deklination ist aber nicht die ursprüngliche, s. Tobler, VB. I, 114 f. Die Schreibung mit *ou* begegnet innerhalb unserer Dichtung nur hier, ist indessen anderweitig anzutreffen.

53. *Par* dient zur Verstärkung eines Begriffes (hier *de put afaire*); es steht getrennt von demselben, wie dies schon bei *per* im Latein. der Fall sein konnte, s. Diez, EW.⁴ 655 und Gram.⁴ III, 14. *Tant* bezieht sich auf den Inhalt des Ganzen, vgl. Anm. zu I, 9. — *Afere* aus *a* und dem Inf. *fere* zusammengewachsen, ist afrz. männlich.

61. *Du bon devendres : Devendres* steht für gewöhnliches *divendres*, dessen Grundlage *diem Veneris* ist, während *venrediz* (78 etc.) auf *Veneris diem* beruht, wobei das *s* verloren gegangen ist. Die letztere Stellung wurde siegreich, daher denn nfrz. *vendredi* etc. Hier wird der Charfreitag *bon devendres* genannt, indem *bon* den Sinn von ‚heilig‘ hat, nfrz. *vendredi saint*; V. 693 und 1005 heisst er *grant vendredi*, vgl. V. 78.

63. *Levez.* Ueber den Nominativ s. Anm. zu I, 70. — *Mout tres matin* . *Tres* geht mit dem folgenden Worte eine enge Verbindung ein, in der sein eigentlicher Sinn so wenig deutlich gefühlt wurde, dass noch *mout, bien* und *si* (572, 648, 720 ... 940) davortreten können und dass es beim Superlativ zwischen *plus* und dem Adjektiv stehen kann (713), vgl. *trestant* und *trestot* und Tobler in Ztsch. XXI, 174 f. *Matin* ist Adverbium, desgleichen *matinet* (67).

64. *Latin* heisst hier wie oft blos ‚Sprache, Sprechweise‘, daher denn das häufige *latinier* (*latimier*) einen Sprachenkundigen bezeichnet.

67. Das Wollen ist gegenwärtig, aber der Inhalt des Gewollten ist zukünftig, daher kommt das Futurum *voudrai* zur Anwendung, s. E. Weber l. c. S. 25.

68. *Et puis s'irommes.* Der elidierte Vokal is *e*, indem *se* Nebenform von *si* ist; über die Verwendung des Wortes nach Adverbien s. Anm. zu I, 136. — *Gaaingnier* ‚gewinnen‘ scil. Beute.

69. *Tuit esbahi* ‚ganz bestürzt‘, s. Anm. zu I, 248.

70. *Triste.* Das Auslautgesetz ist hier nicht wirksam gewesen, denn sonst dürfte am Ende kein Vokal stehen; das Wort ist also in dieser Form kein volkstümliches. Häufig findet man *tristre* mit epenthetischem *r*, s. Anm. zu I, 255.

72. Sinn: aber ihr könntet wohl etwas Besseres zum Vorschein bringen.

74. Für *plus* s. Anm. zu V. 34.

75. *Disent* ist eine dialektische Form der 3. P. Pl. Perf. (Norden und Osten) für centralfranz. *distrent.*

76. *Lerres*, häufig als Scheltwort gebraucht; bezüglich der Anwendung an dieser Stelle s. S. 74. — *Font il* ‚sagen sie‘; in eingeschobenen Sätzen wird bei direkter Rede ‚sagen‘ häufig durch *faire* ausgedrückt, so auch V. 90, 93, 99 etc.

79. *Que* ist relatives Adverb; wir müssen sagen ‚an welchen‘. Noch heute ist dieses *que* üblich in *à l'heure que, du temps que* u. dgl. — *Diex* = Christus, ingleichen V. 436, 938; V. 96 wird Christus *no Creatour* genannt, s. Auc. und Nicol.⁴ ed. Suchier Anm. zu 16,₁₂.

80. *Pour nous metre.* Für das Pronomen s. Anm. zu I, 140.

81. *Que* gehört zu *si* in V. 78.

83. *Estrine* < *strēna* ‚Neujahrsgeschenk‘ nfrz. *étrennes*; das *i* ist noch nicht befriedigend erklärt worden. *A male estrine* heisst eig. ‚zu übler Gabe‘, hier etwa ‚in verwünschter Weise‘; weitere Beispiele bei Ebeling, Aub. Anm. zu V. 655.

84. *Descipline* ist gelehrt wie mehrere andere der Kirchensprache angehörige Wörter, welche in unserem Texte begegnen: *passïon* (79), *sauvacïon* (80), *abstinance* (85), *penitance* (86), *confessïons* (125), *humilité* (136), *omnipotent* (290) u. s.

85. *Jëunes.* In *jeuner* und *desjeuner* (81, 82) hat zwar *e* keine syllabische Geltung mehr (vgl. *junerez* und *june* (361, 597)), trotzdem habe ich die hdschr. Ueberlieferung von Hs. 837 nicht geändert und das in Hs. 1553 hinter *jeunes* stehende *et* nicht aufgenommen.

88. *Doit*, s. Anm. zu I, 78.

89. *Si fera il*, s. Anm. zu I, 46.

93—4. Wörtlich: ‚Habt ihr mit Bezug darauf Aufschub, Gott so viel Schimpf anzuthun?‘, d. h. wollt ihr weiter in Euren Missethaten verharren und Gott noch so viel Schimpf anthun, wie ihr vorher (V. 91—2) angabet? Bei den nicht negativen Bestätigungsfragen ist die Regel, dass *en* und *i* sowie tonlose Pronomina zwischen Verb und Subjekt treten, s. Schulze, Frgs. S. 193, 224; dementsprechend heisst es auch V. 338: *lerez me vous en pais encore?*, dagegen finden wir als Ausnahme ein anderes Verfahren V. 117: *i vendrez vous?* und V. 267: *m'ame-*

nastes vous?, s. Schulze S. 225. — *Dieu*. Bei Personenbezeichnungen kann *a* fehlen, es genügt der blosse Casus obliquus zur Bezeichnung des Dativs.

95. *Deussiez* ,ihr solltet'. Bei allen Verben, in Haupt- und Nebensätzen kann der Conj. Impf. ausser der ursprünglichen Bedeutung des lat. Conj. Plusqpf. (s. Anm. zu V. 44) diejenige des lat. Conj. Impf. haben.

97. Das gemeinsame Objekt zu *crïer* und *plorer* ist *voz pechiez*, doch passt nur *crïer* zum voraufgehenden *a Jhesucrist*, vgl. Tobler in Ztschr. XVIII, 410.

101. *Vous* und *je* stehen im Gegensatze; in solchem Falle kann ein Pronomen zum Imperativ (hier *plorez*) hinzutreten.

105. *Ou* steht an Stelle von *a cui*, s. Anm. zu Aiol 335; auch *i* in V. 107 geht auf den Eremiten, vgl. Anm. zu I, 97.

112. ,Soll ich mit Bezug darauf ins Gerede kommen'? *Fable* hat auch neufrz. noch den Sinn von ,Gerede', ,Gespött'. *Enterrai* ist eine häufige Form für *entrerai* mit Umstellung des ersten *r*, ebenso V. 437; auch *ploverra* (V. 685) wird aus *plorera* erwachsen sein, indem bei *ploerra* das *v* nachträglich zur Hiatustilgung eingeschoben sein dürfte.

114. *Ne* < *nec* hat ursprünglich die Bedeutung ,und nicht', bekommt dann aber auch die von ,und', ,oder'; an unserer Stelle schliesst es Sätze an, V. 158 verknüpft es Satzteile.

117. Wegen der Stellung von *i* s. Anm. zu V. 93—4.

121. *Vostre compaignie* trägt einen starken Ton: Eure Gesellschaft allein bringt mich dahin.

122. *Amaine* ist Imperativ, so dass eigentlich eine stärkere Pause dahinter zu denken ist, aber trotzdem erfolgt ein Anschluss mit *se* (s. Anm. zu V. 68); man vergleiche hiermit das Verfahren in V. 367, 372, 377.

123. Lies mit Hs. *avoec* für *avec*; *avoec* < *apud hŏc*, nfrz. *avec* mit Fall des ersten diphtongischen Elementes (*o* oder *u*), wie neufrz. *Auxerre* von afrz. *Auçuerre* < *Altissiŏdorum*.

124. *Marlars* steht für *maslars*, wie afrz. *derver* für *desver*, *varlet* für *vaslet* u. a., noch nfrz. *malart* ,wilder Enterich'. *Maslart* ist eine Weiterbildung von *masle* (< *masculum*) mit dem häufigen Suffix-*art*, s. Diez, EW.⁴ 632.

125. Ueber *moisson* s. Diez eb. 641; zahlreiche Belege in der Bedeutung ,Sperling' bietet Godefroy.

126. Das Possessivum *leur*, das wir schon V. 106 in der älteren Gestalt *lor* vorfanden, bleibt gemäss seiner Herkunft von *illorum* unveränderlich (bis gegen Ende des 13. Jahrh.).

128. *S'erent fez confesser*. *Erent* steht für regelrechtes *ierent* < *erunt*, wie schon V. 90 *ert* für *iert* begegnete, s. Anm. zu I, 26. Was *fez* betrifft, so verlangt die Regel ja *fet* (s. Anm. zu I, 70), aber *fez* macht auch nur scheinbar eine Ausnahme, denn wir haben eine Accusativform vor uns, die in Nominativfunktion verwendet ist, wie sich dies in unserem Denkmal noch an folgenden Stellen beim Masculinum beobachten lässt: *no* (191),

Dieu (307), *ners* (665), *noir, taint et halle* (668), *quel besoing* (709), *chien . . . leu* (775), *un flueve* (970), *pechie* (979; hier freilich unter besonderen Verhältnissen, s. Tobler, VB. I, 192 Anm. 1), *Confesser auc.* heisst ‚Jemandem die-Beichte abnehmen‘, der Infin. hat also hier passiven Sinn: ‚wenn sie sich die Beichte werden haben abnehmen lassen‘.

130—1. Von der heuchlerischen Beichte, die der Fuchs dem Weib (Hubert) ablegte, wird uns im *Roman de Renart* berichtet (Méon III, 307 ff.; Martin I, 250 ff.), vgl. S. 76 und L. Sudre, Les sources du roman de Renart S. 314 ff.; der Fuchs meinte es dabei so wenig aufrichtig, dass er einen Vorwand benutzte, um seinen Beichtvater selber aufzufressen, daher denn der Sinn von V. 132 ist: solche Beichte hat keinen Bestand, keine Wirkungen. — *Renart*, der Name des Fuchses, wird als persönliches Wesen gefasst, so dass der Cas. obl. im Sinne eines possessiven Genitivs stehen kann, s. Diez, Gr. III⁴, 140. — *Entre lui et l'escoufle* ist bemerkenswert, weil hier nicht, wie sonst bei dieser Verwendung von *entre*, von welcher u. a. Diez, Gr. III⁴, 408 Anm. und Tobler, VB. I, 224 reden, die beiden Wesen gemeinsame Träger der betreffenden Handlung sind, sondern der *escoufle* nur insofern beteiligt ist, als er die Beichte anhört, während doch der Fuchs allein sie ablegt.

132. *Confesse < confessio*, auch noch neufrz. Eine (nicht vollständige) Liste von neufrz. Wörtern, welche auf lat. Nom. Sing. zurückgehen bei Lücking, Franz. Schulgr. S. 435 n° 18.

138. *Point* erscheint hier als neutrales Mengeadverb, wie *mout* behandelt, indem seine substantivische Natur wohl nicht mehr gefühlt worden ist; dagegen *poinz* im Erec V. 4612: *de robe ne li remest poinz.*

142. *Anemis* für *enemis* ‚Teufel‘. Sonst wird der Teufel neben *deable* noch *maufé* und *aversier* genannt.

143. *Chantant* ist Gerundium (s. Anm. zu I, 103), daher auch *trestout* unflektiert.

146. Altfranzösische Beispiele für Zerlegung des einfachen Verbums, wenn „nur“ zu dem letzteren gehört (nfrz. *il ne fait que rire*) bringt Tobler bei in Ztschr. XX, 73.

147. Die Infinitive in diesem Verse verlangen einen anderen Casus, als den Dativ, welcher V. 145 als (logisch) zu *dire* gehörig steht, s. Anm. zu I, 41.

148. *Ausi com* ist für den Sinn entbehrlich. Ueber elliptische Infinitivkonstruktionen, bei denen ein ursprünglich zum Vergleiche dienendes *si* (*aussi*) *com* in ganz abgeschwächter Funktion erscheint s. Tobler, VB. I, 86. — Ueber *oindre auc.* ‚Jem. schmeicheln‘ s. Lyoner Ysopet ed. Förster Anm. zu V. 151.

158. *Warous* obl. *warou* kommt von germ. *werewulf*. Hier zeigt sich einmal germ. anlautendes *w*, das sich sonst als *gu* oder *g* darstellt (*guerre, garou*), in der Schreibung erhalten.

159—60. Gemeint ist wohl, dass er mürrisch und gelangweilt herniedersieht und sich trotzig im Sattel fester rückt.

161. Ueber *quar* beim Imper. s. Anm. zu I, 234.

163. *Dieu* fungiert als Dativ, wie schon V. 94 (s. Anm.). Wegen der Konstruktionen von *proier* (*prier*) s. Anm. zu I, 234. V. 165 haben wir *proier* mit Acc. der Person ohne Angabe des Erbetenen, wie noch nfrz. *prier Dieu* ‚beten‘, vgl. Ebeling, Aub. Anm. zu V. 21.

166. Sinn: Da ich doch nichts Gottgefälliges zu thun gedenke.

167. *Esploitier* ‚betreiben, fördern‘; weitere Beispiele bei Tobler, Prov. au vil. Anm. zu 251,₁₁.

168. *Je n'ai que fere* heisst eigentlich ‚ich habe nicht was zu thun‘, d. h. ich habe nichts zu schaffen, vgl. V. 354: *dehez ait qui en a que fere*, V. 276 und nfrz. *je n'en ai que faire.*

169. *Toute ma journee* ist Objekt und *ceste demoree* (170) ist Subjekt.

174. *Encombrier* ‚Hindernis‘ ist ein vom Infin. *encombrer* mit Suffix *-arium* gebildetes Substantiv, ebenso *desirrier* (855), *recovrier* u. a., s. Tobler, Vr. an. Anm. zu V. 377, und Förster zu Aiol V. 135.

175. Wegen *se m'aït Diex* s. Anm. zu I, 7. — *Ce poise mi.* Wir haben hier die betonte (dialektische) Form *mi* für *moi* (s. Anm. zu I, 161 und vgl. S. 28 u. 78) hinter dem Verbum stehend, ohne dass ein rhetorischer Accent darauf liegt. Dies ist gerade in der Wendung *ce poise mi* zu beobachten z. B. *certes, sire, ce poise mi* (Paris et Langlois, Chrestom. du moyen âge S. 331 V. 160), begegnet aber auch sonst: *nenil, ma fille, par la foi ke doi ti* (Anseïs de Cartage ed. Alton V. 508).

176. Für *saint Remi* s. Anm. zu I, 269.

177—8. Objektssätze. die zu Verben des Wollens gehören, bedürfen in der alten Sprache nicht eines einleitenden *que* (177), daher hat man sich auch nach dem *que* in V. 178 (= *quam*) nicht etwa ein *que* als ausgefallen zu denken, mithin steht das eben erwähnte *que* nicht in doppelter Funktion, s. Tobler, VB. I, 185 f. — *Confes* < *confessum*, nfrz. *confès* in *mourir confès.*

183. Ueber die Natur des *que* s. Anm. zu I, 69. — Wegen *puet* : *seut* s. S. 78.

184. *Seut* < *sölet*, indem bei der Vokalisierung des *l* vor folgendem *t* sogleich *eu* statt *ueu* eintrat; ebenso *veut* < **völet* s. Anm. zu I, 148. Das Präsens von *soloir* wird afrz. sehr häufig im Sinne der Vergangenheit verwendet, also hier ‚er pflegte‘.

186. *Mais que ce fu*. *Mais que* heisst hier ‚ausser dass‘, also wörtlich: ausser dass es unter einer Bedingung war, d. h. nur dass er eine Bedingung daran knüpfte; ebenso führt in V. 349 *mais que* nach positivem Satze die Einschränkung ein, s. Tobler in Ztschr. XX, 69. — Wegen der Form *fu* s. Anm. zu I, 73.

189. Ueber Fortbleiben von *le* vor *li* s. Anm. zu I, 23; *le* ist hier wohl das neutrale, wie auch in V. 205.

194. *Ne sai se* bedeutet hier ‚vielleicht; nur Einer wird als redend gedacht.

197. Der Wortlaut dieses Verses in der Uebertragung von Hertz (S. 191) erklärt sich wohl aus irrtümlicher Auffassung von *vois* als 1. Sing. Präs. von *vëoir* ‚sehen‘; die letztere lautet afrz. *voi*, indem ein analogisches *s* erst später herantrat, und *redoutant* bedeutet daher hier nicht ‚fürchterlich‘ was es sonst bedeuten kann), vielmehr liegt die beliebte Umschreibung mit *aler* und dem Gerundium vor (s. Anm. zu I, 102), welche auch gleich wieder im folgenden Verse auftritt.

198. *Adont* steht für *adonc*, s. Anm. zu I, 125. — *Apoiant.* Ueber Fortbleiben des Pronomens s. Anm. zu I, 102.

200. *Esraument* für urspr. *esranment*, das wieder an Stelle von *erranment*, dem Adverb von *errant* zu *errer* < **iterare* ‚reisen‘ steht, von welchem Verbum schon als 3. Plur. Präs. *oirrent* in V. 171 begegnete; die Form *esraument* erklärt sich aus analogischer Einwirkung von Adverbien wie *loiaument*, in denen das *au* lautlich berechtigt ist.

203. Für den Fortfall des Pronomens bei beiden Verben s. Anm. zu I, 151, 263.

204. *Penser* habe ich für *orer*, das unsere Hs. bietet, aus Hs. 1553 aufnehmen müssen, und zwar weil das folgende auch von Hs. 837 gebrachte *penssez* ein vorangehendes *penser* erfordert.

205—6. ‚Wenn ihr recht an ihn (sc. Gott) denkt, wer verwehrt es Euch‘? Das folgende *que* sehe ich als das einen Hauptsatz einleitende begründende *que* ‚denn‘ an, das wir schon V. 102 und 140 antrafen, und erkläre mir sein Eintreten aus einem unausgesprochenen Zwischengedanken: mich aber lasst in Ruhe! *Je* trägt einen rhetorischen Accent.

207. *Si ferez* ‚doch‘! s. Anm. zu I, 46.

209—10 lauten in Hs. 837: *vous deuez estre sanz orgueil — Je sui prestres ie vous recueil.* Da *recoillir* in dem Sinne von ‚bitten‘, den es hier haben müsste, schwerlich begegnet, habe ich Hs. 1553 zu Hilfe genommen. Für den Ausdruck *gentil cuer* s. Anm. zu I, 197; wegen des Reimes s. S. 79 Anm. 1.

214. Die vollkommen zutreffende Erklärung der Verwendung des Infinitivs in der direkten Frage auch für genau so geartete Stellen wie die unserige hat Schulze, Frgs. S. 131—2 gegeben: *et* ist Fragen einführende Partikel (s. Schulze S. 39); *parler* und *je* stehen unvermittelt neben einander, indem der Redende sich zunächst vergeblich bemüht, eine Verbindung zwischen beiden herzustellen.

220—1. Sinn: Thut es nicht meinetwegen, sondern thut es Gottes wegen. — Zu *fors* (< *foris*) ‚ausser‘ kann ein logisch nicht begründetes *que* treten und weiter *tant* oder *seulement*, oder wie hier *tant seulement*. Auf die ganze Ausdrucksweise sowie auf das Unlogische derselben hat Tobler in Zeitschr. XX, 71—2 hingewiesen. Für die Verbindung *tant seulement* = ‚nur‘ s. ein Beispiel bei Tobler l. c., ein zweites bei Bartsch et Horning, Langue et littérature françaises Sp. 412 V. 12, vgl. altprovenz. *tan solamen* (Ztschr. XIV, 503,₂₉; Appel, Prov. Chrest. 115,₂₃₉ und 118,₁₁₉ und neuprov. *tan soulamen* (Mistral, Tresor dóu Felibrige).

223. *Iere* für *ier*, s. Anm. zu I, 26.

225. *Oroison* aus *oreison*, das seinerseits neben regelrechtem *oraison* < *orationem* erscheint; ebenso *venoisons* (V. 65), *achoison* (765).

227. Die Erwähnung eines *couvent* ist befremdend, da dieses Wort sich doch nicht mit dem Begriffe einer Einsiedelei verträgt; oder bedeutet es hier ‚Kirche‘ und steht es also synonym mit *chapele?*, s. Du Cange, Gloss. med. et infim. latinit. unter *conventus* 2.

235—7. Die beiden Gedanken ‚diese vor kurzem unternommene Fahrt ist vom Uebel gewesen, zum Unheil erhob ich mich heute so frühe‘ und ‚verwünscht sei diese Fahrt, verwünscht ich, der ich mich so frühe erhob‘ verbinden sich zu einem Satzgebilde, das sich logisch nicht mehr zergliedern lässt. — *Orenz* steht für *orains* (= *or ains*).

242. *Il n'i a el* ‚es giebt nicht Anderes‘ d. h. nicht Anderes als folgenden Thatbestand (in den ihr euch fügen müsset).

244. *Or* beim Imperativ nähert sich nicht selten der Bedeutung von unserem ‚doch‘, so hier und V. 395. — *Nel* steht für *ne le*, indem das Pronomen *le* sich an ein vorangehendes einsilbiges vokalisch auslautendes Wort anlehnen kann und dabei sein *e* verliert, ebenso *jel* (V. 416, 419) für *je le*, s. Tobler, Vb³ S. 33. In V. 919 finden wir das Pronomen *les* mit *je* zu *jes* zusammengewachsen. — *Mesprison* eig. ‚Fehlgreifen‘, nämlich meinerseits, wenn ich es so eingerichtet habe, dass . . .

246—9. Der Sinn ist: ‚Eher liesse ich mir den Hals abschlagen, als dass ich Euch entwischen liesse, bis . . .‘ Eig.: ‚Um so viel würdet ihr mich enthaupten können als ihr mir fernerhin entschlüpfen würdet (d. h. als ich euch entschlüpfen liesse) um irgend etwas, das ihr thun könntet, bis ihr mir Euer Leben gesagt haben werdet‘. — Ueber *si* (249) = ‚bis‘ nach negativen Sätzen (V. 246—8 haben negativen Sinn) s. Gaspary in Ztsch. II, 95 ff.

251. *Non ferai*, ebenso V. 260 und 296 in der Antwort (*faire* ist Verb. vic.), s. Perle in Ztschr. II, 2; auch im abhängigen Satze ist *non* beim Verbum möglich, z. B. *dist non feroit*, s. Diez, Gram.⁴ III, 436.

252. *Por tant* ‚um so viel‘, nämlich dass ihr mich nicht fortlassen wollt.

253. *Quar.* Der Umstand, dass der Ritter nicht beichten wird, giebt den Grund ab, warum er den Einsiedler töten muss, da ihn der letztere doch ohne Beichte nicht wird ziehen lassen wollen.

254. *Lessiez m'aler.* Es könnte scheinen, dass hier gegen die Regel ein unbetontes · vor dem Infinitiv stehendes Fürwort auch syntaktisch zu demselben gehöre, da die Elision des *e* von handschriftlichem *me* aus metrischem Grunde unerlässlich ist, allein diese Elision ändert nichts an dem wahren Sachverhalte, der folgender ist: *Me* gehört nicht proklitisch zum folgenden Infinitiv, sondern enklitisch zum voraufgehenden *lessiez*, was daraus ersichtlich wird, dass andere Wörter zwischen dem unbetonten Pronomen und dem Infinitiv auftreten, z. B. *courez le tost armer*, s. Tobler in Ztschr. X, 169 und VB. II, 83. Ein dem unserigen ganz paralleles Beispiel ist *fai m'oïr* in den Predigten des H. Bernhard ed. A. Schulze § 24, vgl. S. 392. Die Zusammengehörigkeit von *lessiez* und *me* wird auch äusserlich dadurch kenntlich, dass beide Wörter nicht selten zusammengeschrieben werden und *lessiez* dabei sein *z* verliert, so z. B. an unserer Stelle in Hs. 1553 *laissieme*, ebenso Chev. as .II. esp. ed. Förster V. 11396, Li regret Guillaume ed. Scheler V. 198, vgl auch *laisiele* Aiol V. 171 u. Anm.

257—8 stimmen zum grösseren Teile wörtlich überein mit V. 97—8.

260. Das *t* in *dant* hat keine etymologische Berechtigung, da *dominum* zu Grunde liegt, aber ebenso afrz. *tirant* < *tyrannum*. Der Vocativ lautet hier wie der Accusativ, vgl. Beyer in Ztschr. VII, 43 ff.; wegen der Accusativform *prestre* s. Anm. zu I, 114.

267. *M'amenastes vous.* Ein tonloses Pronomen steht in der altfranz. Zeit nur dann an der Spitze des Satzes, wenn der letztere ein Fragesatz ist, und auch in diesem Falle ist jene Stellung nicht die gewöhnliche, s. Anm. zu V. 93—4.

268. Wörtlich ‚Nahe geht es, dass ich Euch nicht töte‘.

273. Das Objekt zu *dire* fehlt, es ist dem Voraufgehenden zu entnehmen: ‚meine Lebensführung‘; ebenso V. 321 und 343 (erg. ‚meine Sünden‘).

274. *Plus que sire* ‚mehr als Gebieter‘ d. h. übermässig herrisch.

278. *Que* c. Conj. zum Ausdruck des Wunsches kommt schon afrz. häufig im Hauptsatze vor, s. Tobler im Arch. Bd. 91 S. 108.

281. *Connoistre* ist hier faktitiv ‚zu erkennen geben‘, ‚bekennen‘.

286. Die häufige Wendung *ne garder l'eure* mit folgendem Conjunktiv (mit oder ohne *que*) bedeutet eig. ‚auf die Stunde nicht achten, dass das Betreffende geschehe‘ d. h. jeden Augenblick darauf gefasst sein, das es geschehe, s. G. Paris, La vie de Saint Alexis, Anm. zu 61 e.

287. Sinn: er setzt Alles aufs Spiel, er wagt Alles.

290. Der Eremit gestattet sich hier wie späterhin den Ausdruck *frere*, der gleich *suer* schmeichelnd in vertraulicher Anrede gesetzt wird; auch nfrz. trifft man noch auf diesen Brauch, so sagt Alfred de Musset zu seinem Freunde Tattet: *Mais du moins j'aurai pu, frère, quoi qu'il m'arrive, De mon cachet de deuil sceller notre amitié.*

295. *Nul* bezieht sich auf *pechie* in V. 291 zurück.

297. *Si* ist geradezu eine Partikel in direkten Fragesätzen, die sich, wie der vorliegende, an eine voraufgehende „den Hörer überraschende Aeusserung" anschliessen, s. Schulze Frgs. S. 51; ebenso V. 392. Dieses *si* wird im folgenden Verse nach *ne* (< *nec*) wiederholt.

299. Der Ritter bezeichnet das Bemühen des Einsiedlers, ihn zur Beichte zu bewegen, in spöttischer Weise als *duel*, etwa = ‚Geklage, Gejammer‘.

300. *Que ... ne* steht nicht nur nach verneintem Hauptsatze, in welchem Falle der Conjunktiv folgt, sondern es steht auch, mit dem Indikativ nach bejahendem Hauptsatze; wie hier finden wir es auch V. 328, 535, 536. Tobler, VB. II, 116 erklärt den von *que* eingeführten Nebensatz als einen modalen, dessen Conjunktion ungefähr besage „unter dem besonderen Verhältnisse dass".

302—3. Wörtlich: ‚Eher werdet ihr hier bis zur Nacht bleiben als dass ich nicht etwas davon (sc. von Eurem Leben) erfahre‘. Vgl. V. 507—9 und s. Tobler, VB. I, 185.

307. *Dieu,* s. Anm. zu V. 128.

312. Das Herz soll nicht länger ganz sein, d. h. es soll sich öffnen. — Wegen der Form *entir* (nfrz. *entier*) s. Schwan-Behrens, Altfrz. Gram. § 50.

313. *Hermites* mit sekundärem *s* findet sich auch V. 753 im Reime; die ursprüngliche Form *ermite* (< *eremita*) steht V. 698, wo sie gleichfalls (durch das Metrum) gesichert ist.

314. *Dites* ist der Form nach Indikativ, fungiert aber hier als Conjunktiv; ebenso *fetes* in V. 482 und 780 s. Tobler, VB. I, 26.

316. *Tendant,* Gerundium, eig. ‚spannend‘, hier übertragen ‚scharf‘.

324. *Le* ist neutral und geht allgemein auf das, was der Eremit von dem Ritter hören will.

325—6. *Commencier* mit dem Accus. dessen was man einzeln aufzuzählen anfängt ist etwas kühn, doch infolge des ganzen Zusammenhanges nicht undeutlich.

328. *Que,* s. Anm. zu V. 300.

332. Der Ausdruck *refais* ‚wiederhergestellt‘ wird hier in höhnisch vergrössernder Weise gebraucht.

833. *Encressiez* ist Part. von *encressier* (= *encraissier*) nfrz. *engraisser* (vgl. *cras* (218) < *crassum*), also: ‚was seid ihr nun davon fett geworden‘? *Que* ist interrogatives Adverb und nähert sich dem Sinne von ‚in wiefern‘? ‚warum‘?, der auch V. 732 vorzuliegen scheint; andere Beispiele Auc. 2,22 und Fabeln der Marie de France ed. Warnke (1898) II, 24, vgl. nfrz. *Que tardez-vous? Que n'est-il avec nous?*

334. *Je cuit*, eingeschoben wie in V. 505.

337. ,Was wird nun mit Bezug darauf sein'? d. h. welche Folgen werden daraus erwachsen? Der Fragende verlangt keine Antwort zu hören, da er an keine Folgen denkt, sondern er stellt gleich eine neue Frage, zu deren Beantwortung er freilich ebensowenig dem Eremiten Zeit lässt, da er, im Grunde genommen, ihre Bejahung von Seiten des letzteren für selbstverständlich ansieht.

338. *Lerez* (= *lairez*) gehört zu einem Infin. *laier*, welcher gleichbedeutend mit *laissier*, aber anderer Herkunft ist; die Form müsste eigentlich *laierez* lauten, doch ist aus *a* entstandenes vortoniges *e* vor *r* auch sonst verloren gegangen, z. B. im Futur und Condit. von *doner* (*donriez* 357), s. Schwan-Behrens, Altfr. Gram. § 267 Anm. und § 361.

341. Der Casus des bei *vëoir* fortgefallenen Pronomens müsste ein Accusativ sein (*vous*), während wir vorher *a vous* haben, s. Anm. zu I, 41. — *De l'ueil que je aie* ist bei der Thatsache, dass man doch nur zwei Augen hat, eigenartig ausgedrückt, doch möge man unser ,kein Auge' in der Wendung ,kein Auge zuthun' vergleichen. Hs. 1553 schreibt *ne vous veoir dueil q̄ ie aie.*

349. *Mes que*, s. Anm. zu V. 186. — *Repentance* ,innere Reue' wird später noch öfter der *penitance* ,äussere Busse' gegenübergestellt.

351. Der Eremit verlangt eigentlich innere Reue, daher er denn durch *penitance* nur etwas (*auques*) zufriedengestellt sein würde.

352. *Bien* ist ironisch gemeint.

354. *Dehez* (= *dehaiz*) ist Acc. Plur. zu *dehait* ,Leid' also: ,alle Arten von Leid möge haben wer ...' Die Verwünschung hat in ihrem ersten Teile den Sinn einer kräftigen Beteuerung: ich will damit beileibe nichts zu schaffen haben.

355. Beispiele aus der alten Zeit für das Vorkommen des vorliegenden *le*, das, neutral und prädikativ, auf ein Substantiv oder Adjektiv zurückweist, bietet Tobler, VB. I, 87 f.

357. *Donriez*, s. Anm. zu V. 338.

358. Ueber *tele* (entsprechend *quele* 998, *forte* 632) s. Anm. zu I, 319.

363—6 sind aus Hs. 1553 aufgenommen worden, da die Stelle in Hs. 837 offenbar verderbt ist: *non feroie mie dun mois — tesiez vous en rie nen ferois — tesiez vous en rie nen ferai — a nuel fuer fere nel porrai.*

369. *Langes* sind wollene Kleidungsstücke, die der Büssende auf blossem Leibe zu tragen hatte, s. Anm. zu Aiol V. 8029.

374. *Pesme*, der Form nach organischer Superlativ (< *pessimum*), hat in der alten Sprache nicht mehr superlativischen Sinn; dasselbe gilt von den Superlativen auf -*isme* z. B. *hautisme* (306)

= ‚sehr hoch‘, *saintisme* (692) = ‚sehr heilig‘. — Wegen *novele* s. Anm. zu I, 11.

375. Dieser Vers erinnert an die Worte, mit denen der Fuchs nach seiner Beichte (s. Anm. zu V. 130—1) die vom Weih vorgeschlagene Busse als für ihn zu schwer zurückweist: *Et je comment i entreroie* (sc. in eine Abtei) — *Qui nul mal soffrir ne porroie?* (ed. Martin I, 253).

377. *Outre mer*, s. Anm. zu I, 252.

379. *Oiseuse* trifft man sehr häufig in der Funktion eines Substantivs, obwohl ein Adjektiv (*otiosa*, vermutlich als Femininum und nicht als Neutr. Plur.) zu Grunde liegt.

381. Mit *Saint Jame* ist der berühmte Wallfahrtsort Santiago in Spanien gemeint. *Jame* steht für *Jacme, Jaqueme*, das aus *Jacobum* mit Wandel von *b* zu *m* erwuchs, vgl. ital. *Giacomo*; daneben bestand afrz. *Jaque* (Nom. *Jaques*) mit Auswerfung des *b*, daher nfrz. *Jacques* (mit latinisierendem *c*).

384. *Le Dieu mestier* ‚den Gottesdienst‘ = *le mestier Dieu*. Der Casus obliquus von Substantiven, die Personen bezeichnen und als possessive Genitive fungieren, kann zwischen den Artikel des regierenden Substantivs und dieses selbst treten, s. Tobler, VB. I, 57.

385. *Genillons*, s. Anm. zu V. 7.

386. Die ausgeschriebene Ziffer würde *deus* lauten, welches die Form des Femin. ist.

387. *Patrenostre* ist weiblichen Geschlechtes, wie auch andere Stellen zeigen, z. B. Baud. de Condé S. 203 V. 162; Watriquet S. 307 V. 337; das nfrz. familiäre *patenôtre* f. erscheint als Fortsetzung davon. — *Salu.* Es ist der englische Gruss gemeint, das *Ave Maria* (Lucas 1, 28), das als Laiengebet neben dem Vaterunser schon im 12. Jahrh. sanktioniert wurde. *Salu m.* ist Verbalsubstantiv von *saluer* ‚grüssen‘, während das (weibliche) *salu* der folgenden Zeile von *salutem* kommt und ‚Heil‘ bedeutet; nfrz. *salut* heisst beides und ist Masculinum.

390. *Cis* steht für *cist*, s. Glossar unter *cist*.

393. *Si ferez* ‚doch‘! Der Eremit beantwortet die von ihm an den Ritter gestellte Frage selber, und zwar entgegen der von Seiten des Gefragten zu erwartenden Verneinung mit einer kräftigen Bejahung. — Die Hs. hat *si* an Stelle von *se*. Ich habe hier ausnahmsweise die Gestalt eines in unserer Hs. 837 stehenden Wortes geändert: man darf annehmen, dass ein Schreibfehler vorliegt, veranlasst durch die in der Nähe stehenden *si* (< *sic*), denn ein *si* = ‚wenn‘ wäre schwer annehmbar.

395. *Or me fetes.* Ueber Stellung des Pronomens beim Imperativ (ebenso V. 399) s. Anm. zu I, 8.

396. Man sagte nicht nur *por Dieu amor* oder *por l'amor Dieu* (*de Dieu*), sondern auch wie hier *por amor Dieu*, indem *por amor* des Artikels auch dann nicht bedarf, wenn *Dieu* nachfolgt, s. Tobler, VB. I, 58.

397. *Bariselet.* An *barisel*, das schon Deminutiv von *baril* ist und auf ein *barrilicellum zurückgeht (wegen Schwund des *l* s. Anm. zu I, 14 und Suchier, Altfrz. Gram. § 62) trat noch einmal ein Deminutivsuffix (-*et*) an, so dass wir eine doppelte Deminutivbildung (wie bei *ruisselet* der folgenden Zeile) erhalten.

402—3. ‚Frei und unbehelligt werdet ihr sein mit Bezug auf die Sünden und auf (weitere) Busse.‘ Wie V. 405 zeigt, meint der Eremit nicht, dass der Ritter damit etwa seine Sünden getilgt haben würde. — Für *deporter auc.* ‚Jem. schonen‘ s. Ebeling, Aub. zu V. 60 (S. 68).

404. *Avoir doutance* bedeutet hier ‚Grund zur Furcht haben‘, s. Tobler in Ztschr. X, 163 und Prov. au vil. Anm. zu 64₁₅.

406. *A moi* (< *modium*) ‚nach Mass‘, ‚wohl abgewogen‘. Weitere Belege bei Godefroy unter *moi* 2.

407. Dieser Vers lautet in einer anderen Handschrift, der Méon gefolgt ist, anders, und zwar wird hier von dem Eremiten gesagt, dass er gelacht hätte, daher denn bei Hertz S. 196: ‚Er sprach's und sah ihn lächelnd an‘. Dieser Zug ist ganz unglücklich und sicher nicht ursprünglich.

412. *Or ça* ‚nun hierher‘! d. h. ‚her mit dem Fässlein‘! — *Pois* stammt aus Hs. 1553, indem Hs. 837 ein mir an dieser Stelle unverständliches *qoi* aufweist.

414. *Ausi com lui ne chaille.* *Lui* kann wie die anderen Accusative Personen bezeichnender Pronomina auch ohne *a* im Sinne eines Dativs stehen. Bemerkenswert ist, dass hier die betonte Form steht, obwohl man einen rhetorischen Accent kaum rechtfertigen kann. Auffallend ist auch das Präsens (Conj.) statt des Imperfekts (Conj.) *chalust*; es scheint fast, als ob sich der Reimzwang geltend gemacht habe.

419. Wegen des *e* in *baille* s. Anm. zu I, 85 und Schwan-Behrens, Altfrz. Gram. § 352.

427. *Et si*, s. Anm. zu I, 132.

429. *Qu'il l'ait estoupé.* Wir würden sagen ‚dass es sich verstopft habe‘. Oder sollte *il* auf den Eremiten gehen?, s. Anm. zu V. 509.

434. Der pronominale Accus. *le* fehlt bei *emplir*, weil er als unbetontes Pronomen nicht vor dem Infinitiv stehen konnte und nachgestellt Reim und Metrum zerstört haben würde.

435. *Ainz . . . ne* begegnet im Sinne von *ainc . . . ne* ‚nimmer‘ an mehreren Stellen unserer Dichtung und auch in anderen Texten. Zur Erklärung wird man von solchen Stellen auszugehen haben wie *Ains de mes ex si bon cheval ne vi* (Bartsch et Horning Sp. 141 V. 3), wo die ursprüngliche Bedeutung von *ainz* ‚früher‘, ‚zuvor‘ noch etwas fühlbar ist. — *N'en i entra grains.* Man könnte glauben, dass hier wie V. 437, 441, 447, 478 die vor Vokalen gebräuchliche Nebenform zu *ne*: *nen* vorläge (Diez, Gr.⁴ III, 438 Anm.), indem ja eine Stoffbezeichnung nicht ausdrücklich vorher genannt ist, allein ‚Wasser‘ ist doch leicht aus dem vorangehenden *fontaine* zu entnehmen, und zudem spricht V. 451 deutlich für *n'en*. *En* steht afrz., abweichend vom nfrz. Gebrauche, vor *i*. *Grains* dient hier als Massbestimmung: ‚so viel Wasser wie ein Korn gross ist‘, ebenso V. 478 u. 627.

436. *Ce que sera.* Das Subjekt *ce* steht hier vor dem Fragewort; darüber, wie man sich diese in direkter Frage nicht selten begegnende Stellung zu erklären habe s. Tobler, VB. I, 55.

439. *De rechief*, nfrz. zusammengezogen zu *derechef*.

451. *Que* in *c'onques* hängt von *tant* ab; der Conjunktiv steht, da der Inhalt des Satzes nur etwas Vorgestelltes ist. — *Lerme* ist vermutlich aus *lairme* < *lacrimam* entstanden, vgl. Förster, Clig. S. LIX; hier bezeichnet es ‚so viel Nass als eine Thräne enthält‘.

452. *Erme* ‚Seele‘, seltenere Form neben *arme*, das seinerseits aus *anme* < *animam* entstanden ist.

455. *Si* = ‚bis‘, s. Anm. zu V. 246—9.

456. *Apeler auc.* bedeutet hier wie auch später ‚Jem. anrufen‘ (um ihm etwas zu sagen). — Nur an dieser Stelle wird der Eremit *rendu* ‚Gottgeweihter‘ genannt.

457. *Trepeil*, Verbalsubst. von *trepeiller* ‚unruhig sein‘, s. Diez, EW.⁴ 691.

458. *Dëable de bareil*, ebenso V. 502. Ueber Verbindungen dieser Art, s. Tobler, VB. I, 113 f. *Bareil* scheint ein *barriculum* vorauszusetzen, während *baril* auf ein *barrile* zurückgeht.

466. In *s'erent* ist ein *e* apostrophiert, indem das ‚bis‘ bedeutende *si* gleichfalls die Nebenform *se* hat.

482. *Fetes*, s. Anm. zu V. 214.

490. ‚Nicht um des Guten willen oder einem Anderen zu Gefallen‘.

492. *Ent* (< *inde*) mit altertümlichem *t* geschrieben, um den Augenreim zu gewinnen.

496. *Escole* ‚Unterweisung‘, ‚Auskunft‘; diese Bedeutung ist bei Godefroy nicht angegeben.

503. *Arde.* Das Verb steht im Singular trotz zweier Subjekte im Singular, weil die beiden letzteren fast gleichbedeutend sind und als ein einziges Subjekt angesehen werden.

509. *Ne li raport.* Der Accus. *le* ist vor *li* fortgeblieben, s. Anm. zu I, 23. *Li* geht auf den Eremiten, obgleich derselbe in einer längeren Reihe voraufgehender Verse nicht genannt ist, vgl. Anm. zu V. 429.

513. *Au dire voir. Voir*, urspr. Adjektiv, heisst ‚Wahrheit‘ und hängt von dem substantivierten Infin. *dire* ab, dessen Artikel in *au* steckt.

514. *Nes* (< *nec ipsum*) ‚nicht einmal‘. Vom Gebrauche in negativen Sätzen wird es wohl zu dem in positiven gekommen sein, wo es den Sinn von ‚sogar‘ angenommen hat, wie V. 86 (*nis*).

515. *Preïst*, s. Anm. zu V. 25.

518. *Que* .., s. Anm. zu V. 300.

523. *De ses delis* könnte heissen ‚von seinen früheren Vergnügungen‘, aber wahrscheinlicher bedeutet es ‚von dem, was ihn ergötzt‘, vgl. Tobler, VB. II, 74.

526. *Povérte*, neben *povreté* (< *paupertatem*) stehend, ist aus einem *pauperta* gewonnen, wie *tempeste* aus *tempesta* u. a. — *Sa voisine* ist bildlicher Ausdruck; gemeint ist, dass er mit der Armut genaue Bekanntschaft machen wird.

530. *I* weist hier pleonastisch zurück.

533. *Sa grant ire* ist Nomin.; ebenso *grant* in V. 843 und 866. Das ursprüngliche ist *granz*, aber wie auch die weiblichen Substantiva *chars* und *dolors* in V. 370, 563, 843 kein *s* mehr im Nomin. aufweisen, so ist auch bei den Adjektiven schon Schwanken eingetreten, vgl. Anm. zu I, 39. *Sa grant ire* steht ἀπὸ ϰοινοῦ, indem es einmal Subjekt ist zu intransitiv gebrauchten *alume* und *esprent* und dann noch einmal zu *demaine*, s. Tobler, VB. I, 116.

534. *Bien pres d. d. s.* ist nähere Angabe zu *trop le demaine*.

535. *Que .. ne*, s. Anm. zu V. 300. — Die Verse 535—7 habe ich aus Hs. 1553 aufgenommen; Hs. 837 schreibt: *ainz de mengier ne li sovint — ne ˉ volentez ne len vint — p̄ ire met tout en la mine (!)*

536. *L'en*, s. S. 31 Anm. 1.

543. *Cincheuse* gehört zu *cince* ‚Lappen, Lumpen‘, s. G. Paris, Vie de Saint-Alexis S. 183 zu 29 d und Ztschr. XXII, 83. — *Honteuse* steht in Hs. 837 vor *cincheuse*; ich habe entsprechend der Hs. 1553 umgestellt.

545—6. Diese beiden Verse, welche in Hs. 1553 fehlen, sind nicht unverdächtig, indem sie den Eindruck eines ziemlich müssigen und wenig geschickten Zusatzes machen.

548. *Biaus*, s. S. 79.

549. Ueber *noir* und *taint* von der Gesichtsfarbe s. Mätzner, Altfrz. Lieder S. 164, vgl. Anm. zu I, 159; dieselbe Verbindung kehrt wieder V. 648 u. 668.

553. Die Hs. schreibt versehentlich *rececevoir*.

557. *Alee* ‚dahingeschwunden‘.

558. *Trespassé a.* Das Participium ist vorangestellt, da die alte Sprache es durchaus vermied, einen Aussagesatz mit Formen von *avoir* und *estre* beginnen zu lassen.

561. *Ces sauvecines.* Das Demonstrativum erscheint hier wie auch sonst im Sinne des blossen Artikels verwendet, s. Diez, Gram.⁴ III, 79. *Sauvecine* steht für *sauvacine*, das eine Weiterbildung von *sauvage* (< *silvaticum*), oder vielmehr *sauvache* ist; über *c* für *ch* s. S. 78.

563. *Desroute* (*route* < *ruptam*) ist ein ziemlich eigenartiger Ausdruck, um stark verletztes Fleisch des menschlichen Körpers zu bezeichnen, findet sich jedoch auch sonst, wiewohl Godefroy kein Beispiel dafür bietet, z. B. RuP. I, 60 Z. 26; noch auffallender ist *rompre les cheveus*, s. Auber. zu V. 611.

564. *Sans.* Vor dem flexivischen *s* ist auslautendes *c* geschwunden, ebenso in *embrons* (571) und *lons* (651); in *chans* (579, 580) ist je ein *p* und *t*, in *chiez* (463), *ners* (665), *vis* (716) ein *f* gefallen.

568. Gemeint ist, dass er Schmähungen und böse Reden zu hören bekommt.

572. *Cruews* für älteres *cruels*, das von *crudalis mit Suffixvertauschung für *crudēlis* kommt, s. Cohn, Suffixwandel S. 60 ff.

575. *Hallé* steht für *haslé*, nfrz. *hâlé* ,von der Sonne verbrannt‘ und gehört zum Substantiv afrz. *hasle* (*harle*), nfrz. *hâle*. Für die Etymologie s. Meyer-Lübke in Ztschr. XIX, 95.

576. *Estrumelé*, s. G. Paris in Romania X, 399, 590 und Gaspary in Ztschr. V, 99.

581. *Tant grant ire*, verstehe: so grossen Zorn, wie vorher (V. 530 f., 537) geschildert worden ist.

587. Das Reflexivpronomen ist beim Gerundium *esmerveillant* fortgeblieben, desgleichen bei *repentant* der folgenden Zeile, s. Anm. zu I, 102.

590. *Quoi* wird in der alten Sprache auch auf Substantiva bezogen, ebenso V. 796, s. Anm. zu I, 220.

592. *Estuet* (Fut. *estovra*) hat den Dativ oder Accus. der Person bei sich, wenn ein Infinitiv folgt; hier liegt der Accus. vor und diese Konstruktion finden wir auch V. 672.

594. ,Nun sind alle seine Nöte übertroffen‘, d. h. was nunmehr kam überstieg alle bis dahin ausgestandene Mühsal.

598. Wegen des folgenden Verses würde man eher *cors* ,Körper‘ als *cuers* ,Herz‘ erwarten, doch findet sich auch sonst *destroit* vom Herzen gesagt z. B. Bartsch et Horning Sp. 335 V. 15, und es scheint die Anschauung zu Grunde zu liegen, dass bei körperlichen Leiden das Herz als Hauptorgan der Lebensthätigkeit in erster Linie betroffen werde.

601. *Du pain.* Der Teilungsartikel begegnet gerade bei diesem Worte verhältnismässig oft, vgl. Anm. zu I, 31.

605. Unter *France* ist die *Ile de France* verstanden, welche im Mittelalter oft unter der blossen Bezeichnung *France* anderen Provinzen Nordfrankreichs gegenübergestellt wird.

607. *Morïane* ist das dalmatinische Küstenland, das alte Herzogtum Meran (s. Hertz, Spielmannsbuch S. 352), also nicht zu verwechseln mit dem savoyischen Alpenthale *Morïane*, das in der epischen Dichtung zuerst im Rolandsliede (V. 2318) begegnet und von *Maurigennam* kommt.

608. *Puille* aus *Apuliam* mit Aphärese des anlautenden Vokals entstanden, wie *Guienne* aus *Aquitaniam*.

609. *Romenie*, prov. *Romania* bedeutet gewöhnlich das byzantinische Reich, s. G. Paris in Romania I, 14 f. da aber trotzdem V. 616—8 in gewisser Weise *Barletta* und der Aermelkanal als Grenzen der Wanderung bezeichnet werden, so ist es möglich, dass die Romagna gemeint sei, denn auch für diese begegnet zuweilen der Ausdruck *Romenie*, z. B. im Coronement Loois V. 284.

611. *Loheraine* ist in der alten Sprache viersilbig, da auch das erste *e* auf ein *a* zurückgeht. Als später (14. und 15. Jahrhundert) das nach lautem Vokal stehende *e* in *Loëraine* fiel, wurde es richtig *Loraine* geschrieben, z. B. Arch. Bd. 43 S. 293, 388 (die Rubriken stammen aus späterer Zeit als die Niederschrift der Lieder), so dass doppeltes *r* in nfrz. *Lorraine* keine etymologische Berechtigung hat. — *Ausai.* So oder *Aussai* lautet das Elsass im Altfranzösischen: M.-R., Fabl. I, 229 V. 1; Barbazan-Méon I, 153, 156; Berte as grans pies ed. Scheler V. 1191; Mousket ed. Reiffenberg V. 11405, 17985; Mélusine ed. Michel V. 2703, 2707; Floovant ed. Michelant u. Guessard S. 20 (S. 8 ist *Ausa* in *Ausai* zu bessern). Es liegt also nicht *Alsatia* zu Grunde, aber auch *Alsatium* hätte nur *Alsaz* oder *Alsaiz* (*Alsais, Ausais*) mit stammhaftem Sibilanten ergeben können; lautlich befriedigen würde für *Ausai* nur ein *Alsacum* oder ein *Alsagium*. Nfrz. *Alsace* ist gelehrt.

612. *Met son cuer a essai* ‚er stellt sein Herz auf die Probe‘, ein auch insofern bemerkenswerter Ausdruck, als er nur aus dem Sinne des Erzählenden heraus verständlich ist; denn der Unbussfertige taucht ja nicht in der Absicht das Fässlein überall ein, um daran, je nachdem es sich füllt oder nicht füllt, zu erkennen, ob sein Herz wahre Reue empfinde oder nicht, sondern doch nur deshalb, weil er durchaus erreichen will, was er sich trotzigen Sinnes vorgenommen hat.

614. *Trestoute jor.* Da *jor* männlich ist, so erklärt sich *trestoute jor* wohl durch Anlehnung an *tote di* oder *tote nuit*.

617. ‚Dass zwischen der englischen See hier, welche . . .‘. Diesen Vers habe ich aus Hs. 1553 aufnehmen müssen, da die Lesart von Hs. 837 ‚ *a la mer vint denglet're* (so dass mit *jusqu'a* ein neuer Satz beginnen müsste) wegen der Natur des voraufgehenden Verses unannehmbar ist. Was Hs. 1553 bietet, dürfte das Ursprüngliche sein, nur dass vielleicht der dem Westen der Pikardie angehörige Kopist das *ça* (unter Beseitigung eines Hiatus bei *que en*) eingeschoben haben kann. — Die Bezeichnung *mer d'Engleterre* findet man auch im Bauduin de Sebourc (ed. Bocca) II, 45: *la grant mer d'Engleterre ont toute trespassee.* Wir sehen den Genitiv von seinem Regens durch ein Wort (*ça*) getrennt, es liegt also Hyperbaton vor, eine prov. und afrz. nicht selten begegnende Erscheinung, s. Stimming zu Bertran de Born' 42,₁₈, Appel, Prov. Inedita S. XXVII, Schultz-Gora in Ztschr. XIV, 476 und zu den Briefen Rambaut's de Vaqueiras I, 78, Tobler, VB. II, 28 ff., Ebeling zu Anber. 263. Etwas umfangreichere Verschränkung von Redegliedern treffen wir in unserem Texte bei V. 775, wo *par son plaisir* aus dem Objektssatze, in den es gehört, herausgenommen und bei V. 783, wo *par vo pitance* in den Objektssatz, in den es nicht gehört, hineingestellt ist.

618. *Cest païs* geht auf *Engleterre* zurück.

619. *Barlet*, das heutige *Barletta* am Adriatischen Meere, in vorliegender Form auch im Ipomedon ed. Kölbing und Koschwitz V. 1686, 2594, 7212 (rechte Spalte), sowie in einigen Handschriften von Bodel's *Congiés* (Romania IX, 242 V. 428 Var.), hier neben *Barlete*. — Der Ausdruck *sëoir sor mer* von Orten, die am Meere liegen, ist sehr gebräuchlich; zu *sor* vgl. V. 5 (*sor la mer*) und nfrz. *Boulogne-sur-Mer*.

621. *Fuster* ‚durchstöbern‘ wird in dieser Bedeutung von Godefroy erst aus dem 14. Jahrh. belegt.

623. *Lai* ist regelrecht aus *lacum* entstanden, während nfrz. *lac* gelehrt ist.

628. Sinn: weder um einer grösseren noch um einer geringeren Anstrengung willen.

633. Es ist eigentümlich, dass der Dichter das Folgende als neues Moment hinstellt, da es doch im Wesentlichen V. 568, 571 ff. gesagt war (vgl. S. 74), und dass als wunderbar bezeichnet wird was doch ziemlich natürlich war, nämlich dass die Leute den Wanderer nicht gerne sahen.

634. *Quar* kann man, je nachdem man es als die Anwendung des Ausdruckes *merveille* begründend oder als den Inhalt desselben näher angebend ansieht, als *quar* ‚denn‘ (dann Komma nach *avint!*) oder als dasjenige *quar* auffassen, welches für *que* stehend dem Altprovenzalischen ganz geläufig ist und auch im Nordfranzösischen in Subjektssätzen (Reimpredigt ed. Suchier Str. 4 V. 6) und in Objektssätzen begegnet (s. Tobler in Ztschr. f. vergl. Sprachf. N. F. III, 416, Scheler zum Bastart de Bouillon V. 269, Ebeling zu Auber. V. 422, Ztschr. VIII, 27 Str. 3) und hier ebenso wie *que* in V. 1000 einen folgenden Sachverhalt einleiten würde.

637. *Haïssent*. Inchoativformen von *haïr* sind in der alten Zeit noch recht selten, s. Risop, Studien zur Geschichte d. franz. Konjug. auf *-ir* S. 96.

648. *Noirs — tains*, s. Anm. zu V. 549.

650. *Qui tant vëu l'ëust*, d. h. der ihn (früher) noch so viel gesehen und ihn daher gut gekannt hätte.

651. *Les cheveus l. et h.* ist absoluter Accus.; dasselbe sind die Substantiva in V. 658—60, 662.

652. *Loquiez*, s. S. 78.

654. *Noir* geht nur auf *le front et le visage*, jedes einzeln genommen; auch dem Sinne nach könnte *canes* ‚weisse Haare‘ nicht dahin gehören. Uebrigens ist *noir* nicht gerade als ‚pechschwarz‘ zu fassen, sondern als ‚bräunlich-schwarz‘, denn *couane* bedeutet ‚Schwarte‘, ‚Speckseite‘, prov. *codena* ital. *cotenna* nfrz. *couenne*. *Couane* begegnet als *coanne* — diesen Beleg verdanke ich der Güte von Tobler — bei Barbazan-Méon I, 260 V. 547; einen weiteren (handschriftlichen) Beleg giebt Godefroy im Complément unter *couenne*.

656. *Jusqu'a l'os.* *Os* steht hier wohl prägnant, indem das Schlüsselbein gemeint sein dürfte.

657. *Pelus* ‚behaart‘, nicht zu verwechseln mit *pelé* ‚kahl‘. Es ist wohl gemeint, dass, da der Hunger die Haut hat einschrumpfen lassen, die darauf befindlichen Haare stark hervortreten, so dass er ganz behaart erscheint.

658 entstammt der Hs. 1553. Ich habe die Lesart von Hs. 837 *les iex ot granz sorcis velus* deshalb verworfen, weil ich den selteneren Ausdruck *les iex repus* ‚die Augen tief in den Höhlen liegend‘ für den ursprünglicheren halte und zu erkennen glaube, dass Hs. 837 nur geändert hat, um das *ot* zu gewinnen und so die absoluten Accusative zu vermeiden, welche hier allerdings in etwas freier Weise verwendet sind.

659. Der Vers hat hier keine glückliche Stelle, allein der Dichter wollte eben sagen, dass die Rippen des Abgemagerten zu sehen waren, und dazu schien es ihm nötig, die Bemerkung voranzuschicken, dass dessen Seiten entblösst waren.

670 musste aus Hs. 1553 aufgenommen werden da Hs. 837 schreibt: *estoit si noirs 7 si atains*, *noirs* und *tains* (vgl. Anm. zu V. 549) aber zusammengehören. — *Foible*, das schon V. 199 begegnete (nfrz. *faible*) ist unter Consonantendissimilation aus *flebilem* erwachsen.

672. Wegen der Konstruktion von *estuet* s. Anm. zu V. 592.

678. *Li siens cors*, s. Anm. zu I, 14. *Siens* steht in Anlehnung an *miens* für ursprüngliches *suens*, ebenso *tiens* in V. 895 für *tuens*.

681. *Puet.* *Pooir* steht hier absolut im Sinne von ‚Kraft haben‘.

682. *Faire l'estuet* ‚man muss es thun‘ wird als ein Begriff gefasst und wie ein Substantiv mit dem Artikel versehen, der in *ou* steckt, welches seinerseits dialektisch aus *el* (= *en le*) entstanden ist (s. S. 77). Das Sprichwort kehrt wieder im Meraugis V. 2316; der Herausgeber Friedwagner, welcher an unser ‚Muss ist eine harte Nuss‘ erinnert, führt unsere Stelle an und bringt ein weiteres Beispiel; zwei andere stehen noch im Guillaume le Maréchal ed. P. Meyer V. 2320 und in einem Liede bei Jeanroy, Org. S. 511 V. 38 (überall *en* ohne Artikel an Stelle von *ou*).

683. *Arriere* gehört zu *il s'en rira*.

685. *Ploverra*, s. Anm. zu V. 112.

699. ‚Der sich seiner nicht versah‘.

706. *Autre foiz*, ohne Artikel wie nfrz. *autrefois*, dagegen *l'autre jor* (z. B. RuP. III, 6 V. 3) u. a., vgl. Anm. zu I, 1.

710. In Bestimmungsfragen kann das nominale Objekt (hier *cel baril*) dem Fragesatz vorangehen, ohne dass es nachher durch ein Pronomen aufgenommen zu werden braucht, s. Schulze, Frgs. S. 217 f.

712. *Hui a un an* ist ein eingeschobener Satz, ebenso V. 736. — Das *z* in *defoiz*, welches Wort von **defesum* (aus

defensum) kommt, steht wie so oft in unserem Texte infolge um-
gekehrter Schreibung für *s*.

713. Wegen *tres* s. Anm. zu V. 63.

714. Unter *empire de Rome* ist das durch Karl den Grossen
wiederhergestellte *imperium Romanum* verstanden.

718. *Or me di.* V. 710 gebraucht der Eremit noch *vous*.
Solcher Wechsel der Person bei der Anrede ist in der alten
Sprache recht gewöhnlich; innerhalb unseres Denkmals ist er am
auffälligsten für uns wegen seiner Unmittelbarkeit in V. 883—4,
vgl. auch V. 782—4.

721. Für *despris* s. Anm. zu Aiol V. 3779.

722—3. ‚Angenommen, dass die Sarazenen dich gefangen
(und ausgeplündert) hätten, so bist du doch (dafür) recht ärmlich
und entblösst‘.

732. *Que*, s. Anm. zu V. 333.

734. *Je vous dirai.* Das neutrale Pronomen *le* kann nicht
nur vor Dativen der 3. Person, sondern auch, wenigstens bei *dire*,
vor solchen der 1. und 2. Person fortbleiben, s. Tobler in Götting.
Gel. Anz. 1877 S. 1619 und Ebeling zu Auber. V. 655 (S. 138).

736. Wir haben hier wieder die in Anm. zu I, 41 be-
sprochene Erscheinung vor uns, nur dass es sich bei dem fort-
gebliebenen und in einem anderen Casus zu wiederholenden
Pronomen nicht um ein persönliches, sondern relatives handelt,
ein von Tobler, VB. I, 93 gleichfalls berührter Fall.

738. *Qui m* fehlt in Hs. 837, indem ein Stück von der
Ecke des Blattes fortgerissen ist; ich habe nach Hs. 1553 ergänzt.

747—8. Jeder dieser Verse begegnete schon in genau der-
selben Gestalt als V. 426 und 448.

749. *Que* befriedigt hier nicht recht, weder in der Bedeutung
von ‚denn‘ noch in der von ‚so dass‘.

758. *Tant que*, s. Tobler, VB. II, 41 f., wo mehrere Belege
aus dem Altfranz. für *tant* mit dem Singular eines Substantivs,
das nicht etwa ein Stoffname ist, geboten werden.

775. *Par son plesir*, s. Anm. zu V. 617.

776. *Biaus iex.* Hs. 1553 hat die weniger gezierte, wenn-
gleich nicht minder kindliche Bezeichnung *pius iex*.

782. *Suefres* sehe ich als 2. Sing. des Conj. Präs. an, der
im Sinne des Imperativs steht; es könnte freilich auch eine
2. Plur. sein, indem der Diphtong in die unbetonte Silbe ein-
gedrungen wäre (s. Risop, Stud. z. Gesch. d. franz. Konjug. auf
-*ir* S. 117 Anm. 1) und *s*, wie auch sonst (z. B. *amendes* II, 165,
apeles II, 192), für *z* stünde. Mit *povrece* ist das Elend gemeint,
das der Unglückliche durchgemacht hat und in dem er sich noch
jetzt befindet.

783. *Par vo pitance*, s. Anm. zu V. 617.

784. Das *i* in *l'i* geht wohl auf *penitance*, obschon ich kein
Beispiel eines solchen in unmittelbarer Nähe dessen, auf das es
hinweist, stehenden *i* zur Hand habe.

785. Darf man *i* auf *tel destrece* in V. 781 zurückbeziehen?

786. ‚Ich werde Rechenschaft ablegen müssen‘. Der Klausner übertreibt hier sein Verantwortlichkeitsgefühl, da er doch im Grunde nichts anderes gethan als dem Ritter eine leichte Busse auferlegt hatte.

788—90. Der Klausner, welcher einen gottseligen Tod als Erlösung ansieht, bittet Gott, den Sünder, den er schon V. 769 mit *ceste crëature* bezeichnet hat, zur Reue zu führen (784) und ihn dann zu sich zu nehmen d. h. gottselig sterben zu lassen, und zwar will er dies lieber, als dass er selber schon jetzt die ersehnte Erlösung erfahre. So möchte ich die Worte des Klausners erläutern, die einen auf alle Fälle eigentümlichen Gedankengang darstellen. — Die V. 788 im Reime stehende Ziffer müsste in *deus* aufgelöst werden, das pikardisch und champagnisch ist, während die gewöhnliche centralfranz. Form *dous* lautet. — *Qoi* (789) heisst ‚ruhig‘, doch scheint *lesse moi qoi* hier zu bedeuten ‚lasse mich bleiben, zurückbleiben‘.

797—9. Sinn: Dieser Mann gehört nicht zu mir, d. h. steht mir nicht nahe, ausser mit Bezug auf Gott d. h. ausser dass auch er wie ich ein von Gott geschaffener und ihm unterthaner Mensch ist; wegen *que* s. Anm. zu V. 634.

800. ‚Und doch verzehrt er sich so (in Gram) um meinetwillen‘, vgl. ital. *struggersi*. — *Et* = ‚und doch‘, ebenso V. 853, s. Anm. zu I, 162.

803—6 stammen aus Hs. 1553. In Hs. 837 stehen dafür nur zwei Verse: *q⁵ soit 7 li plus viex trichierre 7 ie q⁵ sui si viex pechierre*, allein *et je* erfordert mit Notwendigkeit das, was Hs. 1553 mit V. 804—5 bietet und was den Gegensatz bildet.

808. Hs. 837 schreibt *q̄ ieusse de moi pitie*, aber dies ist stilistisch nicht unbedenklich und entspricht zu wenig dem Sinne des ganzen Zusammenhanges. Man verstehe mit Hs. 1553: ich habe nicht so viel Güte in mir, dass ich mit seinem Jammer (um mich) wenigstens Mitleid empfinde (das *en* in V. 809 geht auf *pechiez* in V. 805).

814. Der Vers hat in Hs. 837 eine Silbe zu wenig, daher ist auch hier Hs. 1553 zu Hilfe genommen worden.

815. *Ceste paine* bedeutet die dem Eremiten bereitete Pein.

818. *Carchiez.* Ueber anlautendes *c* s. S. 77. *Ch* statt *g* aus *ica* nach Consonant ist nach Förster, Chev. as .II. espees S. LIV pikardisch und anderen Dialekten eigen.

820. *Se je i ai mespris* hat den Sinn: wenn ich dabei keine wahre Reue bezeigt habe.

822. Der Vers kehrt in gleicher Gestalt als V. 918 im Munde des Eremiten wieder. *Vez ci* treffen wir auch V. 931, 932. Die Form *vez* ist 2. Sing. Präs. von *veoir*, die sonst, und auch in Verbindung mit *ci, vois* (< *vides*) lautet; sie erklärt sich daraus, dass in dieser Verbindung das Verbum leicht den Eigenton an das folgende *ci* abgeben konnte, so dass freies i nicht zu *ei, oi*, sondern, weil unbetont, zu *e* wurde. Tobler hat zuerst bemerkt (Arch. Bd. 94 S. 462), dass nfrz. *voici* auf solches *voiz ci, vez ci*, das man auch zusammenschreiben kann, zurückgeht, indem „*vides* (im Sinne von *videsne*) eine Frage mit dem Sinne der Aufforderung ist".

829. Ueber *prendre* mit *a* und Infin. s. Anm. zu I, 160; das *se* gehört zu *confondre*.

831. „Da warf er alles Irdische hinweg‘.

832—3. Die Vorstellung, dass die Thränen aus dem Herzen heraufdringen, trifft man auch sonst an: *Les larmes de son cuer corrent de tel ravine* (RuP. I, 59 V. 60) — *Uns clers fluns ki du cuer me keurt Par les iex* (B. de Condé ed. Scheler S. 226 V. 635) — *L'eaue du cuer li est jusques aus iex montee* (Jubinal, Nouv. rec. I, 30).

835. *Uns* ist Acc. Plur. und heisst „einige‘.

840. Die Verbindung *escurez en lermes* „in Thränen gereinigt‘ ist etwas kühn; Hs. 1553 schreibt *escrevez*.

845. *Avoir auc. en covent* heisst „Jemandem angeloben‘.

846. Mit *dedenz son cuer* ist gemeint „im Stillen‘, indem er das Gelöbnis nicht ausspricht.

851. Das Relativum steht ziemlich weit von seinem Beziehungswort (*barisiaus*) entfernt, s. Anm. zu I, 203.

852. Wegen Schwundes des *l* in *baris* s. Anm. zu I, 14 und II, 397.

853. „Und doch gingen alle seine Wünsche dahin, dass ...‘. — Für *et* s. Anm. zu V. 800. — *Ce* weist auf den folgenden Satz hin. — *Tout* findet sich als Nom. Plur. für *tuit* seit dem 13. Jahrh., s. Schwan-Behrens, Altfrz. Gram. § 336a.

855—7. Infolge lockerer Fügung hat *vit* eigentlich ein doppeltes Objekt, nämlich *son desirrier* und den folgenden Objektssatz, der für V. 857 („ohne dass es dabei Heuchelei gab‘) regierender Satz ist (vgl. Anm. zu V. 300). — Nach *faintise* liegt leichtes Anakoluth vor, indem der ganze Satz noch einmal mit *lor fist Diex* beginnt.

860—1. Der Dichter meint: Deshalb gebrauche ich den Ausdruck *cortoisie* nicht, weil (ich denke, dass) Gott jemals eine *vilonie* gethan hätte. Statt eines Satzes mit *que* tritt V. 861 parataktisch an das Voraufgehende heran.

864. *Pot* „er hatte Veranlassung‘, s. Anm. zu I, 310.

867. *Sorjon*, s. Diez, EW.⁴ 681. Godefroy belegt das Wort nur einmal und zwar als *surjeon*; andere Stellen, an denen es begegnet, sind Œuvr. de Adam de la Halle ed. Coussemaker S. 91, Baud. de Condé ed. Scheler S. 528, Watriquet ed. Scheler S. 440 (*sourdon*).

868—9. Man verstehe: So wie ein Bolzen dahinschiesst, fliegt sie gerade in das Füsslein, vgl. S. 74.

870. *Escripture*, s. S. 75.

882—3. *Toi — vous*, s. Anm. zu V. 718.

891. Wegen des Dativs (*a un seul homme*) s. die Ausführungen von Tobler, VB. I, 169 ff.

903. *Por Dieu merci* ,um der Gnade Gottes willen' (s. Anm. zu V. 396), d. h. weil Gott in seiner Gnade mit zu sich nehmen will.

922. Einen ähnlichen Wortlaut hat V. 328. Man hat sich unseren Vers als parenthetische Einschaltung zu denken, indem der Inhalt von V. 923—4 nur auf V. 921 zurückgehen kann.

925. *En* bezieht sich auf *cuer* der vorangehenden Zeile; für den Gedanken s. Anm. zu V. 882—3.

928—30. ,Und so grosse Habe spendet er ihm, wie den ganzen Leib Christi; dessen grossen Wert setzte er dabei wohl auseinander'. — Hs. 1553 schreibt *come dou cors*; wie dies zu verstehen sei, darüber Tobler, VB. I, 15, wo unsere Stelle angeführt ist.

933. *Si* ,so, d. h. wie ich dir eben gesagt habe dass der Leib Christi ist'. — *Oïl*, nfrz. *oui*. Das in *oïl* steckende Pronomen *il* ,er' wurde nicht mehr gefühlt; das Ursprüngliche wäre in vorliegendem Falle *o je*, was Hs. 1553 hier auch bietet, vgl. Tobler, VB. I, 2.

937. *S'i abandone* ,macht sich schleunigst daran', nämlich, ihm den Leib des Herrn zu geben.

939—40. Man beachte die asyndetische Nebeneinanderstellung der Sätze. — Mit *ne se deçoit* ist gemeint, dass er den Leib nicht unwürdig geniesst. — Das erste *bien* in V. 940 ist Adverbium, das zweite Substantiv.

943. Das *i* in *acommeniez* hat wie im folgenden *niez* die Geltung von *ii*.

944. *Niez* steht für *niiez*. Godefroy belegt dieses Simplex nicht, dagegen mehrfach das Compositum *esneier, esnier* ,reinigen'.

962. *Est renduz*. In der alten Zeit wird der passive Ausdruck oft mit reflexivem Sinne gebraucht; Näheres darüber bei Tobler, Vr. an. zu V. 166 und VB. II, 57.

963. *Rendre sa coupe* ,seine Schuld bekennen' dürfte selten begegnen, während *batre s. c.* und *clamer s. c.* wohlbekannt sind. Ueber die Assonanz s. S. 78.

966. Das Gesagte ist begründet, da das Fässlein ihm zum ewigen Heile verholfen hat.

969. *Penitance* ist das Fässlein, das zu füllen ihm als Busse auferlegt war.

970—1. Der Ausdruck ist nicht ganz durchsichtig. *Li* geht wohl auf die ganze Person und nicht auf *cuer*, und dann scheint V. 970 heissen zu sollen: ,ein Reuestrom hat ihn so sehr erschüttert, dass . . .'. Die ganze Stelle ist recht entbehrlich, da schon Gesagtes darin nur variiert wird.

973. *Paine* ist das Anderen zugefügte Leid, vgl. Anm. zu V. 815.

975. ‚Beide müssen sich (von einander) trennen und die Seele muss sich vom Körper scheiden'. — Wie bei *estuet* (s. Anm. zu V. 592) kann auch bei *covient* der Accus. stehen, wenn das Erforderte im Infin. folgt.

977—9. Logischer wäre es gewesen, zu sagen: Die Seele war so gesäubert, dass kein Flecken an ihr geblieben war, und so rein trat sie aus dem Körper heraus. — Wegen *pechie* s. Anm. zu V. 128.

992. *De chief en chief*, das V. 1020 wiederkehrt und eig. ‚von einem Ende bis zum anderen' bedeutet, dürfte hier nur einen abgeschwächten Sinn ‚ganz und gar' haben, denn sonst stünde *jusques en son* ‚bis zum Höchsten' d. h. ‚bis zum Ende' in recht fühlbarem Pleonasmus da.

1000. *Que*, s. Anm. zu V. 634.

1001. *Entan*, das für *antan* steht bedeutet hier gemäss seiner Herkunft von *ante annum* ‚vor einem Jahre', von wo aus es dann zum weiteren Sinne von ‚ehemals' gelangt.

1006. Männliches *miedi* ist wohl durch *mienuit* hervorgerufen, wie *tote jor* durch *tote nuit*, s. Anm. zu V. 614.

1009. *Estature*, gelehrtes auch sonst begegnendes Wort. Intervokales *t*, welches lautgesetzlich fallen musste, ist erhalten geblieben wie in *ermite*.

1027. *Le*, s. S. 77.

1028. *Aus angeles*. Für den Dativ s. Anm. zu V. 891. *Angeles* ist zweisilbig wie V. 982, 985, s. S. 78.

1029. *Eurent*, s. S. 77.

1033. *But*. Die alte, regelrechte Form ist *bëu*. Wegen Falles des vortonigen Vokals in diesem Worte s. Tobler, Vr. an. S. XXVII, wegen Erhaltung von isoliertem *t* s. Anm. zu I, 157 und Auc. S. 58.

1041. *Ai dit* steht in doppelter Funktion, indem auch der Satz mit *que* davon abhängt, vgl. Anm. zu V. 855—7.

1042. Bei der indirekten Frage ist im Altfranz. ein blosses *que* ganz gewöhnlich, während nfrz. ein *ce* davortreten muss.

1043. Berufung auf die Quelle, s. S. 75.

1047 musste Hs. 1553 entnommen werden, da in der Lesart von Hs. 837 *sil dist 9ment diex i ouura* der Singularis unannehmbar ist.

1051. *Vuelent*. In der 1., 2., 3. Person Sing. und in der der 3. Person Plur. des Präsens ist der Stamm betont, daher diphtongiert freies lat. *ŏ* zu *ué*, während es in der 1.—2. Pers. Plur. des Präs., sowie im Infinitiv, Imperfektum und anderen Zeiten, wo der Accent auf der Endung liegt, bestehen bleibt, also z. B. *voloir, voloie*. Andere Beispiele davon, wie je nach dem Hin- und Herrücken des Accentes bei den Verbalformen der Stamm in dieser oder jener Gestalt erscheint, sind in unseren Texten u. a.: *aim* (I, 35), *amer* (I, 44) — *dueil* (I, 108), *doloir* (I, 51) — *fiere* (II, 296), *ferir* (II, 376) — *muert* (II, 785), *morir* (I, 62) — *sueffre* (II, 555), *souffrir* (II, 375) — *tient* (II, 798), *tenir* (II, 672) — *vient* (I, 67), *vendrez* (II, 117) — *voi* (I, 9), *vëez* (I, 116) — *vueil* (I, 55), *volez* (II, 87). Wegen *vez* in *vez ci* s. Anm. zu V. 822.

1062. Die aus Vokaldissimilation zu erklärende Form *crïer* (< *creare*) ist die gewöhnliche.

Glossar.

I bezeichnet die erste, II die zweite der herausgegebenen Dichtungen.

Bei der Anführung der Wörter ist Vollständigkeit erstrebt worden; was die Belegstellen betrifft, so findet man nur dann nicht alle derselben angegeben, wenn es sich um sehr gewöhnliche oder in unseren Texten häufig begegnende Wörter handelt.

Nomina sind in der Regel im Acc. Sing., die einzelnen Verbalformen unter dem Infinitiv aufgeführt.

Abkürzungen:

adj. = Adjektiv.
adv. = Adverbium.
Art. = Artikel.
Comp. = Comparativ.
Cond. = Conditionalis.
Conj. = Conjunktiv.
conj. = Conjunktion.
dem. = demonstrativum.
f. = femininum.
fig. = figürlich.
Fut. = Futurum.
gebr. = gebraucht.
Ger. = Gerundium.
gew. = gewöhnlich.
Imp. = Imperativ.
impers. = impersonale.
ind. = indefinitum.
Ind. = Indikativ.
Inf. = Infinitiv.
int. = interrogativ.
intr. = intransitiv.

Ipf. = Imperfektum.
m. = masculinum.
Nom. = Nominativ.
Obl. = Obliquus.
P. = Participium.
pers. = personale.
Pf. = Perfektum.
Pl. = Pluralis.
poss. = possessivum.
Pr. = Präsens.
pron. = Pronomen.
prp. = Präposition.
rel. = relativum.
rfl. = reflexivum.
s. = siehe.
s. = Substantiv in s. m., s. f.
Sg. = Singularis.
subst. = substantiviert.
tr. = transitiv.
v. = Verbum.
verb. = verbunden.

A.

a *prp. Oertlich: an, in, zu, auf, nach* I, 1, 157, 202, 273 II, 199,
381, 398, 410 *etc.* — *Zeitlich* I, 29, 152, 301 II, 187, 472, 691,
999. — *Zugehörigkeit, Besitz* I, 16, 30, 72, 232, 255 II, 45, 798.
— *Dativ* I, 5, 6 *etc.* II, 34 *etc.* — *Richtung, Ziel* I, 249, 262 *etc.*
II, 60, 61, 74, 80 *etc.*, (*mit Infin.*) I, 140, 147, 160 *etc.* — II, 215 *etc.*
— *Art u. Weise, charakter. od. begleit. Umstand* I, 70 *etc.*
Im Explicit des Chevalier au barisel, II, 35, 36, 41, 83, 235 *etc.*
— *Veranlass. Umstand* II, 132. — *Gemässheit, Mass, Ver-*
hältnis I, 21, 90, 91, 95, 135, 229 *etc.* II, 15, 149, 244, 406 *etc.*
— *Mittel, Werkzeug* II, 994. — A' *tan* I, 67, 155, 200 II, 141
da (*eig.: bei soviel*).

abandoner *v. rfl., Pr. 3. Sg.* abandone II, 937 *sich schnell an etw.*
machen.

abelir *v. intr., Pf. 3. Sg.* abeli I, 92, 233 *gefallen.*

abstinance *s. f.* II, 85 *Enthaltung.*

achater *v. tr., Pf. 2. Pl.* achatastes I, 220 *kaufen.*

achoison *s. f.* II, 785 *Veranlassung.*

acoler *v. tr., Pr. 1. Sg.* acole I, 178 — *Imp. 2. Pl.* acolez I, 170
umarmen.

acommenier *v. tr., P. Pf.* acommenié II, 943 *Jem. mit dem Abend-*
mahl versehen.

acorder *v. rfl., Pr. 3. Pl.* acordent II, 1045 *übereinstimmen.*

adaingnier *v. tr. Pr. 3. Sg.* adaingne II, 643 *für würdig halten.*

ademetre *v. tr., P. Pf.* ademis II, 476 *hinablassen.*

ades *adv.* I, 102 II, 630 *immer;* I, 176 *im Augenblick, alsbald.*

adolé II, 809 *traurig, bekümmert.*

adonc *adv.* I, 246 II, 456, 510 *etc. da.*

adont (= adonc) *adv.* II, 198 *da.*

adrecier *v. rfl., Pr. 3. Sg.* adrece II, 866 — *Pf. 3. Sg.* adreça II, 690
sich wenden, seinen Weg nehmen.

aërdre *v. tr.* I, 227 *fassen, ergreifen* — aërs (*P. Pf. von* aërdre
v. intr.) II, 34 (ahers) II, 660 *anhängend, ergeben.*

afere *s. m.* II, 53 *Thun, Treiben;* II, 167, 390 *Angelegenheit.*

afichier *v. rfl., Pr. 3. Sg.* afiche II, 446 *hartnäckig sein.*

afruitier *v. intr., Pr. 3. Sg.* afruite II, 390 *fruchten, Nutzen bringen.*

agreer *v. intr., Pr. 3. Sg.* agree I, 117, 118, 194 *angenehm sein,*
gefallen.

ahan *s. m.* II, 677 *Not, Qual.*

ahers *s.* aërdre.

aïde *s. f.* I, 254 *Hilfe.*

aidier *v.* I, 245 — *Conj.. P. 3. Sg.* aït I, 7, 88 II, 175 — *Cond. 3. Sg.* aideroit II, 293 *helfen*; II, 836 *rfl. sich fördern.*

aïe *s. f.* I, 253 *Hilfe* (estre en aïe a auc.).

aigre II, 787 *herb, bitter.*

aillors *adv.* I, 256 *anderswo.*

aim *s.* amer.

ainc ne II, 535, 583, 967 *nimmer.*

ainçois *adv.* II, 256 *zuvor*; ainçois que *conj.* I, 228 II, 394 *bevor.*

aine *s. m.* II, 666 *Leiste (am menschlichen Körper).*

ainsi *adv.* I, 23, 197, 199, 285 II, 419, 511 *etc. so;* ainsi com II, 1004, 1021 *so wie.*

ainz *adv.* II, 302, 313, 345, 405, 507 *etc. eher, vielmehr*; ainz que *conj.* I, 59 *bevor*; ainz . . ne II, 58, 426, 435, 449, 747 ainz mes ne II, 720 *niemals.*

aïr *s. m.* II, 433, 537, 600 *Zorn, Grimm.*

aise *s. f.* II, 462, 595 *Behagen, Bequemlichkeit.*

aït *s.* aidier.

alaine *s. f.* I, 70 *Atem.*

aler *v. intr.* I, 188, 197, 199 II, 254 — *Ind. Pr. 1. Sg.* vois I, 289 II, 127, 197, 410 *3. Sg.* va I, 248, 257 II, 143, 268, 510, 522 *etc.* vait II, 198 *3. Pl.* vont I, 103 II, 105, 144, 145, 150, 180 — *Ind. Pf. 3. Sg.* ala II, 645 — *Conj. Ipf. 3. Pl.* alaissent II, 178 — *Fut. 1. Sg.* irai II, 119, 122, 228, 382, 468, 949 *3. Sg.* ira II, 113 *1. Pl.* irommes II, 68 *2. Pl.* irez II, 255 *3. Pl.* iront II, 129, 174 — *Cond. 1. Sg.* iroie II, 116 — *Imp. 1. Pl.* alons I, 193 II, 107 *2. Pl.* alez II, 315, 367, 369, 381, 383 — *P. Pf. f.* alee II, 557 *gehen, ziehen*; *rfl.* (mit en) I, 289 II, 174, 178, 198, 339, 468, 492, 949, 990 *fortgehen, dahinziehen. — Für* aler *mit Gerund. s. Anm. zu* I, 103.

alumer *v. intr. gebr. Pr. 3. Sg.* alume II, 532 *entflammen.*

amasser *v. tr., P. Pf.* amassé II, 56 *anhäufen.*

ame *s. f.* I, 97 II, 382 *etc. Seele.*

amender *v. tr., Fut. 1. Sg.* amenderai II, 733 *gut machen*; *refl. Imp. 2. Pl.* II, 162 *sich bessern.*

amener *v. tr., Pf. 3. Sg.* amena II, 709 *2. Pl.* amenastes II, 267 — *Imp. 2. Sg.* amaine II, 122 *herführen, herbeiführen.*

amer II, 378, *f.* amere II, 474 *bitter.*

amer *v. tr.* I, 43, 171 (*subst.*) — *Ind. Pr. 1. Sg.* aim I, 35, 62 *3. Sg.* aime I, 198, 199 *2. Pl.* amez I, 244 — *Conj. Ipf. 1. Sg.* amaisse II, 176, 900 — *Cond. 1. Sg.* ameroie II, 124, 218 — amer miex I, 35 II, 124, 176, 218 *lieber wollen.*

ami *s. m.* I, 14, 140, 143 *etc.* II, 277 *etc. Freund, Geliebter.*

amïe *s. f.* I, 29, 164 *etc. Freundin, Geliebte.*

amïete *s. f.* I, 316 *Freundin, Geliebte.*

amistie *s. f.* II, 807 *Freundlichkeit, freundliche Gesinnung.*

amolïer *v. tr.* II, 584 *erweichen.*

amor *s. f.* I, 117, 244, 292, 307 II, 396 *etc. Liebe*; par amors I, 244 *in wahrer Liebe.*

amorete *s. f.* I, 134, 152, 195, 298 *Liebe.*

an *s. m.* II, 57, 362, 363 *etc. Jahr.*

ancele *s. f.* II, 38 *Magd.*

ançois *adv.* II, 91 *eher s.* ainçois.

an.II. (= andous, andeus) II, 880, 975 *beide.*

anemi *s. m.* II, 142, 310, 987 *Teufel.*

angele *s. m.* II, 981, 985, 994, 1028 *Engel.*

angoisse *s. f.* II, 442, 445 *innere Aufregung.*

anter (*gew.* hanter) *v. tr., P. Pf.* anté II, 745 *aufsuchen, besuchen.*

anui *s. m.* I, 13 II, 234, 489, 565, 851 *Verdruss, Widerwärtigkeit* II, 146 *Verdruss erregende Worte.*

anuit *adv.* I, 191 *diese Nacht.*

apartenir *v. intr., Pr. 3. Sg.* apartient II, 797 *gehören.*

apeler *v. tr., Pr. 3. Sg.* apele II, 239 — *Pf. 3. Sg.* apela II, 456, 707 *etc.* — *Imp. 2. Pl.* apeles II, 192 — *P. Pf.* apelé II, 330 *rufen anrufen.*

apertement *adv.* II, 1027 *offenbar, deutlich.*

apoier *v. rfl., Pr. 3. Sg.* apoie II, 673 — *Ger.* apoiant II, 198, 687 *sich stützen.*

aporter *v. tr., Pr. 2. Pl.* aportez II, 401 *herbeibringen.*

aprendre *v. tr.* II, 592 *lernen.*

apres *prp.* II, 1032 *nach; adv.* II, 421 *hinterher* II, 602 *darauf.*

apresté II, 822, 918 *bereit.*

ardoir *v. tr., Conj. Pr. 3. Sg.* arde II, 503 — *P. Pf.* ars II, 92 — *Ger.* ardant I, 103, 104 *verbrennen; intr. P. Pr.* ardant II, 834, 875 *glühen.*

ardure *s. f.* II, 445 *innere Glut, Erregtheit.*

arest *s. m.* II, 151 *Aufenthalt.*

arramïe *s. f.* II, 488 *Ingrimm.*

arriere *adv.* I, 249, 683 *zurück.*

ars *s.* ardoir.

artillier *v. tr., P. Pf.* artillié II, 8 *herrichten, zurüsten.*

assaillir *v. tr., Pr. 3. Sg.* assaut II, 539 *angreifen.*

assambler *intr. gebr., Pr. 3. Sg.* assamble I, 259 *sich versammeln.*

assaudre *v. tr.* (*gew.* assoudre) II, 927 — *Pr. 3. Sg.* assaut II, 927. *Jem. Absolution erteilen.*

assaut *s.* assaillir *und* assaudre.

assez *adv.* I, 299, 300 II, 72 *viel, weit (beim Comparativ)*; I, 302 II, 527, 596, 723 *zur Genüge, sehr.*

ataindre *v. tr., Pr. 3. Sg.* ataint II, 550 *erreichen* — *P. Pf.* ataint II, 647, 670 *erschöpft.*

atendre *v. tr., Ipf. 3. Sg.* atendoit II, 987 *erwarten* — *P. Pf.* atendu II, 466 (*Versprochenes*) *halten; intr.* I, 264, 305 — *Pf. 3. Sg.* atendi II, 958 — *Ger.* atendant II, 315 *warten.*

atirer *v. tr., Imp. 2. Pl.* atirez II, 65 *herrichten, zubereiten.*

atrere (*älter* atraire) *v. tr. Pr. 3. Sg.* atret II, 867 *heranziehen.*

au (*aus* a + le) I, 26, 69, 71 *etc.* II, 61 *etc.*

aucun, e *pron. ind.* II, 303 *irgend ein (adjektivisch).*

aumosne *s. f.* II, 225, 229 *Almosen.*

auques *pron. neutr. ind.* II, 115 *irgend etwas; adv.* II, 351 *einigermassen.*

aus (*aus* a + les) II, 576, 579, 652, 660, 1002.

aus (= eus) *pron. pers.* II, 995, 1017, *s. S.* 78.

ausi (aussi) *adv.*, ausi com I, 221 II, 414 *als ob* II, 654 (ausi . . com) *so . . wie; zu* II, 148 *s. Anm.* — ausi que II, 637 868 *so wie.*

autel *s. m.* II, 180, 241, 961 *Altar.*

autre II, 706, 755, 952 (*adjekt.*) *anderer* — *Obl.* autrui II, 490 (*subst.*).

autrement *adv.* II, 322, 1016 *auf andere Art.*

autrier (l') *adv.* I, 1 *neulich, einst.*

avaler *v. intr.* I, 200 *herabkommen.*

avant *adv.* I, 195 II, 192, 239 *vorwärts* (apeler anc. avant *Jem. auffordern, heranzukommen*); avant que *conj.* I, 210 *bevor.*

avarisce *s. f.* I, 40 *Geiz.*

avenir *v. intr. Ind. Pr. 3. Sg.* avient I, 49 — *Conj. Pr. 3. Sg.* aviegne II, 137 — *Pf. 3. Sg.* avint I, 1 II, 60, 633, 696 *etc. P. Pf.* avenu I, 274 II, 984 *geschehen, gelangen zu.*

aventure *s. f.* II, 287 *Gefahr* (metre en aventure *aufs Spiel setzen*) II, 789 *Ungefähr* II, 998 *Begebenheit.*

avillier *v. rfl.* II, 44 *sich erniedrigen.*

avironer *v. tr., Pr. 3. Sg.* avirone I, 75 *umgeben (fig.).*

avoec *prp.* II, 123 *etc. mit;* avoec ce que II, 669 *ausserdem dass.*

avoir *v. tr.* I, 15, 59, 63 *etc.* II, 209 *etc.* — *Ind. Pr. 1. Sg.* ai I, 61, 79 *etc.* II, 100 *etc. 2. Sg.* as II, 725 *etc. 3. Sg.* a I, 31, 32, 77 *etc. 2. Pl.* avez I, 230 II, 76, 93 *etc. 3. Pl.* ont I, 107, 200 *etc.* — *Conj. Pr. 1. Sg.* aie I, 59, 111, 167 II, 341 *etc. 3. Sg.* ait I, 272 II, 354, 429 *etc. 2. Pl.* aiez I, 214 II, 386 — *Ind. Ipf. 3. Sg.* avoit I, 68, 305 II, 6 *etc. 1. Pl.* aviens I, 184 *2. Pl.* aviiez II, 292 — *Conj. Ipf. 1. Sg.* ëusse I, 210 II, 335 *3. Sg.* ëust II, 16, 475 *etc. 3. Pl.* ëussent II, 722 — *Pf. 3. Sg.* ot I, 2, 246 II, 41 *etc. 3. Pl.* orent II, 1033, 1038 eurent II, 1029 — *Fut. 1. Sg.* avrai I, 7, II, 91 *etc.* averai I, 125, 127 II, 455 *3. Sg.* avra I, 192, 271 II, 523 *etc.* avera II, 595 *2. Pl.* avrez I, 20, 64 II, 249, 404 — *Cond. 2. Pl.* avriez II, 351 — *Imp. 2. Pl.* aiez I, 193 — *P. Pf.* ëu II, 504 *haben, erhalten.* — *Subst.* I, 39, 42, 71 *etc.* II, 14, 514 *etc. Habe, Besitz.* — *Impers.* (*mit oder ohne i oder Pronomen*) *Pr. 3. Sg.* I, 272 II, 104, 222, 242, 374, 409 *etc.* — *Ipf. 3. Sg.* II, 545, 580, 857 — *Pf. 3. Sg.* I, 283, 302 — *Cond. 3. Sg.* avroit II, 389 *es giebt, etc.*

B.

bacon *s. m.* I, 32 *Schinken.*

baillier *v. tr. Pr. 1. Sg.* baille II, 419 *3. Sg.* baille II, 413 *übergeben.*

baler *v. intr. Imp. 2. Pl.* I, 234, 243 *tanzen.*
bareil *s. m.* II, 458 *Fass.*
baril *s. m.* II, 413, 415, 450, 502 *etc. Fass.*
barisel *s. m.* II. 438, 512, 551 *etc. Fässlein.*
bariselet *s. m.* II, 397 *ganz kleines Fass.*
baron *s. m.* II, 200 *Herr, Baron.*
bas, basse I, 250 *niedergeschlagen;* en bas II, 794 *leise.*
baston *s. m.* II, 199, 430, 672, 687 *Stock.*
batillier *v. tr., P. pf.* batillié II, 7 *mit Zinnen versehen, befestigen.*
batre *v. tr.* II, 376 — *P. Pf.* batu II, 342 *schlagen.*
bel, e I, 90, 312, 313 II, 13, 548, 713 *etc. schön* I, 12, 46, 122 II, 207 *etc.
lieb; subst.* bele I, 234 *Schöne.*
belement *adv.* II, 183 *gut.*
besier (*älter* baisier) *v. tr., Imp. 2. Pl.* I, 170 — *P. Pf.* besié
II, 880 *küssen.*
besoing *s. m.* II, 709 *Bedürfnis.*
besoingne *s. f.* II, 182 *Angelegenheit.*
beste *s. f.* I, 221 II, 755 *Thier.*
biaus, biau *s.* bel.
biauté *s. f.* I, 85 *Schönheit.*
bien *adv.* I, 15, 55, 78 *etc.* II, 7, 46 *etc. wohl, sehr* II, 125 *beim
Adjektiv.*
bien *s. m.* II, 224, 298, 392, 462, 490 *etc. Gutes, Gut.*
blasmer *v. tr.* I, 45, 46 — *Imp. 2. Pl.* blasmez I, 269 *tadeln.*
ble *s. m.* I, 31 *Getreide.*
blecier *v. tr., P. Pf.* blecié II, 400 *verwunden.*
blondet, e I, 318 *blond.*
boillir *v. intr., P. Pr.* boillant II, 876 *schäumen.*
boillon *s. m.* II, 877 *das Schäumende, der Schaum.*
bois *s. m.* I, 188 II, 104, 640 *Gehölz, Wald.*
boivre *v. intr., P. Pf.* but II, 1033 *trinken.*
bon, bone (II, 777 bonne) I, 195, 292 II, 61, 238, 344 *etc. gut.*
bonement *adv.* II, 189 *aufrichtigen Herzens.*
bonté *s. f.* II, 118 *Güte, gütiges Thun* II, 930 *Wert.*
bouche *s. f.* II, 844 *Mund.*
boujon *s. m.* II, 868 *Bolzen.*
bouter *v. tr., Pr. 3. Sg.* boute II, 425 — *P. Pf.* bouté II, 430
stossen.
braz *s. m.* II, 957 *Arm.*
brere (*älter* braire) *v. intr.* I, 237 *schreien.*
but II, 1033 *s.* boivre.

C.

.c. Abkürzung für *cent* II, 111 *hundert.*
ça *adv.* II, 191, 617 *hier* II, 412, 646, 709 *hierher.*
cainture *s. f.* I, 22 *Gürtel.*
canes *s. f.* II, 653 *weisse Haare.*

ce (c') *neutr. pron.* I, 55, 104, 114, 118 *etc.* II, 22, 99, 112, 113 *etc. dieses, das.*

cel, celui, ceus, cele, celi *s.* cil.

celestre I, 255 *himmlisch.*

cerchier *v. tr., Pf. 3. Sg.* cercha II, 603 — *Fut. 1. Sg.* cercherai II, 507 — *P. Pf.* cerchié (cerchie *für* cerchiée) II, 621 *aufsuchen, durchsuchen.*

certes *adv.* II, 89, 102, 195 *etc. sicherlich.*

ces, cest, cestui, ceste *s.* cist.

cesser *v. intr.* II, 106 — *Cond. 2. Pl.* cesseriez II, 233 — *P. Pr.* cessant II, 58 *aufhören, ablassen.*

chacier *v. tr., P. Pf.* chacié II, 41 *jagen, bedrängen.*

chaille *s.* chaloir.

chaloir *v. impers., Pr. 3. Sg.* chaut I, 130 — *Conj. Pr. 3. Sg.* chaille II, 414 *es ist an etwas gelegen.*

champ *s. m.* II, 579, 640 *Feld.*

chançon *s. f.* I, 52, 56, 296, 304 *Lied.*

chançonnette *s. f.* I, 78, 187 (chançonnete) *kleines Lied.*

changier *v. tr.* II, 541 — *P. Pf.* changié *verändert* II, 549 *eintauschen.*

chanoine *s. m.* II, 32 *Kanonikus.*

chans *s.* champ *und* chant.

chant *s. m.* II, 580 *Gesang.*

chanter *v. tr., intr., Ipf. 3. Sg.* chantoit I, 288 *3. Pl.* chantoient I, 242, 303 — *Fut. 1. Sg.* I, 169, 194 — *Ger.* chantant I, 132, 160 II, 143 *singen.*

chape *s. f.* II, 546 *Kappe.*

chapele *s. f.* II, 227, 240 *Kapelle.*

chapelet *s. m.* I, 35 *kleiner Kranz.*

chaperon *s. m.* II, 546 *kleine Kappe.*

char *s. f.* I, 32 II, 47, 83, 87 (*essbares*) *Fleisch* II, 563 *Fleisch des menschlichen Körpers.*

chargier *v. tr., Pf. 1. Sg.* charjai II, 713 *3. Sg.* charja II, 716 *2. Pl.* charjastes II, 736 — *P. Pf.* carchié II, 818 *aufladen.*

charpenter *v. tr.,* charpenté II, 459 *zimmern.*

chascun, e *pron. ind.* (*adjektiv.*) II, 373, 383, 529, 550, 837; (*subst.*) II, 182, 577, 1017, 1056 *jeder.*

chastel *s. m.* II, 6 *Schloss.*

chastelain *s. m.* I, 2, 16, 74, 201, 249 *Schlossherr.*

chastelaine *s. f.* I, 72, 73 *Schlossfrau; im Explicit der ersten Dichtung: Schlossfräulein.*

chatel *s. m.* II, 569 *Gut, Habe.*

chaut *s.* chaloir.

chaut, *Obl. Fl.* chaus II, 560 *Hitze.*

chemin *s. m.* II, 27, 150, 172 *Weg.*

chemise *s. f.* II, 369 *Hemd.*

chëoir *v. intr., Pr. 3. Sg.* chiet II, 132, 564 *fallen.*

cheval *s. m.* I, 183 II, 122, 493 *Pferd.*

chevalier *s. m.* II, 73, 208, 792, 889, 1029, 1061 *Ritter.*
cheveus *s. m. Obl. pl.* II, 651 *Haare.*
chief *s. m.* II, 440, 463 *Kopf,* 691 *Ende;* de chief en chief II, 992, 1020 *von Anfang bis zu Ende, ganz und gar* (?).
chien *s. m.* II, 158, 755, 757 *Hund.*
chier, e II, 207, 804 *lieb.*
chiere *s. f.* I, 250 *Gesicht.*
chiet *s.* chëoir.
chiez *s.* chief.
chose *s. f.* II, 303, 682 *Sache.*
ci *adv.* I, 17, 18 II, 164, 302, 374, 398, 409 *hier* II, 267, 717 *hierher.*
cil *pron. dem. (subst. und adjekt.)* I, 186, 196, 229 *etc.* II, 62, 134, 142 *etc.* — *Obl. Sg.* cel I, 8, 30 *etc.* II, 104 *etc.* celui *(subst.)* II, 211, 254 — *Nom. Pl.* cil II, 144, 148, 179 *etc.* — *Obl. Pl.* ceus II, 35 — *Fem.* cele I, 159 II, 309, 410, 875 *Obl. Sg.* celi *(subst.)* I, 91 *jener, jene.*
cincheus, e II, 543 *lumpig, fetzenhaft.*
cist *pron. dem.* II, 813 cis II, 390, 797, 804 — *Obl. Sg.* cest I, 42 II, 299, 398 *etc.* cestui *(subst.)* II, 780 — *Nom. pl.* cist II, 378 — *Obl. Pl.* ces II, 123 — *Fem.* ceste I, 52, 118, 233 II, 118, 170 *etc.* — *Obl. Pl.* ces II, 561 *dieser, diese.*
clamer *v. tr., Pr. 1. Sg.* claim I, 33 *erklären 3. Sg.* claime I, 196 *beanspruchen.*
cler II, 548 *hell.*
clerc *s. m.* II, 31 *Geistlicher.*
clore *v. tr., Pr. 3. Sg.* clot II, 618, 963 *einschliessen, schliessen.*
coi *s.* quoi.
cointement *adv.* I, 243 *anmutig.*
col *s. m.* II, 512, 655 *etc. Hals.*
color *s. f.* I, 95 *Farbe.*
com, come *adv. (Ausruf)* I, 98 II, 472, 474, 898; *(indir. Fr.)* II, 696; *(Vergleich)* I, 133 *nach* tel I, 319 II, 358 *wie; nach* ainsi, ausi, si, tant *s.* daselbst.
comander *v. tr., Pr. 1. Sg.* commant II, 313, 955 — *P. Pf.* comandé I, 306 *befehlen, anempfehlen.*
comble II, 873 *das Uebervolle.*
come *s.* com.
comencier *v. intr., Pr. 3. Sg.* comence II, 920 — *Imp. 2. Pl.* commenciez II, 282 — *P. Pf.* commencié II, 292; *mit* a u. *Inf.* I, 237; *tr.* II, 325 (?) *anfangen.*
comment *adv.* II, 297, 320, 392, 730 *(frag. Ausruf);* II, 1015, 1022, 1025, 1047, 1048 *(indir. Fr.) wie.*
compaignie *s. f.* II, 121 *Begleitung.*
compaignete (compaignete) I, 189, 190 *Gefährtin.*
comparer *v. tr., Pr. 3. Sg.* compere I, 49 *büssen.*
condicïon *s. f.* II, 912 *Bestimmung, Anordnung.*
confes II, 177, 1024 *Jem. der eine Beichte abgelegt hat.*
confesse *s. f.* II, 132, 329 *Beichte.*

confesser *v. tr.* II, 128 *Pf. 2. Pl.* confessastes II, 735 *Jem. die Beichte abnehmen; rfl.* II, 105 — *Imp. 1. Pl.* confessons II, 107; *intr. gebr.* II, 111, 203 *beichten.*

confessïon *s. f.* II, 126, 130 *Beichte.*

confondre *v. rfl.* II, 829 *gerührt werden.*

conforter *v. tr., P. Pf.* conforté II, 813 *trösten.*

congie *s. m.* I, 304 II, 1034 *Abschied.*

conjurer *v. tr., Pr. 1. Sg.* conjur II, 305, 309 *beschwören, flehentlich bitten.*

connoistre *v. tr., Pf. 3. Sg.* connut II, 703, 704 *3. Pl.* connurent II, 1011 — *Conj. Ipf. 3. Sg.* conëust II, 649 *erkennen; Conj. Pr. 2. Pl.* connoissiez II, 281 *bekennen.*

conte *s. m.* I, 14, 232 II, 9 *Graf.*

conte *s. m.* II, 42 *Rechnung, Zahl;* II, 740, 1060 *Erzählung.*

conter *v. tr.* II, 614 — *Pf. 1. Sg.* contai II, 907 *3. Sg.* conta II, 327, 921 — *Cond. 1. Sg.* conteroie II, 613 — *P. Pf.* conté II, 331, 1020 *erzählen.*

contre *prp.* I, 48 *gegen.*

contredit *s. m.* II, 75 *Widerrede;* sanz contredit *ohne Weiteres.*

contree *s. f.* I, 149, 294 II, 741 *Gegend.*

contremont *adv.* II, 832 *aufwärts.*

contrere *s. m.* I, 212 *Feindseligkeit.*

contrichïon (*s. S. 78*) *s. f.* II, 911 *Zerknirschtheit.*

convers *s. m.* II, 33 *Mönch.*

convoier *v. tr., Pr. 3. Sg.* convoie II, 518 *geleiten.*

cop *s. m.* II, 537, 971 *Stoss, Erschütterung.*

corage *s. m.* II, 917 *Sinn.*

coroucier *v. rfl., P. Pf.* coroucié II, 480 *zornig werden; tr., P. Pf.* II, 908 *erzürnt, ergrimmt.*

corre *v. intr.* II, 421 — *Pr. 3. Sg.* cort II, 878 *laufen;* corre seure a auc. *auf Jem. zueilen.*

cors *s. m.* I, 68, 167 II, 13, 25 etc. *Körper.*

cors *s. m.* I, 257 *Lauf.*

cortois, e I, 312 *höfisch, fein gebildet.*

cortoisïe *s. f.* II, 859 *Artigkeit, höfliches Thun.*

coste *s. f.* II, 661 *Rippe.*

costé *s. m.* II, 659 *Seite.*

couane *s. f.* II, 654 *Speckseite.*

coupe *s. f.* II, 963 *Schuld.*

couvent *s. m.* II, 227 *Kloster, Kirche* (?).

couverture *s. f.* II, 997 *Decke.*

couvine *s. m.* II, 261 *Treiben, Handlungsweise.*

covenir, couvenir *v. impers., Pr. 3. Sg.* covient I, 19, 66, 208, 236, 263 II, 245, 975 — *Pf. 3. Sg.* covint II, 540 — *Fut. 3. Sg.* couvendra II, 786 *es ist nötig.*

covent, couvent *s. m.* II, 186, 228, 416, 466, 845 *Abmachung, Versprechen, Gelöbnis;* avoir Dieu en covent *Gott angeloben.*

cranche *s. m.* I, 222 *Krebsgeschwür.*

cras II, 218 *fett.*

crëatour *s. m.* II, 96 *Schöpfer* (= *Christus*).
crëature *s. f.* II, 769, 790 *Geschöpf.*
cremoit, cremu *s.* criemre.
cremor *s. f.* II, 909 *Furcht.*
crever *v. intr.* I, 168 — *P. Pf.* crevé II, 839 *platzen.*
criemre *v. tr., Ipf. 3. Sg.* cremoit II, 9, 21 — *P. Pf.* cremu II, 140
   fürchten.
crïer *v. tr., Pf. 3. Sg.* crïa II, 1062 *schaffen.*
crïer *v. intr.* I, 160 *Pr. 3. Sg.* crïe II, 765 *zurufen, schreien; tr.*
   II, 97 *ausrufen, verkünden* (?).
croire *v. tr.* I, 55 — *Pr. 1. Sg.* croi I, 146 II, 169, 219, 934 *2. Sg.*
   crois II, 933 *glauben, glauben an.*
croiz *s. f.* I, 252, 255 II, 212, 278, 308 *Kreuz.*
cru, e I, 32 *roh, ungekocht.*
cruël II, 572 *grausam.*
cuer *s. m.* I, 27, 28, 40. 41, 51, 61 *etc.* II, 209, 432 *etc. Herz;* de cuer
   I, 169, 288 del cuer II, 924 *aus vollem Herzen.*
cui *s.* qui.
cuidier *v. tr.* II, 1056 — *Pr. 1. Sg.* cuit I, 110, 272 II, 52, 334 *etc.*
   cuide I, 86 *3. Sg.* cuide II, 429 — *Ipf. 3. Sg.* cuidoit II, 998
   — *Conj. Ipf. 3. Sg.* cuidast II, 44, 46 *glauben, wähnen.*
cuir *s. m.* II, 660 *Haut.*
cuire *v. tr., P. Pf.* cuit, e I, 32 *kochen.*
cuisine *s. f.* II, 525 *Küche* (*im Sinne von ,Essen').*
cuisse *s. f.* II, 576, 663 *Schenkel.*
cuite (*gew.* quite) I, 33 II, 402 *frei, quitt.*
cuite *s.* cuire.
cure *s. f.* I, 246 II, 49, 100 *Sorge.*

D.

dame *s. f.* I, 87, 90 *etc.* II, 37 *Dame.*
dangier *s. m.* II, 594 *Gefahr, Fährlichkeit.*
dant (*gew.* dan) *s. m.* II, 260 *Herr* (*Anrede*).
de *prp. von, aus, über mit etc. Herkunft, Ausgangspunkt:* I, 99
   100, 104 *etc.* II, 473, 495 *etc.;* de si a I, 273, de si que II, 418
   bis. — *Trennung, Entfernung* I, 13 II, 58, 106, 164, 217 *etc.* —
   Richtung II, 129, 427, 873. — *Besitz, Zugehörigkeit* I, 14, 222,
   252, 279 *etc.* — *Mittel Werkzeug* I, 69, 133, 220 II, 373, 687,
   776. — *Ursache* I, 40, 151, 168, 181, 258 *etc.* II, 112 *etc.* —
   Nach Mengeausdrücken II, 30, 41, 91, 94, 250, 280 *etc.* — *Nähere*
   Bestimmung eines Substantivs I, 22, 32, 49, 171 II, 100 *etc.,*
   eines Verbums I, 3 II, 4, 53, 135 *etc., eines Adjektivs* I, 138
   II, 13, 14 *etc.* — *Nach Comparativ* I, 271, 272 II, 57. — *Beim*
   Passivum II, 371. — *Bei* conjurer II, 305, 306, 309, 311 *be-*
   schwören bei. — *Mit. Inf.* I, 246 II, 49, 94 *etc.* — *Bei* parler
   II, 214. — *Bei* oïr II, 253. — *Den Preis angebend* II, 590.

— *Eine Gattung einführend* II, 458 (dëable de bareil). —
Bei sog. Teilungsartikel I, 31 II, 601.
dëable, dÏable *s. m.* II, 111, 214, 458, 502 *Teufel.*
debonaire (debonere) II, 16, 139 *gutartig.*
deçoivre *v. tr., Pr. 3. Sg.* deçoit II, 939 *betrügen.*
decoler *v. tr.* II, 246 *enthalsen.*
dedenz *adv., prp.* I, 158, 223, 240 II, 425, 426, 430, 441, 451, 627,
846 *hinein, in;* par d. II, 450 *hinein.*
deduit *s. m.* I, 43 *Vergnügen, Lust.*
definement *s. m.* II, 999 *Ende, Tod.*
defoiz (*gew.* defois) *s. m.* II, 712 *Verbot, Widerspruch.*
defors *adv.* II, 155 *draussen.*
dehet (*älter* dehait) *s. m.* II, 354 *Leid.*
deÏsse, deÏst *s.* dire.
del (*aus* de + le) II, 692, 693 *etc.*
delessier *v. tr., Imp. 1 Pl.* delessons II, 109 *lassen, ablegen.*
delit *s. m.* II, 523 *Genuss, Freude.*
delivre II, 269 *frei;* tenir a delivre II, 35 *zu freier Verfügung*
haben.
delivrement *adv.* II, 254 *unbehindert.*
delivrer *v. tr., P. Pf. f.* delivree I, 293 *befreien.*
demaine *s.* demener.
demander *v., a auc., Imp. 2. Pl.* demandez I, 116 *Jem. fragen.*
demener *v. tr., Pr. 3. Sg.* demaine I, 291 II, 533 *führen, beherrschen.*
dementer *v. rfl., Ipf. 3. Sg.* dementoit II, 585 *klagen, jammern.*
demi, e II, 534 *halb.*
demoree *s. f.* I, 150 II, 170 *Zögern.*
demorer *v. intr.* I, 139, 260 *zögern, verweilen.*
denier *s. m.* I, 30 II, 469 *Heller.*
dent *s. m. (f.)* I, 226, 227 II, 442 *Zahn.*
denz *s.* dent.
departir *v. tr., Pr. 1. Sg.* depart I, 307; *intr.* II, 976 *sich trennen;*
Pf. 3. Sg. departi II, 692 — *subst. Inf.* I, 152 II, 216 *auf-*
brechen, scheiden.
deport *s. m.* II, 510 *Zögerung, Aufenthalt.*
deporté II, 402 *frei, entledigt.*
deprier *v., a auc, Pr. 3. Sg.* deprie I, 205 *Jem. bitten.*
derriere *prp.* II, 143 *hinter.*
dervé (*für* desvé) II, 158, 484, 905 *verrückt, toll.*
des *prp.* I, 177 II, 666 *von . . an.*
des (*aus* de + les) I, 226, 227 II, 586 *etc.*
descendre *v. intr.* I, 301 — *Pf. 3. Sg.* descendi II, 234 — *Imp.*
2. Pl. descendes II, 161 *absteigen (vom Pferde).*
deschauz, deschaus II, 367, 559, 996 *barfuss.*
deschevauchier *v. tr.* II, 173 *vom Pferde werfen.*
descipline *s. f.* II, 84, 372 *Zucht, Geisselung.*
descombrer *v. tr., Pr. 3. Sg.* descombre II, 824 *frei machen.*
desconfire *v. tr.* II, 360 — *P. Pf.* desconfit II, 990 *vernichten, aus-*
tilgen.

desconforter *v. rfl.* II, 864 — *Pr. 3. Sg.* desconforte I, 285 II, 1017
— *P. Pf.* desconforté II, 814 *verzagen, trostlos sein.*
desconseillé II, 1014 *ratlos, unglücklich.*
descorder *v. rfl., Pr. 3. Pl.* descordent II, 1046 *nicht übereinstimmen.*
descort *s. m.* II, 26 *Nichtübereinstimmung.*
descovrir *v. tr., Pr. 3. Sg.* descuevre II, 824 — *P. Pf.* descouvert
II, 659 *entblössen.*
descrire *v. tr., Pf. 3. Sg.* descrist II, 930 *beschreiben, auseinander-
setzen.*
desdaing *s. m.* II, 407 *Geringschätzung, Hochmut.*
desdaingneus II, 20 *nicht achtend, hochmütig.*
deseure *adv.* II, 677 *herauf.*
desfaire *v. tr., P. Pf.* desfait (desfet) II, 92, 702 *auflösen, vernichten.*
desfendre *v. tr.,* II, 539 *verteidigen* — *Pr. 3. Sg.* desfant II, 205
verwehren.
desir *s. m.* II, 853 *Wunsch, Verlangen.*
desirrier *s. m.* II, 855 *Verlangen.*
desjeuner *v. intr.* II, 82 *das Fasten brechen.*
desloial II, 17 *unredlich.*
desouz *adv.* II, 661 *darunter.*
despendre *v. tr., P. Pf.* despendu II, 589, 772 *ausgeben.*
despire *v. tr.* II, 1055 *verachten.*
despondre *v. tr., Pr. 3. Sg.* despont I, 23 *auseinandersetzen, er-
klären.*
despris II, 721 *entblösst.*
desrochier *v. tr., P. Pf.* desrochié II, 702 *zerstören, vernichten.*
desrout, e II, 563 *aufgebrochen, zerrissen.*
destachier *v. rfl., Pr. 3. Sg.* destache II, 980 *sich loslösen.*
destorber *v. tr., Ipf. 3. Sg.* destorboit II, 29 *beunruhigen, be-
lästigen.*
destraindre *v. tr., Pr. 3. Sg.* destraint I, 161 *bedrängen.*
destrece *s. f.* I, 174 II, 781, 865 *Drangsal, Not.*
destrier *s. m.* I, 201 *Streitross.*
destroit II, 598 *bedrängt.*
destruire *v. tr., Pr. 3. Sg.* II, 310 — *P. Pf.* destruit II, 23 *ver-
nichten, zu Grunde richten;* *rfl. Pr. 3. Sg.* destruit II, 600,
805 *sich verzehren.*
deus *Nom. Sg. zu* duel *s. daselbst.*
dëusse, dëussies, dëust *s.* devoir.
devant *prp. örtlich* I, 311 II, 144, 145, 180, 191 *etc., zeitlich* II, 1006
vor; adv. II, 398 *vorne.*
devendres (*gew.* divendres) *s. m.* II, 61 *Freitag.*
devenir *v. intr., Pf. 3. Sg.* devint II, 319 *werden.*
devoir *v. intr., Pr. 1. Sg.* doi I, 78, 153, 154, 277, 296 *3. Sg.* doit
I, 15, 45, 188, 197, 199 II, 81, 88, 109, 110 *etc.* 2. *Pl.* devez I, 231
II, 209 — *Conj. Pr. 2. Pl.* doiez I, 120 — *Conj. Ipf. 1. Sg.*
dëusse II, 173 *3. Sg.* dëust II, 440 *2. Pl.* dëussies II, 95 *sollen,
müssen, Veranlassung haben.*
dïable *s.* dëable.

dieu *s. m.* I, 7, 13, 88 *etc.* II, 21, 34 *etc. Gott*, II, 79, 436, 938 = *Christus.*

dire *v. tr.* I, 12, 78, 277 II, 146, 273, 275 *etc.* — *Pr. 1. Sg.* di II, 304, 506 *etc. 3. Sg.* dit I, 41 *2. Pl.* dites I, 11, 25 II, 314 *3. Pl.* dïent II, 149, 1043, 1047, — *Conj. Pr. 1. Sg.* dïe II, 541 — *Conj. Ipf. 1. Sg.* deïsse II, 263 *3. Sg.* deïst II, 636 — *Pf. 3. Sg.* dist I, 10, 20, 66 *etc.* II, 64, 260, 289 *etc. 3. Pl.* disent II, 75 (*dial.*) — *1. Sg.* dirai II, 230, 323 *etc. 2. Pl.* direz II, 256, 297 — *Cond. Fut. 1. Sg.* diroie II, 645, 677 — *Imp. 2. Sg.* di II, 718, 732, 919 *2. Pl.* dites II, 265, 291, 359, 496 — *P. Pf.* dit, e I, 249, 250, 260 II, 76, 200 *etc. sagen, erzählen; subst. Inf.* II, 513; dire de I, 287 II, 11 *erzählen von*; dire *absolut* (*ohne Objekt*) I, 84 II, 72, 321, 343; c'est a dire I, 283 *das heisst.*

dit *s. m. im Explicit der zweiten Dichtung: Erzählung; Obl. Pl.* II, 54, 568 *Reden.*

doinst *s.* doner.

dolant I, 79, 133 II, 30 *bekümmert.*

dolereus II, 697 *schmerzerfüllt.*

doloir *v. rfl.* I, 51, 230, 310 — *Pr. 1. Sg.* dueil I, 108, 109 *Schmerz empfinden.*

dolor *s. f.* I, 96 II, 843 *Schmerz.*

domage *s. m.* I, 268 *Schaden.*

donc *adv.* II, 359, 919 (*beim Imp.*) *also, doch.*

doner *v. tr.* I, 5 — *Pr. 3. Sg.* done I, 71, 76, 87 *etc.* — *Conj. Pr. 3 Sg.* doinst II, 136, 280, 388 — *Pf. 1. Sg.* donai I, 209 *2. Pl.* donastes I, 219 — *Cond. 2. Pl.* donriez II, 357 — *P. Pf.* doné I, 26, 77, 93, 108 II, 971 *geben.*

donques *adv.* II, 133, 732 (*bei Imp.*) *also, doch*; II, 862 *da.*

dont (= donc) *adv.* I, 211, 232 II, 429, 438, 947 *da*; I, 125 II, 220 (*in Frage u. bei Imp.*) *denn, also*; II, 779 (*Nachsatz einleit.*) *dann.*

dont *adv.* II, 724 (*ind. Frag.*) *woher*; *relativ. auf Personen und Sachen* I, 92, 101, 108, 295 II, 11, 98, 258, 276 (*auf* ce *bez.*), 404, 515, 673; *auf Satz bez.* II, 766, 829.

douaire *s. m.* I, 295 *Morgengabe.*

doublier *s. m.* II, 470 *Wamms.*

doucement *adv.* I, 170 II, 185, 190, 204 *etc. sanft, milde.*

doutance *s. f.* I, 193 II, 404 *Furcht.*

doute *s. m.* II, 577 *Zweifel.*

douter *v. intr., Pr. 3. Pl.* doutent II, 1012 *zweifeln.*

douz I, 98, 100, 105 *etc.* II, 708 *etc.*; *f.* douce II, 773 *süss, angenehm, lieb.*

drap *s. m.* I, 22 II, 590 *Tuch, Gewand.*

dras *s.* drap.

droit II, 150 *gerade*; *adv.* II, 61 tout droit *gradeswegs.*

droit *s. m.* I, 214, 296 II, 1004 *Recht*; par droit *mit Recht*; a droit II, 294, 856, 1058 *in regelrechter Weise.*

droiture *s. f.* II, 869 *gerade Richtung*; a droiture *geradeswegs.*

du (*aus* de + le) I, 31, 157, 293 II, 25 *etc., s.* de.

duc *s. m.* II, 10 *Herzog.*
dueil *s.* doloir.
duel *s. m.* I, 151, 203 II, 299, 752, 757 *Schmerz, Leid.*
dur, e II, 524, 770 *hart.*
durement *adv.* II, 446 *stark, heftig.*
durer *v. intr.* II, 900 — *P. Pf.* duré *dauern, fortbestehen.*
durté *s. f.* II, 825 *Härte.*
dusque *adv.* II, 302, 362, 652 *bis.*

E.

eaue *s. f.* II, 624, 743 *Wasser.*
el (*aus* en + le) I, 167 II, 16, 154, 160, 336, 869.
el *neutr.* II, 179, 242 *anderes*; ne un ne el II, 497 *garnichts.*
ele *pron. pers. f.* I, 6, 122 II, 981 — *Obl.* li I, 111.
embracier *v. tr., Pr. 3. Sg.* embrace II, 959 *umarmen.*
embronc II, 571 *finster, unmutig.*
embrons *s.* embronc.
empire *s. m.* II, 714 *Reich.*
emplir *v. tr.* II, 434, 854 — *Pf. 3. Sg.* empli II, 826 *füllen, anfüllen.*
emprendre *v. tr., P. Pf. f.* emprise II, 236 *unternehmen.*
en *prp.* I, 149, 155, 174, 185 *etc.* II, 2, 47 etc. *in, nach*; *s.* tant; *beim Ger.* I, 82, 102, 107, 132, 160 *etc.* II, 537 *etc.*
en (ent II, 492) *adv. auf Sachen und Personen bez.* I, 45, 54, 60, 61, 78, 97, 106, 135, 209 *etc.* II, 30, 42, 48, 93, 120 *etc. davon, mit Bezug darauf, darüber, deshalb etc.; bei Verb. der Bewegung* I, 148, 158, 180, 248, 249, 251 *etc.; bei rfl.* taire II, 365, 379; *scheinbar beziehungslos* II, 451.
enchanter *v. tr., P. Pf.* enchanté II, 505 *verzaubern.*
encoloree *f.* I, 94 *rotfarbig.*
encombrier *s. m.* II, 174 *Hindernis.*
encor *adv.* I, 74 *noch* I, 275 *noch (immerhin)* II, 272, 1049 *immer noch* II, 338 *künftighin noch.*
encore *adv.* I, 28 II, 89 *noch* II, 727, 852 *immer noch.*
encressier *v. tr., P. Pf.* encressié II, 933 *fett machen.*
endurer *v. tr.* II, 902 — *Pr. 3. Sg.* endure II, 355 — *P. Pf.* enduré *ertragen.*
enfant *s.* enfes.
enfer *s. m.* II, 884 *Hölle.*
enferme *f.* II, 624 *verdorben (vom Wasser).*
enfes *s. m. Nom.* I, 47 II, 475 — *Nom. Pl.* enfant II, 86 *Kind.*
enfouïr *v. tr., Pf. 3. Pl.* enfouïrent II, 1032 *begraben.*
enluminer, *intr. gebr. Pr. 3. Sg.* enlumine II, 537 *in Glut geraten.*
enragie (*für* enragiee *f.*) I, 225 *wütend.*
ens *adv.* II, 162 *hinein.*
ensamble *adv.* I, 217 *zusammen, zugleich.*
enserrer *v. tr., Pr. 3. Sg.* enserre II, 618 *einschliessen.*
ensevelir *v. tr., Pf. 3. Pl.* ensevelirent II, 1031 *bestatten.*
ensi *adv.* II, 57, 59 *so.*

ent *s.* en.

entan *adv.* II, 1001 *Jahrs zuvor.*

entechier *v. tr., P. Pf.* entechié II, 98, 258, 806, 885 *beflecken.*

entendre *v, tr., Pf. 1. Sg.* entendi II, 12 — *P. Pf. f.* entendue I, 238 *hören.*

entente *s. f.* II, 448, 748 *Aufmerken, Bemühung.*

enterra *s.* entrer.

entir II, 312, 938 *ganz, s. Anm. zu* 312.

entre *prp.* II, 1, 131, 617 *zwischen.*

entremetre *v. rfl.* II, 449 — *Fut. 1. Sg.* entremetrai II, 266 *sich ein-lassen auf, sich befassen mit.*

entrer *v. intr., Conj. Ipf. 3. Sg.* entrast II. 441, 451 — *Pf. 3. Sg.* entra II, 426, 435 *etc. 3. Pl.* entrerent II, 153 — *Fut. 1. Sg.* enterrai II, 112 *3. Sg.* enterra II, 437 — *P. Pf.* entré I, 240; *rfl., Pf. 3. Sg.* I, 158 *eintreten, eindringen.*

envïe *s. f.* I, 168 II, 250 *Neid, Misgunst.*

environ *prp.* II, 23 *ringsum.*

enyvré II, 262 *betrunken.*

ere, ert, erent *s.* estre.

erme (*gew.* arme, ame) *s. f.* II, 452 *Seele.*

ermitage *s. m.* II, 152, 690, 695 *Einsiedelei.*

ermite, hermite *s. m.* II, 32, 181, 184, 313, 330 *etc. Einsiedler.*

errer *v. intr., Pr. 3. Sg.* oirre II, 547, 560, 561, 602 *3. Pl.* oirrent II, 171 *wandern, ziehen.*

es (*aus* en + les) II, 666.

es *s.* estre.

esbahi, e I, 133, 186 II, 69 *bestürzt, blöde.*

eschaper *v. intr., Conj. Ipf. 2. Pl.* eschapissiez II, 247 — *P. Pf.* eschapé II, 986 *entrinnen.*

escharnir *v. tr., Pr. 3. Pl.* escharnissent II, 638 *verspotten, verhöhnen.*

escïent *in* mien escïent I, 284 *meines Wissens.*

escil *s. m.* II, 501 *Elend.*

escillier *v. tr., P. Pf.* escillié II, 1013, *f.* escillie (*für* escilliee) II, 537 *übel zurichten, zu Grunde richten.*

escole *s. f.* II, 496 *Unterweisung, Auskunft.*

escoufle *s. f.* II, 131 *Weih, Hühnergeier.*

escouter *v. tr., intr., Fut. 1. Sg.* escouterai II, 282 — *Imp. 2. Pl.* escoutez II, 384 *anhören, aufhorchen.*

escrïer *v. rfl., Pr. 3. Sg.* escrïe I, 132 — *Pf. 3. Sg.* escrïa I, 232 II, 767 — *P. Pf.* escrïé, e I, 70, 211 *ausrufen.*

escripture *s. f.* II, 50, 288 *heilige Schrift*; II, 870 *schriftliche Quelle.*

escuier *s. m.* I, 311 *Knappe.*

escurer *v. tr., P. Pf.* escuré, e II, 840, 977 *säubern.*

esforcier *v. rfl., Pr. 3. Sg.* esforce II, 630 — *Pf. 3. Sg.* esforça II, 689 *sich anstrengen.*

esmaier *tr. gebr., Pr. 3. Sg.* esmaie I, 60 *zum Verzagen bringen.*

esmerer *v. tr., P. Pf. f.* esmeree II, 977 *reinigen, läutern.*

esmerveillier *v. rfl., Pr. 3. Sg.* esmerveille II, 796 — *Ger.* esmerveillant II, 587 *sich verwundern, erstaunt sein.*

espandre *v. tr.*, *P. Pf.* espandu II, 874 *ausgiessen.*
espardre *v. tr.*, *P. Pf.* espars II, 874 *verstreuen.*
espargnier *v. tr.* II, 48 — *Ipf. 3. Sg.* espargnoit II, 31, 39 *verschonen, ausnehmen.*
espars *s.* espardre.
espaule *s. f.* II, 652 *Schulter.*
esperance *s. f.* II, 828, 964 *Hoffnung.*
esperdu I, 248 *bestürzt.*
esperitiex *Nom.* (*s. S.* 77) II, 993 *Jem., dessen Geist erleuchtet ist, der in himmlische Dinge eingeweiht ist*(?)
espine *s. f.* II, 562 *Dorn.*
espirs *s. m.* II, 836 *Geist*, II, 882 *sains e. heilige Geist.*
esploitier *v. tr.*, *Imp. 2. Pl.* esploities II, 167 *betreiben.*
espousee *f.* I, 115 *Angelobte, Braut.*
espouser *v. tr.*, *P. Pf. f.* espousee I, 210 *heiraten;* *Pr. 1. Sg.* espouse I, 131 — *Imp. 2. Pl.* espousez I, 113 *durch Trauung anvermählen.*
esprendre *intr. gebr.*, *Pr. 3. Sg.* esprent II, 532 *sich entzünden.*
espringuier *v. tr.*, *Imp. 2. Pl.* espringuiez I, 243 *springen, hüpfen.*
esprover *v. tr.*, *Pr. 3. Sg.* esprueve II, 530, 551 *auf die Probe stellen.*
esraument *adv.* II, 200 *sogleich.*
essai *s. m.* II, 196, 612 *Versuch, Probe.*
essaier *v. tr.*, *Pr. 3. Sg.* essaie II, 427 *versuchen.*
estanchier *intr. gebr.*, *Pr. 3. Sg.* estanche II, 833 *anhalten, sich erschöpfen.*
estature *s. f.* II, 1009 *Gestalt.*
estavoir (*gew.* estovoir) *v. impers.* I, 20 — *Pr. 3. Sg.* estuet II, 321, 672, 682, 936, 952 — *Fut. 3. Sg.* estovra II, 592, 902 *nötig sein;* par estavoir *notwendigerweise.*
estendre *v. rfl.*, *P. Pf.* estendu II, 879, 961.
estouper *v. tr.*, *P. Pf.* estoupé II, 429 *verstopfen.*
estout II, 20, 432 *stolz, hochfahrend.*
estraingne, estrange II, 2, 522 *fremd, abgelegen.*
estrangler *v. tr.*, *P. Pf. f.* estranglee II, 371 *aufzehren, vernichten.*
estre *v. intr.* I, 254, 256 II, 46, 322 — *Pr. 1. Sg.* sui I, 44, 58; 135 *etc.* II, 210 *etc.* 2. *Sg.* es II, 719, 721, 724 *etc.* 3. *Sg.* est I, 14, 70, 74 *etc.* II, 23 *etc.* 2. *Pl.* estes II, 98, 208, 243, 258 *etc.* 3. *Pl.* sont I, 280, 281, 282 II, 141 *etc.* — *Conj. Pr. 1. Sg.* soie I, 29, 164 II, 139, 355 *2. Sg.* soies II, 887 *3. Sg.* soit I, 56, 253, 273 *etc.* II, 52 *etc.* 2. *Pl.* soiez II, 201, 385, 484 *etc.* — *Ipf. 3. Sg.* ere I, 5 ert I, 159 II, 26, 250, 588, 670, 727, 989, 1005 estoit I, 3, 312 II, 4, 6 *etc.* 3. *Pl.* erent II, 34, 661 estoient II, 853, 983 — *Conj. Ipf. 1. Sg.* fusse II, 898 fuisse I, 221 *3. Sg.* fust I, 114 II, 45, 53, 236, 459 *etc.* 2. *Pl.* fussiez II, 177, 334 — *Pf. 1. Sg.* fui II, 904 3. *Sg.* fu I, 73, 186, 202 II, 58, 63, 186 *etc.* 3. *Pl.* furent II, 69, 1001, 1014 — *Fut. 1. Sg.* iere II, 223, 500 ere I, 26 serai I, 136 II, 464 *etc.* 2. *Sg.* seras II, 885 *3. Sg.* ert II, 90, 337, 411, 463, 526, 787 sera I, 315 II, 436 *1. Pl.* serons I, 191 *2. Pl.* serez II, 302, 400 3. *Pl.* erent II, 128, 465, 466 — *Cond. 1. Sg.* seroie

II, 140 *3. Sg.* seroit II, 269, 370 *1. Pl.* seriens I, 185 *sein; subst.*
II, 259, 271 *Wesen, Leben.*
et *conj.* I, 13, 22 *etc.* II, 1 *etc. und*; I, 234, *s. Anm.*; II, 214 *Frage
einleitend*; II, 800, 853 *und doch*; et — et *sowohl — als auch*
II, 156, 217 *etc.*; et si I, 162 II, 427, 448, 629, 748 *und doch.*
ëu, ëusse, ënst, ëussent *s.* avoir.
eure, *s. f.* I, 110 II, 286, 472, 1023 *Stunde.*
eve *s. f.* II, 529, 550, 758 *Wasser.*
ez I, 67, 155 *siehe da.*

F.

fable *s. f.* II, 112 *Gerede.*
faillir *v. intr.*, *Pr. 3. Sg.* faut II, 1060 *zu Ende gehen*, I, 27, 28
II, 953 — *Fut. 1. Sg.* faudrai I, 166 *versagen, im Stiche lassen.*
fain, faim *s. f.* II, 599, 657 *Hunger.*
faintise *s. f.* II, 857 *Heuchelei.*
faire, fere *v. tr.* I, 213, 236, 296 II, 54, 94, 109, 179, 273, 275, 276 *etc.*
— *Pr. 1. Sg.* faz II, 487, 458 *3. Sg.* fait, fet I, 51, 151, 215 II, 90,
99, 111, 119, 137, 146, 165 *etc.* *2. Pl.* fetes II, 482, 780 *3. Pl.* font
II, 76, 86, 93 *etc.* — *Conj. Pr. 1. Sg.* face I, 315 II, 135 *2. Pl.*
faciez I, 130 — *Ipf. 3. Sg.* fesoit II, 35 — *Conj. Ipf. 3. Sg.*
feïst II, 25, 635 — *Pf. 1. Sg.* fis I, 266 II, 177 *3. Sg.* fist I, 213
II, 30, 131, 452 *etc.* — *Fut. 1. Sg.* ferai I, 50, 235 II, 120, 224 *etc.*
3. Sg. fera II, 179, 847 *1. Pl.* ferons II, 71 *2. Pl.* ferez II, 207,
277, 392 — *Cond. 1. Sg.* feroie I, 37 II, 166, 365 — *Imp. 2. Pl.*
fetes II, 118, 220, 395 — *P. Pf.* fait, fet, e I, 118, 230 *etc.* II, 6,
91, 128 *etc.*, *s.* tout a fait, *machen, ausführen, schaffen, ver-
anlassen, dichten, singen*, (*s. Anm. zu* I, 235 *u.* 296), *sagen
(in eingeschobenen Sätzen)*; *mit doppeltem Accus.* II, 353; *ohne
Objekt* I, 46 *handeln*; *als Verb. vic. in verschiedenen Zeiten*
I, 47 II, 251, 260, 296, 301, 363, 368.
fait, fet *s. m.* II, 55, 331 *That.*
fame *s. f.* II, 45 *Frau.*
famine *s. f.* II, 538 *Hunger.*
faus II, 18 *falsch.*
fant *s.* faillir.
faz *s.* faire.
feïst *s.* faire.
fel *Nom. Sg.* II, 17, 156, 250, 284 *Obl. Pl.* felons II, 572 *böse,
schurkisch.*
ferir *v. tr.* II, 376 — *Conj. Pr. 3. Sg.* fiere II, 286 *schlagen.*
fermer *v. tr.* II, 6 *befestigen.*
ferré *in* chemin ferré II, 150 *gepflasterter Weg.*
festu *s. m.* II, 515 *Strohhalm.*
feture (*älter* faiture) *s. f.* II, 1010 *Aussehen, Körperbeschaffenheit.*
feu *s. m.* II, 503 *Feuer.*
fez (*gew.* fais) *s. m.* II, 460 *Last.*
fi II, 989 *sicher.*

fYancier *v. tr.* I, 65 *sich mit Jem. verloben* (*von der Frau gesagt, die sich mit e. Manne verlobt*).

fier, e II, 19, 222, 285 *stolz, stark.*

fierement *adv.* II, 160, 491 *unwirsch, stolz.*

fiex *s.* fil.

fil *s. m., Nom. Sg.* filz I, 14, 232 fiex II, 915, 931 *Sohn* (*auch kosend in der Anrede*).

filé *s. m.* II, 667 *Gesponnenes, Kleidungsstück.*

fille *s. f.* I, 2, 16, 46, 72 *Tochter.*

fin *s. f.* II, 913, 914 *Ende, Ausgang*; en la fin II, 956 *schliesslich.*

fin, e I, 197 *echt, treu*; par fine arramYe II, 488 *aus purem Ingrimm.*

finer *v. intr., Pf. 3. Sg.* fina II, 1061 — *Fut. 1. Sg.* II, 454, 467, 950 *aufhören, sterben.*

fiz *s.* fil.

flambe *s. f.* II, 503 *Flamme.*

flor *s. f.* I, 35, 175 *Blume.*

flos *s.* flot.

flot *s. m.* II, 925 *Flut.*

flueve *s. m.* II, 970 *Strom.*

foi *s. f.* I, 124, 128 II, 90, 137 *Treue.*

foible II, 199, 670 *schwach.*

foison *s. f.* II, 841 *Fülle.*

foiz *s. f.* II, 706, 711 *Mal.*

fol II, 270 *närrisch.*

folYe *s. f.* II, 946 *Nichtigkeit, eitles Trachten.*

folYete *s. f.* I, 270 *Thorheit, thörichtes Thun.*

fondre *v. intr.* II, 630 *zerschmelzen.*

fontaine *s. f.* II, 399, 410, 425 etc. *Quelle.*

force *s. f.* I, 213 II, 273, 275, 321, 629 *Gewalt, Kraft*; par force II, 343, 592 *mit Gewalt, notgedrungen.*

forest *s. f.* II, 152 *Wald.*

forgier *v. tr.* II, 1057 *schaffen.*

fors *s.* fort.

fors *prp.* II, 146, 516, 518, 585, fors que II, 221, 799 *ausser*; *adv.* mit de II, 428, 511 *aus — heraus* (issir).

fort, e II, 8, 156, 574, 632, 715, 838 *stark*; *adv.* I, 60 II, 171 *sehr.*

fouler *v. tr., Imp. 2. Sg.* foule I, 17, 18 *treten.*

franchise *s. f.* II, 858 *edle That.*

frere *s. m.* II, 290, 472, 708 etc. *Bruder* (*kosend in der Anrede*).

froit, froide II, 525 *kalt*; *subst. Obl. Pl.* froiz II, 560 *Kälte.*

front *s. m.* II, 653 *Stirn.*

fu, fui, fusse etc. *s.* estre.

fuir *v. intr., Ger.* I, 248, 257 *fliehen*; *rfl.* mit en Imp. 1. Pl. fuions I, 251 *entfliehen.*

fuster *v. tr., P. Pf. f.* fustee II, 621 *durchsuchen, durchstöbern.*

G.

g' s. je.

gaaignier *v. tr.* I, 265 *gewinnen*; objektslos II, 68 *Beute machen.*

gabois *s. m.* II, 99 *Spott, Scherz.*

garde *s. f.* II, 504 *Hut, Gewahrsam,* s. prendre.

garder *v. tr., Pr. 3. Sg.* garde II, 286 — *Conj. Pr. 3. Sg.* gart I, 13 II, 775 — *Ipf. 3. Sg.* gardoit II, 27 — *Fut. 1. Sg.* garderai I, 34 — *P. Pf.* gardé II, 884 *beachten, beschützen, behüten; rfl.* II, 187 *sich hüten.*

gelee *s. f.* I, 175 *Frost.*

genillon *s. m. in* a genillons II, 385 *auf den Knieen.*

gent *s. f.* II, 41, 725 — *Nom., Obl. Pl.* genz II, 64, 105, 571 (*m.*) 1057, 1058 *Leute, Volk.*

gentil I, 112 II, 209 *lieb, edel.*

gentiz *s.* gentil.

genz *s.* gent.

gesir *v. intr., Pr. 3. Sg.* gist II, 965, 969 — *Ipf. 3. Sg.* gisoit II, 579 — *Ger.* gisant II, 997 *liegen.*

geter *v. tr., Ipf. 3. Sg.* getoit II, 835 — *Pf. 3. Sg.* geta II, 831 *werfen;* geter puer (II, 831) *fortwerfen, geringschätzen.*

geu *s. m.* II, 580 *Spiel.*

gironee *s. f. einen Schoss voll, in* a gironees I, 307, 308, 309 *in Fülle.*

gloire *s. f.* II, 1064 *himmlische Herrlichkeit.*

glorious II, 264 *ruhmreich.*

goute *s. f.* II, 426, 435, 441 *etc. Tropfen.*

gracïer *v tr, Pr. 3. Pl.* gracïent II, 1040 *danken,*

grain *s. m.* II, 437, 478, 627, 760 *Korn (fig.: kleine Menge).*

grant I, 75, 85, 174 *etc.* II, 4, 26, 75, 78 *etc. gross.*

gre *s. m.* I, 298 *Gefallen.*

grenier *s. m.* I, 31 *Kornkammer.*

gresle II, 656, 664 *dünn.*

grevain, e II, 632 *schwer, drückend.*

grever *v. tr., Conj. Pr. 2. Pl.* grevez II, 483 *kasteien; mit Dativ d. Person* II, 674 (greva *Pf. 3. Sg.*) *schwer sein, drücken.*

gros II, 655 *dick.*

gue *s. m.* II, 758 *Furt.*

H.

ha I, 112 II, 730, 810 *ha!*

haïr *v. tr., Pr. 3. Sg.* het II, 644, 761 *3. Pl.* haïssent II, 637 *hassen.*

haitier *v. tr., Pr. 3. Sg.* haite II, 412 *erfreuen.*

hallé (*gew.* haslé) II, 575, 668 *von der Sonne verbrannt.*

haper *v. tr., P. Pf. f.* hapee II, 985 *haschen, schnappen nach.*

harnois *s. m.* II, 100 *Harnisch (fig.).*

haster *v. rfl., Pr. 3. Sg.* haste I, 143 — *Imp. 2. Pl.* hastes II, 936 *sich beeilen.*

haut, e I, 3, 297 II, 3, 11, 1042 *hoch, vornehm*; I, 70 II, 688, 767 *laut.*

hautement *adv.* II, 1030 *stark, sehr.*
hautisme II, 306 *sehr hoch.*
herbregier *v. tr.* II, 578 *beherbergen.*
hericié II, 651 *struppig.*
hermite *s.* ermite.
het *s.* haïr.
hiraudïe *s. f.* II, 542 *schlechter Kittel.*
hom *s. m. Nom. Sg.* II, 3, 11, 52, 199, 238, 344 *etc.* — *Obl. Sg.* homme
  I, 272 II, 21, 104, 154, 544 *etc.* — *Nom. Pl.* homme II, 145, 421,
  1043 — *Obl. Pl.* hommes II, 92, 491 *Mensch, Mann.*
honir *v. tr., Ipf. 3. Sg.* honissoit II, 51 — *P. Pf.* honi II, 46 *Jem.*
  Schimpf anthun.
honorer *v. tr., Pr. 3. Pl.* honeurent II, 1030 *ehren.*
honte *s. f.* I, 15, 231 II, 25 *Schimpf, Schande;* II, 639, 641 *Schimpf-*
  rede; a honte II, 35, 41 *in schmählicher Weise.*
honteus, e II, 319 *beschämt;* II, 544 *schambereitend.*
hors *adv.* II, 837 *heraus.*
hui *adv.* I, 253, 254 II, 81, 87, 233, 236, 307 *etc. heute, jetzt.*
huimes *adv.* II, 696 *nunmehr.*
humelïer *v. rfl.* II, 583 *sich demütigen.*
humilité, umilité *s. f.* II, 38, 136, 826, 942 *Demut.*

I.

i *adv.* I, 9, 139, 161, 259, 283, 291 II, 224, 229, 230, 231 *da, dort (in*
  V. 9, 161, 291 fast pleonastisch), I, 268 II, 102, 328, 922, 930
  dabei, II, 121, 127, 193, 423, 435, 437 *dorthin; auf Sachen,*
  Abstr. und Person bezüglich I, 102, 250 II, 107, 114, 117, 205,
  206, 785 (?), 823, 945, 979; *auf Folgendes hinweisend* II, 784,
  937; *pleonastisch auf Vorangehendes zurückweisend* II, 530;
  bei a, avoit *etc. s.* avoir.
iere *s.* estre.
iex *s.* oeil.
il *pron. pers. m., Nom. Sg.* I, 31, 49, 69, 77, 143 *etc.* II, 9 *etc.* — *Obl.*
  Sg. lui II, 23, 26, 56, 116, 131 *etc., Dat.* a lui II, 1063 — *Nom.*
  Pl. il I, 231 II, 75 — *Obl. Pl.* eus II, 127, 143, aus II, 995,
  1017 *er.*
il *neutr.* I, 1, 97, 130, 194 *etc.* II, 66 *etc. es.*
irai, ira *etc. s.* aler.
ire *s. f.* I, 13 II, 326, 443, 849 *etc. Aerger, Zorn.*
ireement *adv.* II, 486, 726 *in zorniger Weise.*
irous II, 157 *zornig.*
isnel I, 65 *schnell;* isnel le pas *sofort.*
issir *v. intr., Pr. 3. Sg.* ist II, 428 *3. Pl.* issent II, 925 — *P. Pf.* issu,
  e II, 511, 981; *rfl. Pf. 3. Sg.* issi II, 977 *herausgehen, heraus-*
  kommen.
itant *neutr.* II, 956 *so viel.*

J.

ja *adv.* I, 58, 114 *schon*, I, 9, 10 II, 950 *gleich, bald*, I, 73 *ehemals*, I, 29 II, 355 *jemals (nach negativ. Hauptsatze)*; ja ne (ja . . . ne), ne . . . ja I, 7, 26, 110, 124, 128 II, 48, 102, 137, 224 *etc. niemals*; ja mes I, 137, 166, 228 II, 140 *etc. fernerhin*, II, 52, 177 *jemals*.

jadis *adv.* II, 3 *ehemals*.

jalousïe *s. f.* I, 215, 224 *Eifersucht*.

jambe *s. f.* II, 663 *Bein*.

je (j', g') *pron. pers., Nom.* I, 9, 10, 12 *etc.* II, 11 *etc.* — *Obl.* moi I, 8, 127, 140 *etc.* II, 213 *etc.*, mi *(dial.)* I, 271, 272 II, 175 (ce poise mi), 957.

jel (*aus* je le) II, 416, 419, *s.* le (*verb. pron. Obl. m.*).

jes (*aus* je les) II, 919.

jëune *s. m.* II, 85 *Fasten*.

jëuner, juner *v. intr.* II, 81 — *Pr. 3. Sg.* june II, 597 — *Fut. 2. Pl.* junerez II, 361.

joie *s. f.* I, 83, 104, 181, 315 II, 235 *etc. Freude*.

joindre in a mains jointes II, 923 *mit gefalteten Händen*.

joli, e I, 69, 135, 136, 179 *lustig, vergnügt*.

jolïement *adv.* I, 171, 172 *in schöner Weise*.

jolïet, e I, 44, 299, 300 *lustig*.

jolïetement *adv.* I, 289, 290, 291 *in niedlicher Art*.

jor *s. m.* I, 29, 137, 165, 166 II, 48, 61, 109 *etc. Tag*; toz jors II, 109, 537, 892 *immer, in einem fort*.

jornee *s. f.* II, 169 *Tagewerk*.

jugement *s. m.* II, 1059 *Urteil*.

jugier *v. tr.* II, 1058 *richten*.

june, junerez *s.* jëuner.

jurer *v. intr., Pr. 3. Sg.* jure II, 446 *schwören, fluchen*.

jus *adv.* II, 202, 646 *hernieder, abwärts*; metre jus *ablegen*.

jusque, jusques *adv.* II, 576, 619, 656, 666, 992 *bis*.

K.

keu *s. m.* II, 69 *Koch*.

L.

la *adv.* I, 8, 116, 121 II, 168, 1026 *dort* II, 646, 1064 *dorthin*.

la (l') *verb. pron. Obl. f.* I, 4, 33, 187 *etc.*

la (l') *Art. f.* I, 24, 56 *etc.* II, 5 *etc.*

laborer *subst. Inf.* I, 262, 263 *Arbeiten*.

lai *s. m.* II, 623 *See*.

laier *v. tr., Fut. 2. Pl.* lerez II, 338 *lassen*.

lais *s.* lait.

lait II, 568, 575 *hässlich*.

lange *s. m.* II, 369 *wollener Stoff*.

las, se I, 125 II, 584 *matt, elend, unglücklich.*
latin II, 64 *lateinisch, Art und Weise zu reden.*
l'autrier *s.* autrier.
laver *v. tr.*, *P. Pf.* lavé II, 463 *waschen.*
le (l') *verb. pron. Obl. m.* I, 7, 8, 17, 18, 59 *etc.*; *angelehnt* II, 416,
    419, *s.* jel.
le (l') *verb. pron. neutr.* I, 49, 129, 213 II, 12, 73 *etc. es*; *einen vorauf-*
    gehenden Begriff aufnehmend II, 355; *angelehnt* II, 244, 487,
    1054, *s.* nel.
le *verb. pron. Obl. f.* I, 93, 116, 196 II, 356, 359, 1027, *s. S. 28 u. 77.*
le (l') *Art. m.* I, 18, 19, 76 *etc.* II, 22 *etc.*
le *Art. f.* II, 599, *s. S. 77.*
lëaument *adv.* I, 244 *auf treue, redliche Weise.*
ledengier (*älter* laidengier) *v. tr.*, *Pr. 3. Pl.* ledengent II, 638
    schmähen.
leenz *adv,* II, 153, 223, 697, 698, 1007 *dorthinein.*
legier II, 216 *leicht, schnell.*
l'en II, 536 = li en, *s. pron.* li *u. S. 31 Anm. 1.*
lerez *s.* laier.
lerme *s. f.* II, 830, 832, 866 *etc. Thräne;* II, 451, *das Mass einer*
    Thräne.
lerres *Nom.* (*Voc.*) *Sg. zu* larron II, 76, 479, 753 *Spitzbube (als*
    Schimpfwort).
les *verb. pron. Obl. Pl. m., f.* I, 247, 284, 306 II, 27 *etc., s.* jes.
les *Art. Obl. Pl. m.*, *Nom. Obl. Pl. f.* I, 108, 165, 222 *etc.* II, 27,
    33 *etc.*
lessier (*älter* laissier) *v. tr.* II, 967 — *Imp. 2. Sg.* lesse II, 789
    2. Pl. lessiez I, 261 II. 254 *zulassen, zurücklassen, unterlassen.*
leu, lieu *s. m.* I, 191, 313 (*fig.*) II, 563, 634, 692 *Ort, Stelle.*
leu *s. m.* II, 158, 755 *Wolf;* leu warou *Werwolf.*
leur, lor *pron. poss. m., f.* II, 126, 155, 1008, 1012, 1035, 1037.
leur *verb. pron. Dat. m., f.* II, 146, 496, 1019, 1020.
lever *v. rfl. Conj. Ipf. 1. Sg.* levaisse II, 237 — *Pf. 3. Sg.* leva II,
    443 — *P. Pf.* leve II, 63 *sich erheben.*
lez *prp.* I, 178, 188, 205 *neben, bei.*
li (l') *Art. Nom. Sg. m.* I, 14, 15, 20, 24 *etc.* II, 11 *etc.*
li *Art. Nom. Pl. m.* I, 280, 282 II, 69 *etc.*
li *verb. pron. Dat. m., f.* I, 23, 24, 33, 40, 105 *etc.* II, 75 *etc.*
li · *s.* ele.
lié II, 334, 887 *froh.*
l'ie *s. f.* II, 945 *Hefe.*
liement (*für* lieement) *adv.* I, 169, 242, 280 II, 960 *froh.*
lieu *s.* leu.
lignage *s. m.* II, 14 *Verwandtschaft, Sippe.*
lis *s.* lit.
lit *s. m.* II, 524 *Bett, Lagerstätte.*
loër *v. tr.*, *P. Pf.* loé II, 916 *loben.*
lonc I, 142, 146, 173, 651, 656 *lang.*
longuement *adv.* II, 792 *lange.*

lons *s.* lonc.
loquier (*für* lochier) *v. tr., P. Pf.* loquié II, 652 *schütteln.*
lor *s.* leur.
lors *adv.* I, 85 II, 75, 234, 283, 318 *etc. dann, da.*
lui *s.* il.
luite *s. f.* II, 389 *Anstrengung.*

M.

m' *s.* ma, me.
ma (m') *pron. poss. Sg. f.* I, 97, 99, 100, 117 *etc.* II, 382 *etc.*
main *adv.* II, 237, 521 *frühe.*
main *s. f.* II, 238, 522, 923 *Hand.*
maine *s.* mener.
mains *Comp. neutr.* I, 135, 136 *weniger;* le mains II, 628 *das Ge-*
  ringere; au mains II, 226 *wenigstens.*
maint *s.* mener.
maint, e *Pron. ind.* II, 129, 558, 559, 563, 564, 711 *mancher.*
maintenant *adv.* I, 149 II, 823 *sofort.*
mais *s.* mes.
mal, e I, 96, 217 II, 235, 457, 472 *ete. schlecht, schlimm.*
mal *s. m.* I, 96, 108, 171 *etc.* II, 54, 58, 91, 106, 109 *etc. Uebel, Leid;*
  im Pl. auch = ,*übles Thun*' II, 58, 91, 106, 202.
malice *s. f.* II, 108 *Bosheit, böses Thun.*
mance (*für* manche) *s. f.* II, 545 *Aermel.*
mancheron *s. m.* II, 545 *kleiner Aermel.*
maniere *s. f.* II, 499 *Art, Weise.*
manoir *s. m.* II, 952 *Wohnung.*
manoir *v. intr., Pr. 3. Sg.* maint II, 1064 — *Ipf. 3. Sg.* manoit
  II, 3 — *P. Pr.* manant I, 273 *wohnen.*
mar *adv.* II, 237, 459 *zu übler Stunde.*
marche *s. f.* II, 5 *ebenes Gebiet.*
marchëant *s. m.* II, 29, 172 *Kaufmann.*
mari *s. m.* I, 59, 63, 64, 125 II, 45 *Gemahl.*
mari I, 60 II, 70 *bekümmert.*
mariage *s. m.* I, 4, 36, 37 *Heirat.*
marier *v. rfl., Pr. 3. Sg.* marie I, 53, 57 *sich vermählen.*
marlart *s. m.* II, 124 *wilder Enterich.*
martir *s. m.* II, 311 *Märtyrer.*
marvoié II, 905 *verirrt.*
mas *s.* mat.
mat II, 318 *matt.*
matin *adv.* II, 63 *frühe.*
matinet *adv.* II, 67 *frühe.*
maufé *s. m.* II, 504 *Teufel.*
maugré *prp.* I, 126, 127 II, 322 *trotz.*
maus *s.* mal.
mautalent *s. m.* II, 728 *Unlust;* par mantalent *ärgerlich.*
mauves I, 36, 37, 63, 64 *schlecht.*

me (m') *verb. pron. Dat.,* Acc. I, 7, 11, 13, 17, 18, 27 *etc. mir, mich.*
meïsme *pron.* II, 305, 691 *selbst.*
membru II, 574 *starkgliedrig.*
mendis II, 567 *bettelnd.*
mener *v. tr.,* Pr. 3. Sg. maine II, 121 2. Pl. menez II, 316 — *Conj.*
   Pr. 3. Sg. maint II, 1063 — Pf. 3. Sg. mena II, 240 — P. Pf.
   mené II, 770 *führen, mit Jem. verfahren.*
mengier (*gew.* mangier) *v. tr., intr.* II, 47, 67, 83 *etc.* — *Conj.* Pr.
   3. Sg. menjust I, 33, 223 — P. Pf. mengié II, 1033 *essen,*
   speisen.
mentir *v. intr.,* Pf. 3. Sg. menti II, 134 *trügen.*
menu, e II, 664 *klein.*
mer *s. f.* I, 252 II, 5, 377, 380 *etc.* Meer.
merci *s. f.* II, 163, 718, 780, 903 *Gnade, Huld.*
mere *s. f.* I, 73 II, 473, 773 *Mutter.*
merveille *s. f.* II, 633, 679 *etc. Wunder, wunderbare Sache.*
mes, mais *adv.* I, 24, 41, 51, 65 *etc.* II, 17, 72, 101 *etc. aber;* I, 177
   II, 187 *fernerhin in* des or m. *und* a toz jors m., *s.* ja *und*
   ainz; mes que, mais que *conj.* II, 186, 349 *ausser dass* (Ind.),
   II, 685, 1053 *wofern nur* (Conj.).
mes *pron. poss. Nom. Sg. m.* I, 140, 143, 179, 181 *etc.* — *Obl. Sg.*
   mon I, 34, 41, 101 *etc.* — *Nom. Pl.* mi II, 465, 466 — *Obl. Pl.*
   mes I, 297 II, 907.
mesaise *s. f.* II, 586 *Unbehagen.*
meschëoir *v. intr.* I, 141 *unglücklich ausschlagen.*
mesconter *v. tr.,* Pf. 3. Sg. II, 328, 922; *intr.,* Pr. 3. Pl. mescon-
   tent II, 1044 *schlecht erzählen.*
mesdire II, 642 *Uebles sagen, schmähen* (mit Dat. d. Person) —
   Pr. 3. Pl. mesdient II, 1044 *schlecht sagen.*
mesfaire *v. intr.,* Fut. 3. Sg. mesfera II, 848 — P. Pf. mesfet
   II, 732 *schlecht, übel thun.*
meson (*älter* maison) *s. f.* I, 155, 276 II, 217, 226, 240 *Haus.*
mesprendre *v. intr.,* Pr. 3. Sg. mesprent I, 88 — P. Pf. mespris
   II, 820 *fehlgreifen, falsch handeln.*
mesprison *s. f.* II, 244 *Fehler, Vergehen.*
messe *s. f.* II, 49, 1032 *Messe.*
mestier *s. m.* II, 384 *Dienst.*
mestre (*älter* maistre) *s. m.* II, 191 *Herr, Gebieter.*
metre *v. tr.* II, 80, 450, Pr. 3. Sg. met II, 287, 530, 551 *etc.* — *Conj.*
   Pr. 3. Sg. mete II, 279 2. Pl. II, 957 — Pf. 3. Sg. mist I, 157,
   517 — P. Pf. mis I, 146, 173, 313 II, 141, 278, 420, 448 *etc.*
   setzen, stellen, legen, aufwenden (von der Zeit), *s.* jus; metre
   une chose a l'essai II, 612 *etwas auf die Probe stellen,* soi
   metre a voie (a la voie) II, 141, 420, 517, 686 *sich auf den*
   Weg machen; soi metre en l'essai d'une chose II, 196 *etwas*
   versuchen.
mi *s.* je, *s.* mes (*pron. poss.*), *s.* par.
mïe *s.* ne.
mïedi *s. m.* II, 1006 *Mittag.*

mien *pron. poss. m.* I, 14, 83, 145, 284 *mein.*

miex *Comp. neutr.* I, 35, 62, 69 *besser, s.* amer; II, 966 *Besseres.*

moi *s.* je.

moi *s. m.* II, 406 *Scheffel;* a moi *abgemessen.*

mollier *s. f.* II, 43 *Ehefrau.*

moine *s. m.* II, 31 *Mönch.*

mois *s. m.* II, 364 *Monat.*

moisson *s. m.* II, 125 *Sperling.*

mon *s.* mes (*pron. poss.*).

monde *s. m.* II, 269, 336, 508 *Welt.*

monoie *s. f.* I, 21 II, 468 *Geld.*

mont *s. m.* I, 42 II, 16, 81, 84, 644, 831 *Welt.*

monter *v. tr., Pr. 3. Sg.* monte I, 187 — *Imp. 2. Pl.* montez I, 183 *heben, emporheben; intr., Imp. 2. Pl.* montez II, 133 *aufs Pferd steigen.*

mordre *v. tr., Pr. 3. Sg.* mort II, 310 *beissen.*

morir *v. intr.* I, 62, 153, 154 II, 936 — *Pr. 3. Sg.* muert II, 785 — *Pf. 3. Sg.* morut II, 1016 — *Fut. 1. Sg.* morrai I, 9, 10 II, 749 *2. Pl.* morrez II, 299 — *P. Pf.* mort II, 716, 918, 1008 *sterben.*

morselet *s. m.* II, 601 *kleines Stück.*

mort *s. f.* II, 211, 308, 309, 436 *etc. Tod.*

mot *s. m.* I, 212 II, 378, 616, 793 *etc.*; mot a mot II, 327 *Wort für Wort.*

moustier *s. m.* II, 154, 180, 383 *Kirche.*

mout *neutr.* II, 30, 41, 91 *viel; adv.* I, 3, 5, 68, 209 *etc.* II, 2 *etc. sehr.*

mouton *s. m.* II, 218 *Hammel.*

movoir (mouvoir) *v. rfl., Fut. 1. Sg.* mouverai II, 164 *sich fort-bewegen.*

N.

naistre *v. intr., Pf. 2. Pl.* nasquistes II, 473 *geboren werden.*

ne *adv.* I, 26, 27, 54 *etc.* II, 9 *etc. nicht;* ne . . mïe I, 28, 163, 280, II, 90 *etc.*; ne . . . pas I, 43, 64, 79, 95 *etc.* II, 92 *etc.*, ne . . . point II, 382, 857 *nicht, garnicht;* ne . . . plus II, 312, 315, 599 *etc.*, plus . . ne (plus ne) II, 750, 958 *fernerhin nicht, nicht mehr, s.* ainc, ainz, ja, nes, nient, nul.

ne *conj.* I, 137, 166 II, 230, 298, 463, 464, 465, 536, 546 *etc. Haupt-sätze verbindend, indem der erste Satz negiert ist oder ne-gativen Sinn hat (es folgt ein ne adv.) und nicht, noch;* I, 106 II, 667, 1046 *Hauptsätze verbind., indem der erste Satz positiv ist (es folgt ein ne adv.) und nicht;* II, 114, 139, 355, 778 *etc. Nebensätze verbind. bei Ungewissheit oder negativem Sinne;* II, 10, 32, 50, 158, 225, 341, 376 *etc. Satzteile verbind. in negiertem Satze oder solchem mit negativem Sinne;* ne . . ne I, 96 II, 9, 21, 31 *etc. weder . . noch, s.* el *u.* quoi (ne un ne el, ne ce ne qoi II, 497).

nel (*aus* ne le) II, 244, 487, 1054 *s.* le (*verb. pron. neutr.*).

nerf *s. m.* II, 665 *Sehne.*

nes, nis *adv.* II, 86 *sogar*; II, 478, 514, 760 *bei voraufg.* ne : *nicht einmal*; II, 808 *nach negiert. Hauptsatze : wenigstens.*

net, e II, 978 *rein.*

ni *s. m.* I, 279 *Nest.*

niche II, 39 *dumm, einfältig.*

nient, neent, neant II, 772 *nichts*; ne . . n. II, 253 *nichts*; ne . . n. II, 206, 762 *durchaus nicht.*

nier *v. tr., P. Pf.* nié II, 944 (*s. Anm.*) *reinigen.*

no *s.* nostre.

noir, e II, 549, 648, 654, 664, 668 *schwarz, schwärzlich.*

nommer *v. tr., Imp. 2. Sg.* nomme II, 719 *nennen.*

non II, 264, 299, 364, 368 *nein*; *beim Verb. vic.* faire II, 251, 260, 296, 363; se — non *s.* se.

nonnain (*Nom.* nonne) *s. f.* II, 33 *Nonne.*

nostre *pron. poss.* II, 1040; no II, 96, 191, 226, 227, *Obl. Pl.* noz. II, 108 (*s. S. 177*) *unser.*

nous *pron. pers., Nom. Dat. Obl.* I, 113, 251, 253, 254 II, 71, 80, 118 *etc.*; nos I, 184.

novel, e I, 265, 303 *neu.*

novele *s. f.* I, 12, 118 II, 374 *Nachricht, Sache* (*s. Anm. zu* I, 12).

nu, e II, 573, 663, 723, 880, 996 *naçkt.*

nuit *s. f.* II, 302, 373, 454, 521, 566 *etc. Nacht.*

nul, e (*Nom.* nus) *adjekt.* (*mit* ne) I, 89 II, 295, 392, 453, 496 *kein*; *im Satz mit negat. Sinne und nach sanz* I, 29, 113 II, 95, 151, 650, 675 *etc. irgend ein*; *subst.* (*mit* ne) I, 45, 53, 91, 188, 271 II, 423, 518, 639, 1052, 1055, *Obl.* nului II, 24, 643, 1055 *Niemand.*

nus *s.* nul.

O.

o *s.* ou. (*rel. adv.*).

o *prp.* II, 1001 *mit.*

ocire *v. tr., Pr. 1. Sg.* oci II, 267 — *Pf. 3. Sg.* ocist II, 42 *töten.*

oeil, ueil *s. m.* I, 103, 107 II, 341 — *Obl. Pl.* iex I, 222 II, 658, 756, 776 *etc. Auge.*

offrir *v. rfl., Pf. 3. Sg.* offri II, 212 *sich darbieten, opfern.*

oïl I, 181 II, 933 *ja.*

oindre *v. tr.*, II, 148 (*fig.*) *schmeicheln.*

oïr *v. tr.* II, 49 — *Pr. 1. Sg.* oi I, 12 *3. Sg.* ot II, 407, 471, 751, 794 *2. Pl.* oëz II, 495 — *Conj. Pr. 2. Pl.* oiez II, 862, 998 — *Pf. 3. Pl.* oïrent II, 73 — *Fut. 1. Sg.* orrai II, 265, 919 *2. Pl.* orrez II, 253, 295, 300, 696 *hören, anhören.*

oirre, oirrent *s.* errer.

oiselet *s. m.* I, 80, 82 *Vöglein.*

oiseuse *fem. im Sinne e. Substant.* II, 379 *müssiges Gerede.*

om *s.* on.

omnipotent II, 290 *allmächtig.*

on, om I, 161, 182 II, 54, 109, 110, 202, 641 *man.*

ongle *s. m.* II, 465 *Nagel (am Körper).*

onques *adv.* II, 43, 134, 328, 451 *etc. jemals.*
or *s. m.* I, 22 *Gold.*
or, ore *adv.* I, 177, 182, 195, 266 *etc.* II, 90, 95, 133, 171, 174 *etc. jetzt, nun.*
orendroit *adv.* II, 779 *jetzt, nunmehr.*
orenz *adv.* II, 235 *eben erst.*
orgueil *s. m.* II, 825 *Uebermut, Hoffart.*
orguilleus II, 19 *hochfahrend.*
oroison *s. f.* II, 225, 386, 1003 *Gebet.*
orteil *s. m., Obl. Pl.* orteus II, 666 *Zehe.*
os *s. m.* II, 656, 660 *Knochen, Schlüsselbein* (?).
oser *v. tr., Pr. 3. Sg.* ose I, 123 *wagen.*
ostel *s. m.* II, 570 — *Obl. Pl.* osteus II, 524 *Herberge.*
oster *v. tr.* I, 101 II, 967 — *Imp. 2. Pl.* ostez I, 8 *fortnehmen.*
osteus *s.* ostel.
ot *s.* avoir, *s.* oïr.
otroier *v. tr., Pr. 3. Sg.* otroie I, 105 *3. Pl.* otroient II, 189 *gewähren, zusagen.*
oevre *s.* ovrer.
ou *conj.* II, 381, 597, 716 *oder;* ou — ou II, 270, 601 *entweder — oder,* II, 1016 ob — *oder.*
ou, o *rel. adv.* I, 67, 192 II, 34, 591, 1064 *wo;* II, 105 *wohin (auf Person bezogen);* II, 625 *wohinein.*
ou II, 682 *aus* el (= en le), *s.* el *und S. 177.*
oublïer *v. tr.* I, 162, 163 — *P. Pf. f.* oubliee I, 142 *vergessen.*
outrageus II, 157 *gewaltthätig.*
outre *prp.* I, 252 II, 377 *über — hinaus, jenseits.*
outrer *v. tr., P. Pf. f.* outree II, 742 *durchschreiten, durchziehen.*
ovrer, ouvrer *v. intr.* II, 1049 — *Pr. 3. Sg.* oevre II, 823 — *Pf. 3. Sg.* ouvra II, 1047 *wirken, verfahren, leben.*

P.

paier *v. tr., P. Pf.* paié II, 352 *bezahlen.*
pain *s. m.* II, 470, 525 *etc. Brod.*
paine *s. f.* I, 217 II, 409, 527 *etc. Leid, Mühe;* a paines II, 671 *mit Mühe.*
painer *v. intr., Pr. 3. Sg.* paine II, 974 *Mühsal erdulden.*
pais, pes *s. f.* II, 178, 338, 498 *Frieden, Ruhe.*
païs *s. m.* I, 185 II, 22, 494, 741, 1035, 1038 *Land, Gegend.*
pale I, 159 *bleich.*
palefroi *s. m.* I, 157 *Zelter.*
paor *s. f.* I, 258, II, 285, 828 *Furcht.*
papelart *s. m.* II, 123 *Scheinheiliger.*
par *prp.; räuml.* II, 172, 547, 562, 758, 830 *hindurch, über .. hin,* par mi II, 561, 562, 631 *etc. mitten durch,* par tout II, 431, 612, 746, 1036 *überall hin, in jeder Beziehung; zeitlich* I, 141, 185, 519, 676, 749 *bei* (par tens *beizeiten, bald); Mittel und*

beweg. Ursache I, 4, 20, 105 II, 186, 479, 481, 488 *etc.*; *Be-*
teuerung I, 97 II, 90, 137, 176, 368, 382 *etc. bei*; *modale Be-*
stimmung I, 212, 244, 277, 296 II, 228, 234, 272, 275, 321, 326,
343 *etc.*; prendre auc. par la main II, 238 *Jem. an die Hand*
nehmen; par froiz, par chauz II, 560 *bei Kälte, bei Wärme.*
— *Adv.* II, 53 *einen Begriff verstärkend.*

paradis *s. m.* I, 86 *Paradies.*

parage *s. m.* I, 3, 267 *Abkunft, Geschlecht*; I, 259 *Verwandtschaft.*

parclose *s. f. in* a la parclose II, 304 *zum Schlusse.*

pardoner *v. tr.* II, 1054 — *P. Pf.* pardoné II, 886, 972 *verzeihen.*

parfaire *v. tr., P. Pf. f.* parfaite II, 888 *vollenden.*

parfont *adv.* II, 766 *tief.*

parler *v. intr.* II, 214, 245, 340 *etc.* — *Conj. Pr. 2. Pl.* parlez II, 213
— *Pf. 3. Sg.* parla II, 408 *3. Pl.* parlerent II, 181 *sprechen*;
subst. I, 60.

parmenable II, 1026 *ewig.*

paroir *v. intr., Pr. 3. Pl.* perent II, 662, 665 — *Ipf. 3. Sg.* paroit
II, 15 *scheinen, sichtbar sein.*

parole *s. f.* I, 233, 238 II, 495 *Wort.*

part *s. f.* II, 129, 873 *Richtung, Seite*; de toutes pars *nach allen*
Seiten.

partir *v. tr.* I, 106 *trennen, scheiden,* II, 215 *austeilen (von Worten),*
mitteilen; I, 151 *s. Anm. dazu*; *intr. gebr.* II, 975 *sich trennen*;
rfl. Conj. Pr. 2. Pl. partez II, 394 — *Fut. 1. Sg.* partirai
I, 286 *scheiden, aufbrechen.*

pas *s.* isnel, *s.* ne.

passer *v. tr.* II, 528 — *Pr. 3. Sg.* passe I, 184 *überschreiten, durch-*
ziehen — *Fut. 1. Sg.* passerai I, 137 *zubringen* — *P. Pf.*
passé II, 594 *übertreffen*; *intr., Pf. 3. Sg.* passa II, 59 *vergehen.*

passïon *s. f.* II, 79 *Leiden (Christi).*

patrenostre *s. f.* II, 230, 387 *Vaterunser.*

pechié *s. m.* II, 97, 257, 281, 291 *etc. Sünde.*

pel *s. f.* II, 662 *Haut.*

pelerin II, 28, 171 *Pilger.*

pelu II, 657 *behaart.*

pendre *v. tr.* II, 116 — *P. Ff.* pendu II, 92, 705 *aufhängen, er-*
hängen; *intr. Pr. 3. Sg.* pent II, 850 — *Pf. 3. Sg.* pendi
II, 308 *hängen.*

penëant *s. m.* II, 353 *Büsser.*

penitance *s. f.* II, 86, 279, 350, 357, 403 *etc. Busse.*

penser, pensser *v. intr.* II, 204 — *Pr. 1. Sg.* pens I, 102 *2. Pl.*
penssez II, 205 — *Fut. 1. Sg.* pensserai II, 206 *denken*; *subst.*
I, 98, 100; *tr., Ipf. 3. Sg.* penssoit II, 54 *ersinnen.*

penssé *s. m.* II, 55 *Gedanke.*

perdre *v. tr.* I, 228 II, 440 — *P. Pf.* perdu, e I, 144, 145, 239
II, 771, 783 *verlieren.*

pere *s. m.* I, 6, 12, 20, 23, 38, 48 *etc.* II, 707, 895, 896 (*als Anrede*
an den Klausner) *etc. Vater.*

pereilleus, e II, 380 *gefahrvoll.*

perent *s.* paroir.

peril *s. m.* II, 986 *Gefahr.*

pes *s.* pais.

peser *v. intr. mit Dat. d. Person, Pr. 3. Sg.* poise II, 175 *leid thun.*

pesme II, 374 *sehr schlecht.*

petit II, 125 *klein.*

pëusse, pëust, pëussiez *s.* pooir.

pïe *s. f.* I, 279 *Elster.*

pié, piet I, 157 II, 114, 159, 879 *Fuss*; a pié II, 467 *zu Fuss.*

piece *s. f.* II, 601, 602 *Stück, Stück Weges.*

piez *s.* pié.

pincier *v. tr.* II, 147 *zwicken.*

pïot *s. m.* I, 280, 282 *kleine Elster.*

pire *Comp. Nom. Sg.* II, 754, 1055 *schlimmer, schlechter; mit Art.*
II, 802.

pis *Comp. neutr.* I, 215, 271, 274 II, 966 *Schlimmeres.*

pis *s. m.* II, 965 *Brust.*

pitance *s. f.* II, 481, 783 *Barmherzigkeit*; II, 764 *Rührung.*

pitie *s. f.* II, 808, 1039 *Mitleid.*

plaidieu *s. m.* II, 222 *Streitender.*

plaidier *v. intr.* I, 246 *streiten.*

plaie *s. f.* II, 342 *Wunde.*

plain (*gew.* plein) I, 31, 83, 401 II, 250, 455 *etc. voll.*

plain *s. m.* II, 610 *Ebene.*

plaindre *v. rfl., Pr. 3. Sg.* plaint I, 285 II, 688 *sich beklagen.*

plaine *s. f.* II, 547 *Ebene.*

plainement *adv.* II, 1028 *sachte, sanft.*

plaire *s.* plere.

plenier, e II, 744 *voll.*

plenté *s. f.* I, 21 *Fülle*; a plenté *in Hülle und Fülle.*

plere (*älter* plaire) *v. intr., Pr. 3. Sg.* plest II, 256, 393 — *Conj.*
Pr. 3. Sg. plese II, 1063 — *Conj. Ipf. 3. Sg.* plëust II, 778.

plesir (*älter* plaisir) *s. m.* II, 775 *Gefallen, Huld.*

plet (*älter* plait) *s. m.* I, 113 *Verhandlung*; sanz nul plet *ohne*
Umschweife.

plongier *v. tr., P. Pf.* plongié II, 625 *eintauchen.*

plorer *v. intr.* I, 138 II, 99 — *Pr. 3. Sg.* pleure II, 345, 471 *etc.*
plore II, 765 — *Fut. 1. Sg.* plorerai II, 102 *3. Sg.* ploverra
II, 685 — *Imp. 2. Pl.* plorez II, 101 — *Ger.* plorant II, 144,
923; *subst.* I, 261; *tr.,* II, 97 *beweinen.*

plus *adv.* I, 9, 10, 257, 264, 305 II, 6, 34, 57 *etc. mehr, ferner, länger,*
s. ne; le plus II, 628 *das Mehr*; plus et plus II, 630 *mehr*
und mehr; zur Bildung des Comparativs I, 225, 299, 300
II, 16 *etc.*

plusor *in* tuit li plusor II, 1039 *die allermeisten Menschen.*

poi, pou *neutr., adv.* II, 523 (pou), 525, 552, 1006 *wenig; subst.* un
poi II, 213, 361; por un poi que . . ne, a poi que . . ne
I, 180 II, 428 *beinahe.*

poindre *v. tr.* II, 147 — *P. Pf.* point II, 766 *stechen, verwunden.*

poing *s. m.* II, 765 *Faust.*
poingnëor *s. m.* II, 1007 *Streiter, Krieger.*
poins *s.* poindre, *s.* poing.
point II, 138 *irgend etwas* (*nach negiert. Satze*) *s. Anm.; s. m.*
  II, 729 *Punkt, Lage.*
poise *s.* peser.
poissance *s. f.* I, 192 II, 812 *Macht.*
poissant II, 395 *vermögend, mächtig.*
poli I, 68 *hübsch, schmuck.*
pooir *tr. mit Inf., Pr. 1. Sg.* puis I, 84, 101, 162, 163 II, 339,
  582 *etc. 2. Pl.* poëz II, 72 — *Conj. Pr. 3. Sg.* puist I, 227, 228,
  254 II, 554, 641 — *Ipf. 3. Sg.* pooit II, 24 — *Conj. Ipf. 1. Sg.*
  pëusse II, 987 *3. Sg.* pëust II, 854 *2. Pl.* pëussiez II, 248 —
  Pf. 3. Sg. pot II, 583 — *Fut. 1. Sg.* porrai II, 750, 901 *3. Sg.*
  porra I, 141 *3. Pl.* porront II, 188 — *Cond. 1. Sg.* porroie
  II, 614 poroie II, 366, 375 *2. Pl.* porriez II, 46 *können*; I, 310
  (puet) II, 864 (pot) *Anlass haben; mit Accus.* II, 768 (*Pr.
  2. Sg.* pues) *vermögen; intr.,* I, 69 II, 681 (puet) *vermögen,
  Kraft haben.*
por *prp.* I, 30, 76, 87, 121, 161 II, 113, 166 *etc. für, an Stelle von;* I, 206,
  269 II, 118, 119, 120, 192, 193, 194 *etc. wegen, um ... willen,
  s.* poi *und* quoi; *den Preis angebend* II, 246, 252; *mit Inf.*
  I, 168 II, 80, 116, 127, 148 *etc. um .. zu;* por ce que *mit Ind.*
  II, 346, 573, 700, 1015 *weil;* por ce que *mit Conj.* II, 388 *damit.*
porte *s. f.* II, 511 *Thür.*
porter *v. tr.* I, 148 II, 968, 1028 — *Pr. 3. Sg.* porte I, 284 II, 512,
  514 *3. Pl.* portent II, 995 — *Conj. Pr. 2. Pl.* portez II, 397
  — *Fut. 1. Sg.* porterai I, 124, 128 II, 469 *3. Sg.* portera II, 114
  — *P. Pf.* porté II, 675 *tragen.*
pou *s.* poi.
povérte *s. f.* II, 526 *Armut.*
povre II, 40 (*subst.*), 567 *arm;* II, 524, 542, 543, 556, 567, 720 *ärmlich,
  armselig.*
povrece *s. f.* II, 782 *Armseligkeit.*
povreté *s. f.* I, 75 *Armut.*
praing *s.* prendre.
preïst *s.* prendre.
prendre *v. tr.* I, 120, 304 II, 43, 115 — *Pr. 1. Sg.* praing II, 405,
  416 *2. Sg.* prens II, 788 *3. Sg.* prent II, 531 *etc.* — *Ipf. 1. Sg.*
  prendoie (*s. S. 28*) I, 38 *3. Sg.* prenoit II, 40, 699 — *Conj.
  Ipf. 3. Sg.* preïst II, 515 — *Pf. 1. Sg.* pris II, 819 *3. Sg.* prist
  II, 238, 317, 415 — *Fut. 1. Sg.* prendrai I, 80 II, 417 — *Cond.
  1. Sg.* prendroie I, 82 — *Imp. 2. Sg.* pren II, 790 *2. Pl.* prenez
  II, 372 — *P. Pf.* pris II, 317, 722 *fassen, ergreifen, nehmen,
  zu sich nehmen, gefangen nehmen, erlangen;* prendre
  moillier II, 43 *eine Frau zur Ehe nehmen;* prendre congie
  I, 304 II, 1034 *Abschied nehmen.* — *Intr. mit* a *und Inf.*
  I, 160 II, 728, 752, 829 *anfangen.* — *Refl. mit* a I, 262, 263,
  267 *sich machen an;* I, 90, 91, 95 *heranreichen an, sich ver-*

gleichen lassen mit; soi prendre garde d'auc. II, 699 *sich Jem. versehen.*

pres *adv.* II, 27, 268 *nahe, genau*; pres de II, 5 *nahe bei*, II, 534 *nahe an* (*Zeitbestim.*).

prester *v. tr., P. Pf.* presté II, 917 *verleihen.*

prestre (s) *s. m. Nom. Vocat. Sg.* I, 112, 119, 129, 131 II, 210, 260 — *Obl.* prestre (*für* provoire) I, 114 *Priester, Geistlicher.*

preudomme, preudoume *s. m.* II, 51, 285, 347, 413, 1034 *braver Mann.*

prier, proier *mit Dat. oder Accus. d. Person, Pr. 1. Sg.* pri I, 234 II, 779 *3. Pl.* proient II, 190 — *Cond. 1. Sg.* proieroie II, 165 — *Imp. 1. Pl.* prions II, 1062 *2. Pl.* proiez II, 774; p. auc. d'auc. rien I, 234, p. auc. rien a auc. II, 163 (proierez) *Jem. um etwas bitten*; *absol.* II, 950 (*Imp. 2. Pl.* proiez) *beten.*

prince *s. m.* II, 10 *Fürst.*

pris, prist *s.* prendre.

prison *s. f.* II, 243 *Gefangenschaft.*

privance *s. f.* II, 520 *Entbehrung.*

profitier *v. intr. mit Dat. d. Person, Pr. 3. Sg.* profite II, 552 *Nutzen bringen.*

proiere *s. f.* II, 224 *Bitte.*

proprement *adv.* II. 1000 *besonders.*

pucelage *s. m.* I, 34 *Jungfrauschaft.*

pucele *s. f.* I, 10, 24 etc. II, 37 *Mädchen, Jungfrau.*

pucelete *s. f.* I, 77, 301 *junges Mädchen.*

puer *adv.* II, 831 *fort, hinweg.*

pues, puet *s.* pooir.

puis *adv.* II, 68, 190, 408, 717 *dann, darauf, seitdem*; puis que *conj.* II, 208, 322, 412, 522 *da.*

puis *s. m.* II, 884 *Pfuhl.*

puisier *v. tr., Imp. 2. Pl.* puisiez II, 399 — *P. Pf.* puisié II, 477, 626, 759 *eintauchen, schöpfen.*

pur II, 944 *rein.*

Q.

quanques *adv.* I, 25, 206 *wie viel auch immer.*

quant *conj.* I, 85, 178, 204 etc. II, 96 etc. *wenn, als*; mit *causal. Nebensinn* I, 276 II, 166, 460; *neutr.* II, 798 *in* (ne) tant ne quant, *s.* tant.

quar *conj.* I, 39, 58, 76, 79, 110 etc. II, 44 etc. *denn*; *beim Imp.* I, 234 II, 161, 192, 774 *doch*; = *conj.* que II, 634.

quaresme *s. m.* II, 60, 77 *Fastenzeit.*

que 1) *pron. int.* (*dir. Frage*) II, 76, 215, 333, 337, 436 (*nach* ce), 645, 677, 732; (*indir. Frage*) I, 130 II, 613, 862, 1042 *was, warum.* — 2) *pron. rel., Acc. zu* qui, *s.* qui; *neutr.* a) *auf* ce *bezogen* II, 336, 366, 1037 b) *beziehungslos in* je n'ai que fere II, 168, 276, 354; *adverbial* I, 69 II, 79, 183, 692; *concessiv in* qoi que II, 541, cui que II, 301.

conj. 1) *vergleichend nach Comp.* I, 36, 63, 214, 226 *etc.*
II, 126 *etc. als, (als dass)* II, 303, 509; *nach* si, ausi II, 637,
694, 868 *wie.* — 2) *consecutiv nach* si, tant, tel I, 61, 84, 93
II, 9, 21, 28, 263, 321 *etc. dass,* II, 794 *so dass, s.* si *que unter*
si. — 3) *Subjekts- und Objektssätze einführend* I, 2, 29, 42,
47, 49 *etc.* II, 16 *etc. dass; unabhängigen Wunschsatz einf.*
I, 182 II, 134, 278; *einen Hauptsatz einf., der einen Sach-
verhalt angiebt* II, 797, 1000, *vgl. Anm. zu* II, 634. — 4) *einen
modalen Nebens. einf. (s. Anm. zu* II, 300) *in* que . . . ne,
welches mit ,ohne dass' zu übersetzen ist II, 25, 300, 328,
535, 536, 539, 635, 857. — 5) *eine Begründung einf.* II, 102, 104,
206, 461, 469, 518, 749 (?), 797, 1052 *denn, s.* a poi que . . ne,
por poi que . . ne, ainçois que, ainz que, avant que, ausi que,
avoec ce que, de si que, por ce que, puis que, si que, tant
que, en tant que.

quel *pron. int., adj. (dir. und indir. Frage) m. f.* I, 115 II, 357, 520,
709, 719 — *f.* quele II, 998 *welcher; pron. rel.* le quel II, 1002.

querre *v. tr.* I, 156, 241 — *Pr. 1. Sg.* quier II, 340 — *P. Pr.* querant
II, 84 *suchen, aufsuchen, wünschen.*

qui *pron. rel., Nom.* 1) *beziehungslos* I, 87, 198, 199 . II, 354, 355,
635 — *Obl. (Dat.)* cui *in* cui que, *s.* que — 2) *bezogen* I, 3,
5 *etc.* II, 4 *etc.* — *Obl. (Dat.)* cui I, 233, a cui I, 274 — *Obl.
(Acc.)* que I, 12, 76, 165, 278 II, 54 *etc.,* qui (= cui) II, 142
welcher.

qui *pron. int., Nom.* II, 205, 710 (*dir. Frage*) *wer.*

quier *s.* querre.

qoi *s.* quoi.

qoi (*gew.* coi) II, 494, 498, 789 *ruhig.*

quoi, qoi, coi 1) *pron. int. (bctonte Form) in* por coi II, 165 (*dir.
Frage*) *warum* — 2) *pron. rel. in* de qoi II, 220, 590, 796; *in*
ne ce ne qoi II, 497 *garnichts.*

R.

raconter *v. tr.* II, 294 — *Pr. 3. Sg.* raconte II, 739 — *P. Pf.* raconté
II, 1036 *erzählen.*

raëmplir *v. tr., P. Pf.* raëmpli II, 872 *anfüllen.*

rafichier *v. rfl., Pr. 3. Sg.* rafiche II, 160 *sich fest setzen.*

rage *s. f.* I, 218 *Wut, Tollheit.*

raler *v. intr., Fut. 3. Sg.* rira II, 683 — *P. Pf.* ralé II, 1035 *zurückgehen.*

ramentevoir auc. rien a auc., *Pr. 3. Sg.* ramentoit II, 288 *Jem. an
etwas erinnern.*

ramper *v. intr., Pr. 3. Pl.* rampent II, 832 *kriechen, emporsteigen.*

ramposne *s. f.* II, 568 *Schmähwort.*

ramposner *v. tr.* II, 147 *schelten, schmähen.*

rapaier *v. tr., P. Pf.* rapaié II, 351 *zufriedenstellen.*

raporter *v. tr., Conj. Pr. 1. Sg.* raport II, 509 *zurückbringen.*

rassaudre (*gew.* rassoudre) *v. tr., P. Pf.* rassaus II, 185 *absolvieren*
(*von Sünden*).

raverdir *v. intr., P. Pf. f.* raverdÏe I, 177 *wieder grün werden (fig.).*

ravir *v. tr., P. Pf. f.* ravÏe II, 1025 *entrücken.*

ravoir *v. tr.* I, 208 *wiedererhalten.*

rebouter *v. tr., Pr. 3. Sg.* reboute II, 433 *wiederum stossen.*

recevoir *v. tr.* II, 553 — *Pr. 3. Sg.* reçoit II, 910 — *Conj. Pr. 3. Sg.* reçoive II, 914 — *P. Pf. f.* recëue II, 982 *bekommen, empfangen, aufnehmen.*

rechief *in* de rechief II, 439 *von Neuem.*

reconforter *v. tr.* I, 147 II, 863 — *Pr. 3. Sg.* reconforte II, 1018 *trösten.*

reconnoistre *v. tr., Pf. 3. Pl.* reconnurent II, 1009 *wiedererkennen.*

recouvrer *v. tr.* II, 1050 — *Pf. 3. Sg.* recouvra II, 1048 *wiedergewinnen, erlösen.*

redouter *v. tr. Ger.* redoutant II, 197; *mit* a *und Inf.* II, 578 (*Pr. 3. Sg.* redoute) *fürchten.*

refaire *v. tr., P. Pf.* refait II, 932 *wiederherstellen, zufriedenstellen.*

regarder *v. tr., Pr. 3. Sg.* regarde II, 159, 283, 699 — *Conj. Pr. 3. Sg.* regart II, 776 — *Imp. 2. Sg.* regarde II, 769 — *P. Pf.* regardé II, 793, 883 *anblicken; intr., Ger.* regardant I, 103 *sich umsehen,* I, 107 *blicken.*

regart *s. m.* I, 92, 105 *Blick.*

rehaitier *v. rfl., Imp. 2. Sg.* rehaite II, 887 *sich freuen.*

remanoir *v. intr.* II, 951 — *Pf. 3. Sg.* remest II, 945, 979, 996 — *P. Pf.* remez (*für* remes) II, 155 *bleiben, zurückbleiben.*

remener *v. tr., Imp. 2. Pl.* remenez II, 493 *zurückführen.*

remirer *v. tr., Pr. 1. Sg.* remire I, 85 *betrachten.*

remis, e II, 370 *geschwächt, aufgelöst.*

rempaindre *v. tr., P. Pf.* rempaint II, 438 *wieder hineinstossen.*

remuër *v. rfl., Conj. Ipf. 1. Sg.* remuaisse II, 899 *sich entfernen von.*

renclus II, 32 *eingeschlossen.*

rendre *v. tr.* II, 786 — *Pr. 3. Sg.* rent II, 841, 962 — *Fut. 1. Sg.* rendrai II, 418 — *Imp. 2. Pl.* rendez I, 207 — *P. Pf.* rendu II, 455, 962 *wiedergeben, von sich geben;* rendre reson II, 786 *Rechenschaft ablegen;* rendre sa coupe II, 963 *seine Schuld bekennen.*

rendu II, 456 *Gottgeweihter, Mönch.*

renon *s. m.* II, 4 *Ruf.*

renoveler *v. tr., Pr. 3. Sg.* renovele I, 203 *erneuern.*

repentance *s. f.* II, 280, 349, 763 etc. *Reue.*

repentir *v. rfl.* II, 203 — *Pr. 3. Sg.* repent I, 57 II, 346, 849 — *Conj. Pr. 3. Sg.* repente I, 54 — *P. Pr.* repentant II, 1024 — *Ger.* repentant II, 588 — *P. Pf. f.* repentÏe I, 58 *Reue empfinden.*

repondre *v. tr., P. Pf.* repus II, 658 *verstecken.*

repos *s. m.* II, 417, 453 *Ruhe.*

repus *s.* repondre.

requerre *v. tr., Pr. 1. Sg.* requier II, 210 *3. Sg.* requiert I, 16 *suchen, begehren ersuchen.*

rescorre *v. rfl.* II, 422 *sich befreien, sich losmachen.*

reson (*älter* raison) *s. f.* I, 154, 277 II, 348, 786, 1004 *Vernunft,*

Grund, Auseinandersetzung, s. rendre; par reson (I, 154, 277) *mit gutem Grunde.*

respit *s. m.* II, 93 *Aufschub.*

respondre *v. tr., Pr. 3. Sg.* respont I, 24 II, 251, 486 *etc. 3. Pl.* respondent II, 70 — *Pf. 3. Sg.* respondi I, 6, 122 *antworten.*

retenir *v. tr., Ipf. 3. Sg.* retenoit II, 28 *zurückhalten, festhalten.*

retorner *v. intr.* II, 1053 — *Imp. 2. Pl.* retornez II, 282; *rfl., Pf. 3. Sg.* retorna II, 444 *zurückkehren.*

retrere (*älter* retraire) *v. rfl.* II, 110, 1051 *sich zurückwenden.*

revenir *v. intr., Pf. 3. Sg.* revint II, 717 — *P. Pf.* revenu I, 276; *rfl.* II, 695 *zurückkehren.*

revëoir *v. tr.* I, 140 *wiedersehen.*

rez (*für* res) II, 464 *geschoren.*

riche I, 5 II, 14; *subst.* II, 40 *reich.*

richece *s. f.* I, 39 *Reichtum.*

rien, riens *s. f.* II, 248, 263, 300, (riens), 777 *Ding, Sache, irgend etwas (bei Negiertheit, negativem Sinne oder Ungewissheit des Satzinhaltes);* ne . . rien, rien ne, riens ne I, 25, 239 II, 120, 166, 220, 297, 328, 365 *etc. nichts;* ne . . rien, riens ne I, 88 II, 390, 848, 1012 *in keiner Weise;* I, 89 *Wesen.*

rira *s.* raler.

rire *v. intr.* II, 344 — *Pr. 3. Sg.* rit II, 407 — *Fut. 1. Sg.* rirai II, 101 *3. Sg.* rira II, 684 *lachen.*

riviere *s. f.* II, 622, 743 *Strom.*

robe *s. f.* II, 540, 569 *Kleidungsstücke.*

rober *v. intr.* II, 129 *rauben.*

roi *s. m.* I, 255 II, 9, 799 *König.*

roinsces *Obl. Pl. f.* II, 562 *Brombeergestrüpp.*

roonde *in* a la roonde II, 507 *in der Runde.*

rose *s. f.* I, 94 *Rose.*

ruisselet *s. m.* II, 398 *Bach.*

ruiste II, 971 *stark, heftig.*

S.

s' *s.* sa, se.

sa (s') *pron. poss. f.* I, 39, 73, 85 *etc.* II, 135 *etc.*

sadete *f.* I, 317 *schmackhaft, lieblich.*

sage II, 39 (*subst.*) *klug.*

sai *s.* savoir.

saillir *v. intr., Ipf. 3. Sg.* sailloit II, 837 *springen.*

sain, e II, 624 *frisch, fliessend (vom Wasser).*

saint, e I, 252, 255, 269 II, 77, 176, 368, 381 *etc.* (saint *in Eigennamen ist in Hs. abgekürzt*); *subst.* II, 311.

saintisme II, 692 *sehr heilig.*

sale *s. f.* I, 158 *Saal.*

salu *s. m.* II, 387 *englischer Gruss.*

salu *s. f.* II, 388 *Heil, Rettung.*

sambler *v. intr., Pr. 3. Sg.* samble I, 218 *2. Pl.* samblez II, 270 — *Ipf. 3. Sg.* sambloit II, 836 *scheinen.*

sanc *s. m.* II, 564 *Blut.*

sans *s.* sanc.

santé *s. f. Gesundheit, Heil.*

sanz, sans *prp.* I, 113, 189 *etc.* II, 75, 95 *etc. ohne.*

saudre (*gew.* soudre), *Pr. 3. Sg.* saut II, 928 *zahlen, spenden.*

sauvacÿon *s. f.* II, 80 *Rettung, Erlösung.*

sauve *f. zu* sauf I, 251 *heil.*

sauvecines *Obl. Pl. f.* II, 561 *wilde Thiere.*

sauver *v. tr.* II, 935 *erlösen.*

sauvere *Nom. Sg. zu* sauvëor II, 934 *Erlöser.*

sauveté *s. f.* II, 931 *Rettung, Heil.*

savoir *v. tr., Pr. 1. Sg.* sai I, 115, 266 II, 42, 194 *etc.* 2. *Sg.* sez II, 768 *3. Sg.* set II, 681, 1049, 1052 *etc.* 2. *Pl.* savez II, 906 — *Conj. Pr. 1. Sg.* sache II, 303 *2. Pl.* sachiez I, 47, 129 II, 513, 519 (*als Imp.*) — *Pf. 1. Sg.* soi II, 449 *3. Sg.* sot II, 422 *3. Pl.* sorent II, 1015, 1037 — *Fut. 3. Sg.* savra II, 519 *2. Pl.* savrez II, 261 — *Cond. 1. Sg.* savroie II, 620 *wissen, erfahren;* II, 762 (set) *Geschmack finden an.* — *Subst.* I, 266 faire savoir *Verständiges thun.*

se (s') *conj.* I, 9, 11, 27, 31, 32, 38 *etc.* II, 45, 115, 205 *etc.; mit Conj.* I, 109 II, 175, (*s. Anm. zu* I, 7) *wenn;* I, 117 II, 194, 716 *ob;* se — non II, 639, 842 *ausser.*

se (s') *verb. pron. Dat., Acc.* I, 53, 57, 90 *etc.* II, 44, 63 *etc. sich.*

se, *Nebenform von* si, *s.* si.

sechier *v. tr., Pr. 3. Sg.* seche I, 40, 175 — *P. Pf. f.* sechie (*für* sechiee) I, 176 *austrocknen, verdorren machen (fig.).*

secorre *v. tr., Conj. Pr. 3. Sg.* sequeure I, 109 — *P. Pf.* secoru I, 275 *helfen.*

seignor *s. m.* II, 195, 1008, 1037 *Herr, Gebieter;* nostre seignor II, 1040 = *Gott.*

sejor, sejour *s. m.* II, 95, 461, 675 *Aufenthalt, Verzug.*

semaine *s. f.* II, 534 *Woche.*

semondre *v. tr., Pr. 3. Sg.* semont I, 41 *auffordern.*

sens *s. m.* II, 427 *Richtung.*

sens *s. m.* II, 428 *Verstand.*

sentir *v. tr., Pr. 1. Sg.* sent I, 96, 178 — *Ipf. 3. Sg.* sentoit II, 586.

sëoir *v. intr., Pr. 3. Sg.* siet II, 232, 619 *passen, gefallen, liegen (von e. Ort).*

sequeure *s.* secorre.

sermon *s. m.* II, 50 *Predigt.*

servir *v. tr., Conj. Ipf. 1. Sg.* servisse II, 900 — *Imp. 2. Pl.* servez II, 485 *dienen.*

ses *pron. poss. Nom. Sg. m.* I, 93, 259 *etc.* — *Obl. Sg.* son I, 6, 39, 48 *etc.* — *Nom. Pl.* si I, 103, 107, 241 II, 73 *etc.* — *Obl. Pl.* ses I, 30, 31 II, 58 *etc. sein.*

seson (*älter* saison) *s. f.* II, 66 *Zeit, rechte Zeit.*

set *s.* savoir.

seul II, 291, 367, 517, 616 *etc. allein, einzig.*

seulement *adv.* II, 395 *nur;* II, 221 tant seulement *einzig und allein.*

seur *s.* sor.

sëur II, 989 *sicher.*

seure *adv.* II, 878 *über, s.* corre.

seus *s.* seul.

seut *s.* soloir.

sez *s.* savoir.

si *adv. so : beim Adj. Partic. Adv.* I, 173, 179, 267 II, 8, 19, 20, 78, 98 *etc. s.* tres; *beim Verbum* II, 18; *zurückweisend* L, 89, 933; si come *so wie* I, 75 II, 12, 184 *etc.;* si fait (fet) II, 694, 701, 729 *so beschaffen;* si que II, 577, 579 *so dass;* de si a, de si que *s.* de; *leitet eine Beteuerung ein* I, 7, 13, 88; *dir. Frage einleit.* II, 297, 298, 392; *Hauptsatz einleit.* II, 367, 372, 377 (*es folgt Imp.*).
si (*Nebenform* se, s') *koordinierte Sätze verbindend* I, 21, 78, 135, 183, 207, 212, 214 *etc.* II, 70, 107, 123 (*nach Imp.*), 160, 162, 163, 181 *etc., mit* et II, 15, 315, 499, 719,790, *mit , bis zu übersetzen* II, 249, 455, 466; *Nachsatz einleit.* I, 33, 205 II, 129, 351, 477, 540, 591 *etc.; Verbum einleit. nach Subjekt* II, 866, *nach Adverbium* II, 68, 330, 602, *nach prädikativer Bestimmung* I, 136; *einen Gegensatz ausdrückend:* doch (*bei Verb. vic.* faire) I, 46 II, 207, 277, 296, 301, 393, *mit* et I, 162 II, 427, 448, 629, 748; *Nachsatz einleit.* II, 723.

sien *pron. poss. m.* II, 678 *sein.*

siet *s.* sëoir.

sire (s) *s. m.* (*Obl.* seignor) II, 135, 223, 274, 317, 407, 1012 *Herr, Gebieter; in d. Anrede* I, 122, 129 II, 71, 103, 117 *etc.*

sodomite *s. m.* II, 753 *Sodomiter.*

soie *s. f.* I, 22 *Seide.*

soir *s. m.* II, 521 *Abend.*

solaz *s. m.* I, 111 *Kurzweil, Vergnügen.*

sol, c I, 138 *gesättigt, s. S. 30.*

soloir *v. intr.. Pr. 3. Sg.* seut II, 184 — *Ipf. 3. Sg.* soloit II, 655 *pflegen, gewohnt sein.*

somme *s. f.* II, 22, 103, 153, 892, 1041 *Summe, Schluss.*

son *in* en son II, 992 *bis zu Ende.*

sor, seur *prp.* I, 83, 201 II, 405, 957, 965, 969 *auf;* II, 5, 619 (sor mer) *an.*

sorcius II, 658 *Obl. Pl. zu* sorcil *s. m. Augenbrauen.*

sorjon *s. m.* II, 867 *Quelle, Sprudel.*

sot *s.* savoir.

souëf *adv.* I, 193 *sachte.*

souffrir *v. tr.* II, 375, 599 — *Pr. 3. Sg.* sueffre II, 555 — *Conj. Pr. 2. Sg.* suefres II, 782 (*als Imp.*) — *Pf. 3. Sg.* souffri II, 79, 211, 307 — *P. Pf.* souffert II, 680 — *Imp. 2. Pl.* souffrez II, 815 *ertragen, erleiden, zulassen.*

soufle *s. m.* II, 132 *Hauch.*

souspir *s. m.* II, 835 *Seufzer.*

souspirer *v. intr., Pr. 3. Sg.* souspire II, 801 — *Ger.* souspirant II, 924 *seufzen.*

soustenir *v. rfl.* II, 671 *sich aufrecht erhalten.*

soutil II, 1059 *fein, klug.*

souvrain II, 774, 799 *hoch, herrschend.*

sovenir *v. impers.*, *Pr. 3. Sg.* sovient I, 97 — *Pf. 3. Sg.* sovint II, 535 *sich erinnern.*

sus *adv.* II, 646, 1026 *aufwärts*; sus et jus *aufwärts und abwärts.*

T.

t' *s.* ta, te.

ta (t') *pron. poss. f.* II, 718, 762 *etc.*

tache *s. f.* II, 979 *Flecken.*

tai *s. m.* II, 623 *Tümpel.*

taint, e I, 159 II, 549, 575, 648, 668 *grau (von Körper- und Gesichtsfarbe).*

taire *v. rfl.*, *Imp. 2. Pl.* tesiez (*älter* taisiez) II, 365, 379 *schweigen.*

talent *s. m.* II, 344 *Lust.*

tans, tanz *s.* tens.

tant *adj. in* tantes II, 758 *Obl. Pl. f. so viele.* — *Neutr.* II, 42, 94, 280, 304, 395 *etc. so viel*; por tant II, 246, 252; tant ne quant (*nach* ne *, und nicht'*) II, 798 *ganz und gar nicht*; a tant, *s.* a; tant seulement, *s.* seulement. — *Adv. so sehr, so* I, 83, 312 (*auf ganzen Satz bez.*), II, 581 (*beim Adj.*), I, 60 (*beim Adv.*), I, 92, 278 II, 53, 150, 449 *etc.* (*beim Verbum*); tant com, en tant que I, 97, 167 II, 188, 596 *so lange als*; tant que (tant .. que) II, 60, 241, 385—6, 647 *bis.*

tantost *adv.* II, 370 *gar bald.*

te (t') *verb. pron. Dat., Acc.* II, 722, 731, 732 *etc.*

tel *adj. m. f.* I, 11, 87, 187 *etc.* II, 100, 228, 320, 416 *etc.*, tele *f.* I, 319 II, 358; *subst.* I, 283 *solcher.*

tencier *v. intr.* II, 642 *streiten.*

tendre II, 62 *zärtlich, freundlich.*

tendrement *adv.* II, 345, 471 *etc. liebevoll, rührend.*

tendre *v. intr.*, *Pf. 3. Pl.* tendirent II, 74 — *Ger.* tendant II, 316 (*straff*), *streben.*

tenir *v. tr.*, *Pr. 3. Sg.* tient I, 171, 172, 229 — *Ipf. 3. Sg.* tenoit II, 36 — *Pf. 3. Sg.* tint I, 218 — *Imp. 2. Pl.* tenez II, 244, 498 *halten, festhalten, ansehen als* (a); *intr.* II, 798 *in Beziehung stehen zu* (a); *rfl.* II, 494, 672 *sich halten, sich verhalten.*

tens (tans, tanz) *s. m.* I, 142, 146, 173 II, 47, 59, 77 *etc. Zeit*; par tens, *s.* par.

tenter *v. tr.*, *P. Pf. f.* tentee II, 622 *versuchen, auf die Probe stellen.*

terme *s. m.* II, 926 *richtiger Zeitpunkt.*

terre *s. f.* I, 240 II, 2, 742 *Land, Gegend, Besitzung*; a terre I, 157 *zu Boden.*

tertre *s. m.* II, 528, 559 *Hügel, Anhöhe.*

tes II, 886 *pron. poss. Obl. Pl. zu Nom. Sg.* tes, *Obl. Sg.* ton *dein.*

tesiez *s.* taire.

teste *s. f.* I, 222 II, 756 *Kopf.*

teus *s.* tel.

tien *proñ. poss.* II, 895 *prädic.: der deinige.*

tire *s. f.* II, 325 *Reihe*; en une tire *hinter einander.*

tissu *s. m.* II, 667 *Gewebe, Kleid.*

toi *s. tu.*

toldre (toudre) *v. tr., Pr. 2. Pl.* tolez I, 206 — *Fut. 3. Sg.* toudra II, 170 *fortnehmen, rauben.*

ton *s. m.* II, 688 *Ton.*

tondre *v. tr., P. Pf.* tondu II, 464, 465 *scheeren, beschneiden.*

tordre *v. tr., Pr. 3. Sg.* tort II, 765 *winden, ringen.*

tormenter *v. tr., Pr. 3. Sg.* tormente I, 52 *quälen.*

torner *v. tr., Imp. 2. Pl.* tornez II, 784 *wenden, kehren.*

tot, tout, e *adj., Nom. Pl. m.* tuit (tout II, 853) 1) *Sg. ganz, mit Art., pron. poss. oder dem.* I, 42, 61, 259 II, 22, 81, 84, 299, *dem Subst. nachgestellt* II, 448, 748, 964; toz II pire II, 802 *der allerschlechteste; ohne Art. bei Ländernamen* II, 611; *jeder (ohne Art.)* II, 825. — 2) *Pl. alle (mit und ohne Art. oder mit pron. poss.)* I, 282, 297 II, 47, 51, 54, 109, 126, 187, 202 *etc., s.* jor, part, plusor, voie; *alleinstehend* I, 242 II, 56, 145, 662, 1001, 1045. — 3) *Neutr. alles* II, 40, 149, 287, 336, 337 *etc.,* par tout *s.* par. — 4) *Adv. ganz* I, 80, 149 II, 61, 198, 234, 467, 687 *etc.;* tout a fait II, 335 *ganz und gar.* — 5) *Adj. (statt deutschen Adverb „ganz"), beim Verbum* II, 537, 637, 826, *beim Adj. oder Partic.* I, 248 II, 69, 317, 455, 477, 505, 509, 517, 559 *etc., bei* tien II, 895.

tost *adv.* I, 113, 182 II, 65, 167, 411 *etc. bald, schnell;* si tost come II, 980 *sobald als.*

touchier *v. intr., Pr. 3. Sg.* touche II, 843 *nahe gehen.*

toudra *s.* toldre.

touse *s. f.* I, 132 *Mädchen.*

trahiner *v. tr., P. Pf.* trahiné II, 757 *schleppen.*

trahitres (*älter* trahitre) *Nom. Sg.* II, 18 *Verräter, treuloser Mensch.*

traire *v. tr., Pr. 2. Pl.* traiez I, 216, 217 *ziehen, tragen (fig.).*

trait *s. m.* II, 868 *Schuss, Flug.*

trambler *v. intr., Pr. 3. Sg.* tramble I, 258 *zittern.*

travail *s. m.* II, 501, 554 — *Obl. Pl.* travaus II, 527 *Mühsal.*

travailler *v. intr., Pr. 3. Sg.* travaille II, 974 *sich quälen.*

trepeil *s. m.* II, 457 *Mühe, Qual.*

tres *in enger Verbindung mit folg. Worte* II, 63, 289, 474, 572 *etc.* (*s. Anm. zu* II, 63) *sehr.*

trespasser *v. tr., P. Pf.* trespassé I, 297 II, 558 *überwinden, durchziehen, durchwandern.*

trestant *neutr.* II, 851, 1002 *so viel.*

trestot, trestout I, 143, 165, 281 II, 319, 445, 648 *etc., gleichermassen verwendet wie* tot.

triste II, 70 *traurig.*

tristece *s. f.* II, 615 *Trübsal.*

trois *Obl.* II, 363 *drei.*

trop *neutr.* II, 555 *Vieles; adv.* I, 51, 139, 142, 146 II, 13, 26, 44, 222 *zu sehr, sehr.*

trover *v. tr.* II, 24, 570, 620 — *Pr. 3. Sg.* trueve II, 432, 529 *3. Pl.*
   truevent II, 154 — *Conj. Ipf. 3. Sg.* trovast II, 635 — *Pf.*
   3. Pl. troverent II, 1008 — *Fut. 3. Sg.* trovera II, 520 — *P.*
   Pf. trové, e I, 195, 279 II, 725 *finden.*
truander *v. intr.* II, 593 *betteln.*
trufer *v. tr.* II, 127 *verspotten.*
tu *pron. pers. Nom.* II, 719, 721 — *Obl.* toi II, 882.
tuer *v. tr., Fut. 1. Sg.* tuerai II, 252 *töten.*
tyran (tyrant) *s. m.* II, 283 *Tyrann.*

U.

ueil *s.* oeil.
uevre *s. f.* II, 552 *Werk.*
umilité *s.* humilité.
un *neutr. in* ne un ne el II, 497 *s.* el; un, e *Art.* I, 2, 5, 35 *etc.*
   II, 2, 3, 6 *etc. ein* — *Obl. Pl.* uns II, 835 *einige.*

V.

vain, e II, 816 *leer, nichtig.*
vaine *s. f.* II, 665 *Ader.*
vair I, 103, 107 *schillernd.*
vait *s.* aler.
val *s. m.* I, 184 — *Obl. Pl.* vaus II, 528, 547 *Thal.*
valee *s. f.* II, 558 *Thal.*
valoir *v. intr., Pr. 3. Sg.* vaut I, 25, 43, 239 II, 531 *wert sein, von*
   Nutzen sein.
veïsse *s.* vëoir.
vendra, vendrez *s.* venir.
vendre *v. tr.* II, 540 — *P. Pf.* vendu II, 590 *verkaufen.*
vendredi, venredi *s. m.* II, 78, 362, 364, 693, 1005 *Freitag*; grant
   vendredi (II, 693, 1005) *Charfreitag.*
vengier *v. rfl.* II, 88 *sich rächen.*
venir *v. intr.* I, 147 II, 193 — *Pr. 3. Sg.* vient I, 67, 99 *1. Pl.* ve-
   nons I, 245 — *Conj. Pr. 3. Sg.* viegne I, 195 II, 138 — *Ipf.*
   3. Pl. venoient I, 241 — *Pf. 3. Sg.* vint I, 304 II, 59, 241 *etc.*
   3. Pl. vindrent II, 1003, 1007 — *Fut. 3. Sg.* vendra II, 194,
   423 *2. Pl.* vendrez II, 117 — *Imp. 2. Pl.* venez II, 162, 231
   — *P. Pf.* venu, e I, 151, 156, 294 II, 201, 424 *etc.*; *rfl.* I, 249
   (vint) *kommen.*
venoison *s. f.* II, 110, 65 *Wildpret.*
vëoir *v. tr.* I, 110, 341 — *Pr. 1. Sg.* voi I, 9 II, 761, 795 *2. Sg.* voiz
   II, 768, vez *in* vez ci II, 822, 918, 931, 932, *s. Anm. zu* II, 822
   3. Sg. voit II, 538, 849 *3. Pl.* voient II, 197, 573 — *Conj. Pr.*
   3. Sg. voie I, 182 II, 685, 890 — *Conj. Ipf. 1. Sg.* veïsse
   II, 731 — *Pf. 1. Sg.* vi II, 720 *3. Sg.* vit II, 701, 855 *etc.* —
   Fut. 2. Pl. verez II, 226 — *Imp. 2. Pl.* veez I, 116 II, 739
   — *P. Pf.* vëu I, 200, 204, 247 II, 650 *etc.*

vergele *s. f.* II, 373 *Rute.*
verité *s. f.* II, 506, 941, 1009 *Wahrheit.*
vermine *s. f.* II, 371 *Ungeziefer.*
vers *s. m.* I, 278 *Vers.*
vers *prp.* II, 62, 848 *gegen, gegenüber.*
vertu *s. f.* II, 306, 812 *Kraft, Gotteskraft.*
vesqui *s.* vivre.
vestёure *s. f.* II, 556 *Kleidung.*
vestir *v. tr.,* P. Pf. vestu II, 516 *anziehen, anlegen.*
veve *s. f.* II, 38 *Witwe.*
vïaire *s. m.* II, 15 *Gesicht.*
vïande *s. f.* II, 470 *Fleisch.*
viaus *adv.* II, 163, 291 *wenigstens.*
vïe *s. f.* I, 167, 251 II, 249, 255 *etc. Leben.*
viex II, 803 *Nom. Sg. zu* vil *gemein, verworfen.*
vilain *s. m.* I, 5, 8, 15, 18, 19, 26 *etc. Bauer.*
vilain, e I, 292 *gemein, hässlich.*
vilonïe *s. f.* II, 861 *gemeines Thun.*
vïoler *v. tr.,* P. Pf. vïolé I, 278 *fiedeln, geigen.*
virenli *s. m.* I, 235, 236 *Art Tanzlied, Tanz.*
vis *s. m.* II, 548 *Gesicht;* II, 714 *Ansicht in* ce m'est a vis *so scheint es mir.*
vis II, 716, 968 *Nom. Sg. zu* vif *lebendig.*
visage *s. m.* II, 13, 653 *Gesicht.*
visconte *s. m.* II, 10 *Vizegraf.*
vistement *adv.* II, 415 *schnell.*
vivier *s. m.* II, 623 *Weiher.*
vivre *v. intr.* II, 35, 750 — *Pf. 3. Sg.* vesqui II, 58 — *Fut. 1. Sg.* vivrai I, 165 *3. Sg.* vivra II, 596 — *Imp. 2. Pl.* vivez II, 499 *leben.*
vo *s.* vostre.
voiage *s. m.* II, 740 *Reise.*
voie *s. f.* II, 141, 236, 420, 517, 686 *Weg, Fahrt, s.* metre; totes voies II, 689, 817 *allerwegen, immerhin.*
voir *adv.* I, 127 II, 207, 252, 260, 274 *etc. wahrhaftig.*
voir, e I, 56 *wahr; subst.* II, 513, 1045 *Wahrheit.*
voire *adv.* I, 104 *wahrhaftig;* II, 125 *sogar.*
vois *s.* aler.
voisine *s. f.* II, 526 *Nachbarin (fig.).*
voiz *s. f.* II, 767 *Stimme.*
volenté *s. f.* II, 71, 135, 149, 536 *etc. Wille.*
volentiers *adv.* II, 359, 898 *gerne.*
voler *v. intr.,* Pr. 3. *Sg.* vole I, 181 II, 869 — P. Pf. volé I, 282 — Ger. volant I, 81, 82 *fliegen; rfl. mit* en I, 180, 281 (vole, volé) *davonfliegen.*
voloir *v. tr. mit Inf.,* Pr. 1. *Sg.* vueil I, 55, 106 II, 196, 259, 910 *3. Sg.* veut I, 148 II, 193, 355, 481 *etc. 2. Pl.* volez (voulez) II, 82, 87, 271, 273 *etc. 3. Pl.* vuelent II, 106, 1051 — *Conj. Pr. 3. Sg.* vueille II, 1053, 1054 — *Ipf. 1. Sg.* voloie I, 319, 356

3 Sg. voloit II, 47, 836 *2. Pl.* voliez II, 350 — *Conj. 1pf. 3. Sg.* vousist I, 256 II, 47, 48 — *Pf. 3. Sg.* volt, vout I, 4 II, 967 *3. Pl.* voudrent II, 421 — *Fut. 1. Sg.* voudrai II, 67 *2. Pl.* vaudrez (*für* voudrez) II, 298 — *Cond. 2. Pl.* voudriez II, 358 *wollen, wünschen,* II, 47 (voloit) *pflegen; subst.* I, 48, 50, 135, 229, 309 *Wille, Wunsch.*

vostre *pron. poss.* I, 150, 165, 224 II, 121, 261 *etc.*; vo I, 183, 185 II, 217, 294, 312, 482, 483 *etc.* — *Obl. Pl.* voz II, 97, 257, 281, 314 *etc.* (*s. S. 28 und 77*) *euer.*

vous *pron. poss. Nom. Dat. Acc.* I, 12, 18, 66, 118 *etc.* II, 11 *etc.*; vos I, 155.

vousist *s.* voloir.

vrai, e II, 136, 279, 867, 920 *wahr, echt.*

vueil, vuelent *s.* voloir.

vuit *m.,* vuide *f.* II, 431, 816, 852 *leer, nichtig.*

W.

warou *s.* leu warou.

Y.

yvre II, 270 *trunken.*

Eigennamen.

Abraham *s.* Saint Abraham.
Alemaingne II, 609.
Anjou II, 603.
Ausai *m.* II, 611 *Elsass, s. Anm.*
Barlet II, 619 *Barletta, s. Anm.*
Borgoigne II, 605.
Bretaigne II, 1.
Calabre II, 608.
Engleterre II, 617.
Espaigne II, 606.
France II, 605 *Ile de France, s. Anm.*
Gascoingne II, 606.
Gille *s.* Saint Gille.
Honguerïe II, 607 *Ungarn.*
Jame *s.* Saint Jame.
Jhesucrist II, 96, 929.
Loheraine II, 611 *Lothringen, s. Anm.*
Lombardïe II, 610.
Maine, le II, 604.
Marïe *s.* Sainte Marïe.
Morïane II, 607 *Dalmatien, s. Anm.*

Nicholas I, 112.
Normendïe II, 1, 605.
Poitou II, 604.
Provence II, 606.
Puille II, 608 *Apulien.*
Remi *s.* Saint Remi.
Renart II, 130 *Name des Fuchses = Reinhart.*
Romenïe II, 609 *byzantinisches Reich (oder die Romagna?), s. Anm.*
Romme I, 273 II, 381, 714 *Rom.*
Saint Abraham II, 368.
Saint Gille I, 1 *Ort in Frankreich, s. S. 29.*
Saint Jame II, 381 *Santiago in Spanien, s. Anm.*
Saint Remi I, 269 II, 176 *h. Remigius s. Anm. zu* I, 269.
Sainte Marïe II, 773.
Sarrasin *Nom. Pl.* II, 722 *Sarazenen.*
Toraine II, 604.
Toscane II, 608.

Druck von Ehrhardt Karras, Halle a. S.